中国会计
诚信建设发展报告
（2021—2022）

张凤玲 崔华清 ○ 主　编
王亚星 贺颖奇 ○ 副主编

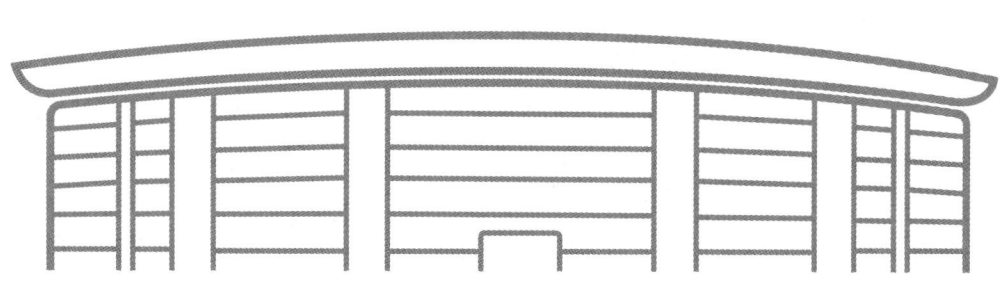

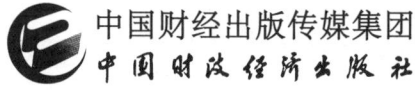

图书在版编目（CIP）数据

中国会计诚信建设发展报告.2021—2022/张凤玲，崔华清主编；王亚星，贺颖奇副主编. ——北京：中国财政经济出版社，2022.12

ISBN 978-7-5223-1811-0

Ⅰ.①中… Ⅱ.①张… ②崔… ③王… ④贺… Ⅲ.①会计人员－职业道德－研究报告－中国－2021－2022 Ⅳ.①F233.2

中国版本图书馆CIP数据核字（2022）第244059号

责任编辑：温彦君　　　　　　责任校对：张　凡
封面设计：智点创意　　　　　　责任印制：党　辉

中国会计诚信建设发展报告（2021—2022）
ZHONGGUO KUAIJI CHENGXIN JIANSHE FAZHAN BAOGAO（2021—2022）

中国财政经济出版社 出版

URL：http://www.cfeph.cn
E-mail：cfeph@cfeph.cn

（版权所有　翻印必究）

社址：北京市海淀区阜成路甲28号　邮政编码：100142
营销中心电话：010-88191522
天猫网店：中国财政经济出版社旗舰店
网址：https://zgczjjcbs.tmall.com
北京时捷印刷有限公司印刷　各地新华书店经销
成品尺寸：185mm×260mm　16开　14.25印张　257 000字
2022年12月第1版　2022年12月北京第1次印刷
定价：66.00元
ISBN 978-7-5223-1811-0
（图书出现印装问题，本社负责调换，电话：010-88190548）
本社质量投诉电话：010-88190744
打击盗版举报热线：010-88191661　QQ：2242791300

编委会

主　　编：张凤玲　崔华清

副 主 编：王亚星　贺颖奇

编写组成员：张凤玲　崔华清　王亚星　张海晴

　　　　　　宋　柏　胡明霞　张玉琳　敖小波

　　　　　　赵梦莹　贺颖奇　张宏亮　夏文莉

　　　　　　薛　敏　张　静

前 言

习近平总书记在党的二十大报告中强调,中国式现代化是"物质文明和精神文明相协调的现代化"。报告提出要"传承中华优秀传统文化""广泛践行社会主义核心价值观""弘扬诚信文化,健全诚信建设长效机制"。习近平总书记将中国传统文化的精神用"仁爱、民本、诚信、正义、和合与大同"进行总结,体现了极强的时代性与人类普世性。"富强、民主、文明、和谐、自由、平等、公正、法治、爱国、敬业、诚信、友善"24字概括的社会主义核心价值观,回答了我们要建设什么样的国家、建设什么样的社会、培育什么样的公民的重大问题。近年来,全球发展环境动荡,充满剧变和不确定性,经济和社会发展面临生态危机、道德危机和不可持续危机,中华传统文化精髓和今天我们倡导的社会主义核心价值观为人类社会和谐与可持续的未来提供了重要指引。

诚信既是中华优秀传统文化精神的传承,也是社会主义核心价值观的一项基本要求。党的十九大报告中明确提出推进诚信建设,并对社会诚信建设提出了要求。会计诚信是社会经济关系发展到一定阶段的产物,是传统"诚信"在商业和经济领域的发展和延伸,是社会经济文化不断走向"文明"的内在要求。会计诚信建设是社会诚信建设的重要组成部分。

北京国家会计学院以诚信立校,建院廿四年来始终坚守"诚信为本、操守为重、坚持准则、不做假账"的校训,与行业共同笃守诚信文化。2021年,由财政部会计司、中国注册会计师协会、中国会计学会和北京国家会计学院共同举办的首届"会计诚信与高质量发展论坛"获得各方积极评价。2022年是习近平总书记对注册会计师行业作出"国家建设为主题，诚信建设为主线，推动会计行业发展"批示10周年，也是朱镕基同志给会计学院题词"诚信为本、操守为重、坚持准则、不做假账"21周年。为进一步扩展视野，着力凝聚各方共识，在行业营造浓厚诚信氛围，学院联合财政部会计司、财政部监督评价局、中国注册会计师协会和中国会计学会共同举办了第二届"会计诚信与高质量发展论坛"，并围绕服务高质量发展这个主题和会计诚信建设这条主线，形成本报告。

一、高质量发展背景下会计诚信建设的重要性与当代价值

加快构建新发展格局，着力推动高质量发展对会计提出更高要求。"十四五"以来，会计改革与发展进入以变革融合、提质增效为特征的新阶段，在为投资者提供决策有用信息、为经济治理提供工具、为财会监督提供准绳尺度、为企业资源配置提供管理工具和为服务高水平对外开放提供标准等方面发挥了重要作用，会计诚信建设的重要性日益突出。近年来，资本市场出现的多起公众公司违背诚信原则，会计失信行为损害会计信息使用者利益的案例，也凸显了加强会计诚信建设的紧迫性。

新时代，会计诚信建设被赋予更加重要的当代价值。会计诚信建设是新时代践行以人民为中心发展思想的具体体现。加强会计诚信建设，有利于协调社会效益和经济效益两者之间的关系，有利于实现公平与效率的有机统一，是维护人民群众根本利益的具体体现。在经济建设领域，诚信是市场经济的重要基础，会计诚信是市场经济诚信价值链的关键一环。在服务公共政策制定、服务政府监管、服务社会公平保障体系建设以及服务对外开放与合作中，会计发挥着提供数据、维护标准和规则执行的作用。可以说，会计诚信建设在一定程度上影响着诚信文化的传承、社会主义核心价值观的践行和国家形象建设。未来，随着经济、社会和治理（ESG）理念的推进，会计在真实公允反映可持续信息方面还将拓展新的职能，会计诚信建设对生态文明建设和可持续发展也将具有新的时代价值。在创新驱动的数字经济时代，会计诚信建设被赋予降低社

会信任成本和支撑生产效率与提升社会治理效能的时代意义。因而，加强会计诚信建设，对增强经济活动各参与方的诚信意识、约束经济行为进而为经济社会发展营造良好的信用环境具有重要意义和当代价值。

二、2021年以来会计诚信建设发展情况

（一）理论体系日益完善，研究成果不断丰富

报告的理论篇对会计诚信理论体系发展和相关研究成果进行了综述。会计诚信不仅是诚信在会计职业领域的细分，还与哲学、社会学、经济学、心理学及经济伦理学等多学科存在关联。经过多年的研究探索，学术界对会计诚信的概念及其在会计理论体系中的定位逐渐明确，会计诚信本质是会计对社会的一种基本承诺，体现为客观公正、不偏不倚地把现实经济活动反映出来，并忠实地为会计信息使用者服务。各方还就会计诚信体系建设、会计诚信评价、会计诚信管理、会计诚信教育以及技术创新背景下的会计诚信实现机制开展了广泛研究，并提出相关建议。这些研究成果为提升会计诚信管理水平，推进和完善会计诚信体系建设奠定了重要的理论基础，也为应对现实中存在的财务舞弊、盈余操纵等会计诚信缺失问题提供了参考思路。

（二）会计诚信建设方向明确，规范体系不断完善

报告的政策篇对我国"十三五"期间各级政府和有关部门出台的会计诚信相关政策进行了简况回溯，对2021年以来党和国家关于诚信建设出台的相关政策、各级政府部门就会计诚信建设制定的相关政策以及行业协会等自律组织发布的文件进行了梳理，并就政策环境对会计诚信的要求和影响进行了分析。党和国家高度重视诚信建设，各级政府和相关部门也积极推进会计诚信管理和诚信建设工作，会计诚信建设的规范体系不断完善，为会计诚信建设与经济高质量发展提供依据。为健全社会信用体系，加快构建以信用为核心的新型市场监管体制，国务院相继发布《国务院关于建立完善守信联合激励和失信联

合惩戒制度加快推进社会诚信建设的指导意见》《国务院办公厅关于加强个人诚信体系建设的指导意见》等相关文件。2022年3月29日，中共中央办公厅、国务院办公厅印发《关于推进社会信用体系建设高质量发展促进形成新发展格局的意见》，这是继《社会信用体系建设规划纲要（2014—2020年）》收官后，在"十四五"开局乃至更长时期社会信用体系建设的又一重要顶层设计，是我国社会信用体系建设新的里程碑。财政部在2021年制定和印发的《会计改革与发展"十四五"规划纲要》中，明确要求持续推进会计诚信建设，不断提升会计人员诚信素养。2021年以来，各级政府陆续出台一系列有关市场主体信用建设和会计诚信监督管理相关政策及管理办法，多地财政部门在会计工作规划中明确提出会计诚信建设的方向和举措。

（三）各方积极践行会计诚信，筑牢经济发展信用基础

报告的实践篇对2021年会计诚信环境进行了分析，系统梳理了市场主体、注册会计师行业以及资本市场主要参与方会计诚信开展情况，总结了会计诚信实践存在的问题，明确了推进会计诚信建设、做好会计诚信管理工作的方向和思路。在各级政策的引导下，各部门与单位在落实促进市场主体信用体系建设及信用监管方面，也采取了一系列的有效举措，开展了各项信用体系建设和诚信主题活动，各相关市场主体积极响应、密切配合，企业自发将诚信建设付诸行动，各行业协会、中介机构、媒介组织等主体单位也积极开展各类活动，为共建诚信体系添砖加瓦。

2021年，注册会计师行业立足我国注册会计师执业实践，结合准则国际趋同等需要，及时修订完善审计准则体系并推动落地实施，充分发挥其对专业服务的规范和引领作用。注册会计师行业继续教育继续聚焦诚信文化、职业道德、审计质量提升、反舞弊和大数据在审计技术中的应用等方面开展培训，引领全行业始终秉承独立、客观、公正的职业立场，弘扬诚信为本、操守为重、坚持准则的职业精神。

2021年资本市场信用体系建设相关政策不断健全完善，监管部门在开展正面宣传引导、加强信息质量检查的同时，对各类会计诚信缺失和会计失信行为依法进行惩戒，筑牢资本市场发展的信用基础。

（四）会计诚信教育深入开展，质量提升注重实务

课题组通过访谈、问卷等形式，对2021年我国会计诚信建设与发展、新时代会计诚信教育开展广泛调研并形成调查分析报告。新时代，会计诚信教育的重要性和普及性大大提高，会计诚信教育在各层次教学培训中持续深入开展，培训形式和教学内容不断丰富，教育质量有所提升，会计人员普遍建议会计诚信教育应坚持实务导向，将诚信教育的成效内化为职业道德、规范会计行为、切实提高会计工作实践。在此基础上，报告以专题研究形式，尝试从企业会计诚信能力建设和企业会计诚信评价方面提出思路和建议。

三、说明与致谢

报告在理论探索、实践调研、专家研讨和公开信息的基础上，结合我国会计工作实际编写成稿，旨在为学术界开展相关研究提供有益视角，为各单位开展会计诚信建设提供启示，为注册会计师行业提升职业质量提供参考，为会计管理部门持续推进会计诚信建设提供决策参考，为引导全社会打造诚信文化、营造良好的社会道德环境提供研究支持。我们希望本报告能为读者了解我国会计诚信理论研究与实践发展、把握会计诚信建设的方向提供一个视角和窗口。报告的撰写得到了来自有关部门、学术界、实务界的广泛支持，在此对提供支持和帮助的机构和个人表示衷心感谢！北京国家会计学院MPAcc2020级研究生崔子潇、范足欣、牛梦轩、肖梦莹、徐湖仪、张秀华、张智垚七位同学，为本报告的资料收集、整理做了大量工作，在此对他们的辛勤付出表示感谢！鉴于会计诚信建设涉及面广、内容多、影响因素复杂，加上我们的能力和精力所限，挂一漏万之处在所难免。未来我们将持续跟踪会计诚信建设发展，为会计管理、行业发展提供研究支持。

报告摘要

报告正文包括理论篇、政策篇、实践篇、专题篇、总结与展望五个部分。

理论篇对会计诚信的概念、内涵与外延等基本问题进行了界定，为后面章节的研究构建了理论框架。本篇主要从会计诚信的表现与影响、新时代会计诚信体系建设、会计诚信评价、会计诚信管理、会计诚信教育、基于数智云区背景的会计诚信体系构建与实现机制及交叉学科研究等方面对会计诚信研究进展进行梳理，结合会计诚信问题研究年度、研究主题的可视化分析，探讨理论研究规律与趋势，侧重对会计诚信的当代价值和会计诚信体系构建、技术进步背景下会计诚信实现机制等相关研究成果展开讨论。理论篇对会计诚信理论发展的脉络进行了相对系统的梳理和呈现。

政策篇按照诚信相关政策的时间主线，聚焦指导性政策层面，具体按照层级和主体梳理了2021年会计诚信相关政策发展情况，包括党和国家关于诚信建设的政策梳理、各部委出台的会计诚信建设相关政策梳理、各省市关于会计诚信建设相关政策简况以及行业协会等自律组织发布的文件，部分政策延伸至2022年。政策篇还对我国"十三五"期间，国家和相关省市的重要相关政策进行了简况回溯，以供查阅。在文件梳理的基础上，本篇还对会计诚信相关政策内容进行了研究，分析政策环境对会计诚信的影响，对未来会计诚信相关政策环境进行了展望。

实践篇从会计诚信环境分析出发，结合公开资料和信息，系统梳理了2021年我国市场主体信用发展情况、诚信建设发展情况、注册会计师行业诚信建设发展情况以及资本市场会计诚信与监管发展情况。实践篇在政策篇基础上，对相关政策和管理办法进行了具体分类梳理，对各类市场主体诚信体系建设活动，注册会计师行业整体发展、执业能力建设和执业管理发展情况进行了系统报告。结合监管机构公开发布的信息，对上市公司信息违规等案例进行了梳理和分析。

专题篇共收录了五份专题研究报告。专题一结合课题组开展的问卷调研形成《2021年我国会计诚信建设发展情况调查研究》，就会计诚信体系建设、奖罚监督、教育培训、宣传推广和文化建设问题征求各方意见和建议，为监管部门开展监督管理、市场主体开展会计诚信建设提供参考。专题二是结合"新时代会计诚信教育发展情况"问卷调查结果形成的专题研究报告，旨在为会计管理部门和开展会计学历教育、后续教育的单位提升会计诚信教育质量提供参考和建议。专题三围绕企业会计诚信能力建设这一主题，从会计诚信能力界定出发，对企业会计诚信能力建设的重点和会计诚信能力建设体系的主要内容提出对策和建议。专题四基于利益相关者保护视角构建企业诚信体系理论框架及评价体系，并尝试构建会计诚信指数。专题五对第一届（2021）和第二届（2022）"会计诚信与高质量发展论坛"的观点进行了综述。

本项研究系学界首次对会计诚信建设进行的系统梳理，并以发展报告形式向社会公开发布，以期为学术研究、政策制定、行业发展和市场主体推进会计诚信建设、共同践行会计诚信承诺、营造全社会诚信文化提供研究支持。

目　录

Ⅰ **理论篇** ……………………………………………………………………（ 1 ）
　一、会计诚信理论体系的发展 ………………………………………………（ 1 ）
　二、会计诚信的研究成果与研究进展 ………………………………………（ 8 ）
　三、理论发展综述与启示 ……………………………………………………（ 29 ）

Ⅱ **政策篇** ……………………………………………………………………（ 30 ）
　一、党和国家关于诚信建设的政策梳理 ……………………………………（ 30 ）
　二、各部委出台的会计诚信建设相关政策梳理 ……………………………（ 33 ）
　三、各省、区、市关于会计诚信建设相关政策简况 ………………………（ 35 ）
　四、行业协会等自律组织发布的文件梳理 …………………………………（ 40 ）
　五、会计诚信相关政策的内容分析 …………………………………………（ 42 ）

Ⅲ **实践篇** ……………………………………………………………………（ 45 ）
　一、2021 年我国会计诚信环境：市场主体信用发展情况 …………………（ 45 ）
　二、2021 年我国市场主体会计诚信建设发展情况 …………………………（ 51 ）
　三、2021 年我国注册会计师行业诚信建设发展情况 ………………………（ 56 ）
　四、2021 年我国资本市场会计诚信与监管发展情况 ………………………（ 71 ）

Ⅳ **专题篇** ……………………………………………………………………（ 83 ）

专题一　2021 年我国会计诚信建设发展情况调查研究 ……………………（ 83 ）
　一、研究背景与调研总体情况 ………………………………………………（ 83 ）
　二、样本设计与调查问卷说明 ………………………………………………（ 84 ）
　三、受调查者及其单位的背景情况 …………………………………………（ 85 ）

四、会计诚信建设发展的调查结果分析 …………………………………… （89）
　　五、结论 ………………………………………………………………… （115）
专题二　新时代会计诚信教育发展情况调查研究 ……………………… （117）
　　一、研究背景与调研总体情况 ………………………………………… （117）
　　二、关于会计诚信现状的调研结果 …………………………………… （118）
　　三、关于会计诚信教育现状与评价的调研结果 ……………………… （121）
　　四、完善会计诚信教育的建议 ………………………………………… （127）
　　五、结论及局限性 ……………………………………………………… （128）
专题三　企业会计诚信能力建设研究 …………………………………… （130）
　　一、会计诚信能力的界定 ……………………………………………… （130）
　　二、企业会计诚信能力建设的意义与重点 …………………………… （131）
　　三、企业会计诚信能力建设体系的主要内容 ………………………… （134）
专题四　企业诚信体系的理论框架及评价
　　　　　——基于利益相关者保护视角的分析 ………………………… （137）
　　一、引言 ………………………………………………………………… （137）
　　二、诚信与利益相关者保护 …………………………………………… （138）
　　三、基于利益相关者的企业诚信评价：指标设计及权重设定 ……… （145）
　　四、评价体系的运用：基于中国上市公司的试评价 ………………… （155）
　　五、结论 ………………………………………………………………… （160）
专题五　"会计诚信与高质量发展论坛"观点综述与建议 …………… （161）
　　一、第一届"会计诚信与高质量发展论坛"嘉宾观点分享 ………… （161）
　　二、第二届"会计诚信与高质量发展论坛"嘉宾观点分享 ………… （172）
　　三、关于会计诚信建设发展的建议 …………………………………… （192）

Ⅴ　总结与展望 …………………………………………………………… （194）

附录一　诚信缺失与失信惩戒案例 ……………………………………… （195）

附录二　"2021年会计诚信建设与发展情况"调查问卷 ……………… （205）

参考文献与信息来源 ……………………………………………………… （210）

Ⅰ 理论篇

一、会计诚信理论体系的发展

(一) 诚信的相关概念

1. 诚信的概念

在现代汉语语境中,"诚信"的基本含义是"诚实无欺,信守诺言"。但是在中国古代典籍中,"诚"与"信"最初是作为两个词分开使用的。

"诚者何?不自欺、不妄之谓也。"这里的"诚"蕴含的意义是真实、真诚,不欺骗、不冤枉。由于"诚"的基本含义是"实",所以"诚"后来又发展为"诚实",指言行与内心一致,不虚假。"持此诚实,以答休咎。"现代意义的"诚"包含态度和品行。态度是坦诚的,行为上与思想一致。社会主体在客观上忠于事物的本来面貌,在为人处世上保持言行一致,不说谎;做到坦诚待人,不欺瞒;做到真诚处事,不欺人。

"信"发生在至少两个人的关系当中,涉及自身外在的言行,涉及人与人之间的作用和影响。如果说"诚"的重心在于我,"信"的重心则在于人,尤其在于自身言行对他人的影响。所以"信"是一种主体间的道德准则,而并不仅仅关系到一己之诚。总体来讲,"信"主要是指言行一致,遵守承诺。

"诚""信"二者之间虽然存在异同,但是两者是相互依存、辩证统一的。"诚"更强调"内诚于心","信"则强调"外信于人";"诚"是"信"的基础,"信"是"诚"的外化。一个人只有做到心中有诚,才能外信于言行[①]。

[①] 郭安宁. 大学生诚信问题研究 [D]. 辽宁大学,2017.

2. 诚信的内涵

诚信的内涵从字面上理解就是诚实信用,诚信作为一种道德标准,是对一个人品德的认可①。

在漫长的社会历史发展进程中,"诚信"作为一个历久弥新的话题,在不同的历史时代,在不同的领域,"诚信"所蕴含的丰富内涵也不尽相同。

第一,诚信是一种道德规范。随着人类社会的进步与发展,诚信从最初的熟人社会的信义伦理发展过渡到陌生人社会的契约伦理。

第二,诚信是一种价值观。每个人既在用诚信的价值观念去评判他人,又同时接受着他人对自己的诚信评价。诚信在整个社会的价值系统中化作普遍意义存在的价值观念,在人际关系的互动中成为全社会的共识。政府应该从经济主体的信用体系建设和社会诚信道德上正面引导,既要满足各经济主体的利益诉求,又要维护经济主体在诚信道德上的价值追求,做到诚信道德维护与经济效益发展的辩证统一。

第三,诚信是法律的一项基本准则。随着经济和社会的发展,诚信原则作为法律的一项基本原则,从民法商事法扩展到司法领域直至整个法律领域,并且在全世界各个国家之间和不同的法系之间获得广泛的拓展和传播,最后成为所有法律的基本原则之一,并且是不可排除的强制性规定。

第四,诚信是一种人格特质。中国传统社会属于伦理型社会,崇尚理想道德人格,儒家的"仁、义、礼、智、信"被称为"五常",就是对传统伦理型社会中人格特质的精炼概括,此"五常"中的"信"便指的是现代社会中的诚信之意。在传统诚信道德文化向现代诚信道德文化的过渡阶段,一定要注重诚信人格和社会环境的内外兼修。

(二)会计诚信的概念与内涵

1. 会计诚信的概念

诚信联系到会计信息则必须是以实际发生的经济业务为依据,真实完整地反映企业的财务状况、经营成果和现金流量,这是人们对会计信息的基本要求。

会计人员在从事相关工作时,需严格按照国家制定的法律法规以及规章制度,始终坚持为信息使用者提供客观公正、诚实守信的服务,这是会计诚信最基本的要求。对于会计人员来讲,不但要勤恳地做好自己的本职工作,并且在这个基础上精益求精,还要树立信

---

① 刘晶百. 我国会计诚信体系构建研究 [D]. 延边大学,2015.

誉、讲求信用，保持自身的客观性与独立性，从而更好地提高会计公信力。

2. 会计诚信的内涵

会计诚信是会计主体对社会的一种许诺。会计诚信的内涵反映在会计信息生产、使用、评价和决策各个环节。对国家来说，真实可靠的会计信息不仅能为政府决策提供依据，也是衡量国家经济健康运行和发展的重要标尺。对企业来说，充分的会计信息披露有助于创造公平的营商环境，提振企业信心，激发市场活力；对作为资本市场"看门人"的中介机构来说，强化注册会计师诚信建设，是行业长远发展的立身之本。因此，在我国转变发展方式、优化经济结构、转换增长动力的关键时刻，会计诚信建设已成为经济社会高质量发展的关键环节[①]。

践行会计诚信，要求会计人员应具备忠信笃敬的态度，在讲究公平与效率的社会主义市场经济社会中，会计人员要想得到社会及人们的尊重和信任，必须对自己所处的社会、对自己所从事的会计职业、对社会交往的规则持一种忠信笃敬的态度。市场经济社会中的会计人员，必须靠敬业精神和执业能力来获得社会的尊重和信任。会计人员能诚心诚意地怀着忠信笃敬的态度对待会计工作，会计工作就会更有效率，也会产生更多先进的会计思想。会计工作有效率、有成果，自然就会有社会信誉。首先，会计人员的个人信用是一种对诚信为本原则的敬畏精神，把诚信为本原则看成自己的安身立命之基础。其次，具体体现在会计工作、个人信贷、个人消费以及与他人、银行等交往时的笃守诚信态度之上。同时，会计人员需具备扎实的会计职业判断能力。作为在社会主义市场经济中所应具备的诚信素质，并非仅指人们的人品和情操意义上的信任，更主要的是对人的职业判断能力的信任。在市场经济中社会所要求的"诚信"是以职业判断能力为基础的。会计职业判断能力，简单地说，就是指会计人员负责任地执行会计业务的判别能力。会计人员仅有会计道德意义上的责任感还不够，还需要实现会计道德诺言的会计职业判断能力。

3. 会计诚信的外延

合理界定会计诚信的外延，必须确定会计诚信的主体与客体。现有研究普遍将会计信息作为会计诚信的客体。狭义上的会计诚信主体包括会计信息的直接加工者和对会计信息负有管理责任的管理者，即《会计法》规定的对会计行为负责任的会计人员和单位负责人。提供会计信息是单位与信息使用者之间的某种制度或契约安排，会计诚信是一种隐性契约或非正式制度安排，直接从事会计工作的从业者的意识与行为将直接影响会计信息的

---

① 何欣哲. 北京国家会计学院党委书记张凤玲：传承诚信价值观 打造财会人"精神家园"[N]，中国会计报，2022年2月25日.

生成，而对会计信息开展的鉴证和监管活动，也将间接影响会计信息的质量。因而广义的会计诚信主体包括会计信息供应链上有关会计诚信的行为主体以及对会计信息的加工生成有直接和间接影响的各个环节①。

本报告讨论的会计诚信外延体现广义会计主体观点，即会计信息供应链上有关会计诚信的各行为主体以及对会计信息的生产、使用、评价、决策和信息质量有直接和间接影响的各个环节，包括会计管理部门、单位管理者、会计人员以及会计师事务所、券商、评级机构等专业服务机构的相关从业人员和围绕信息生产、鉴证与评价开展的相关经济活动。参见图1-1。

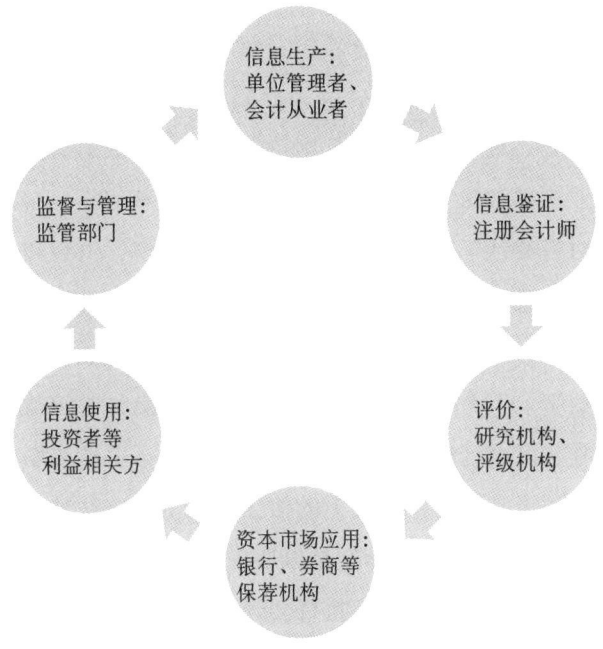

图1-1 会计诚信的外延

4. 会计诚信的本质

诚信是一个历史范畴。现代意义上的诚信，是古今中外道德诚信、经济诚信、法律诚信的传承和融合，已经融入现代社会生活的各个方面，被公认为协调不同利益主体之间关系的原则之一。从经史子集有关诚信思想的历史叙述来看，早在古代，诚信已经从个人修养上升为治理国家的重要基础。《尔雅》《说文解字》中"诚""信"二字互训，反映出当时社会主流意识已经视其为一体，其中"诚"主要指"内诚于心"，"信"的核心则在

---

① 杨琼. 基于数智云区背景的会计诚信实现机制构建[J]. 财务与金融，2021（03）：35-41.

于"外信于人",当"诚"的不自欺和"信"的不欺人合为一词,"诚信"就成为人们日常社会生活中的道德规范和基本准则。从人类文明史来看,诚信不仅是中华传统文化的思想之一,也是人类核心价值观的重要构成。

会计诚信是社会经济关系发展到一定阶段的产物,是传统"诚信"在商业和经济领域的发展和延伸。《荀子·王霸》写道:"商贾敦悫无诈,则商旅安,货财通,而国求给矣",充分肯定了商人遵守敦厚而不欺诈的商业诚信,对经济兴旺、国家富足具有重要意义。

关于会计诚信的本质,引用较多的观点是由杨雄胜教授提出的:会计诚信是会计与生俱来的品质,是社会经济文化不断走向"文明"的内在要求,是指公司管理者客观公正、不偏不倚地把企业经济活动反映出来,并忠实地为会计信息使用者服务;会计失信是会计诚信缺失的外部性体现,表现为财务报告舞弊、盈余管理、利润操纵、会计造假等行为。本报告所讨论的会计诚信涵盖会计人员、企业管理者的个人诚信和经济主体的会计行为诚信,是社会诚信的重要组成部分,表达了会计行业对社会的基本承诺。诚信于企业财务人员而言,既是对财务工作的尊重,也是对社会的一种基本承诺[①]。

会计诚信在精神层面的内核是道德,不仅在于"言必行、行必果",更在于"义之所在,则言必行、行必果"。所谓"义"即"正义",以道德为行为标准,有恰当行为的意思。遵从道德标准,会计信息提供者应严格执行法律法规和会计准则要求,做出合理的职业判断,客观真实公允反映经济活动,提供高质量的会计信息。

会计诚信行为层面的分析较为复杂。以产权为起点,现实经济环境中资源稀缺性使得人们在竭力维护自己产权的同时,有可能侵犯其他人的产权,这就需要通过契约加以保护。从博弈角度分析,当市场缺乏有效的信誉保障制度,如果失信行为所带来的经济利益远远高于诚信行为所能带来的经济利益,如果失信者认为自己能够成功掩盖自己的失信行为从而逃脱惩罚,或者认为失信所能带来的经济利益远远高于因惩罚而造成的经济损失,那么,缺乏道德自律的市场主体在理性驱动下会倾向于选择非诚信的手段或方式来实现个人利益。当博弈双方建立长期合作关系,在多次甚至无限次反复博弈中,双方共同选择诚信行为的可能性会增大,市场经济必然会向着信用经济过渡。但此时又会出现另一理性困境,即个人理性与公共理性的矛盾:当个人理性符合市场交易规则时,个人理性的运用有助于扩大社会公共利益和个人利益,从而提升市场效率;而当个人理性不符合交易规则或

---

① 傅林碧云.企业财务人员诚信体系建设对策研究[J].企业改革与管理,2021(03):191-194.

者市场主体缺乏起码的道德自律和规则意识时，他们会滥用个人理性，当市场主体在交易合作中产生互相不信任时，则不可避免地产生集体非理性。资本市场发生的欺诈发行、公众公司信息披露系统性造假等诚信缺失案例，正是某些市场个体为谋取私利无视规则、非法侵害他人正当权益、损害社会公共利益的表现①。

（三）会计诚信建设的意义与当代价值

1. 会计诚信的意义

我国现代会计之父潘序伦先生说过："立信，乃会计之本。没有信用，也就没有会计。"会计诚信是会计行业赖以生存和发展的基石，也是会计主体目标得以实现的重要保证。会计诚信对从业人员和行业具有重要意义的同时，也是整个社会经济发展的重要基础。

一是有利于提高经济运行效率。会计诚信是对会计准则进行补充的一项非正式制度，与会计准则相辅相成，共同构成了会计制度。作为一种管理工具，会计处理产生的经济后果会对企业自身及各个利益相关者产生影响，因此会计行为的真实可靠性至关重要。会计诚信要求会计处理在符合会计准则的基础上真实公允地反映经济业务的实质，这样大大降低了决策成本，提高了决策效率，从而使经济运行的效率也得到相应提升。

二是推动广泛践行社会主义核心价值观，提高全社会文明程度。新时期，推进会计诚信建设不但有助于改善会计行业的整体氛围，提高行业整体道德素质水平与社会公信力②，还能在增强社会主义和谐社会的道德基础上，提升思想政治教育的针对性，推动社会主义核心价值观的落实，从而提高全社会文明程度等方面具有重要作用。

三是有利于推动信用体系建设。会计诚信是隐藏于明确条款之下的、约定俗成的规定，依靠自动履行机制运行。加强会计诚信建设，能够助推国家对相关的信用管理和监督制度进行完善，并进一步健全信用建设相关法律法规，为社会信用体系建设和信用提升提供更有力的保障。

2. 会计诚信的当代价值

新时代，会计诚信被赋予更加重要的当代价值。

会计诚信建设是新时代践行以人民为中心发展思想的具体体现，加强会计诚信建设有利于协调社会效益和经济效益两者之间的关系，有利于实现公平与效率的有机统一，是维

---

① 王亚星. 会计诚信的本质与当代价值［N］. 中国会计报，2021 年 11 月 19 日.
② 周佳凝. 我国会计诚信体系建设研究［J］. 现代商业，2021（14）：175–177.

护人民群众根本利益的具体体现[①]。

在经济建设领域，诚信是市场经济的重要基础，会计诚信是市场经济诚信价值链的关键一环。会计承担着维护市场秩序、服务经济健康发展、为宏观政策的科学制定和有效实施提供数据支撑、为资源的有效配置提供决策依据等重要职责，要求会计信息提供者做出合理的职业判断、真实客观公允地对整个经济活动进行全面综合的反映和监督，不因主观故意造成会计信息与真实的经济活动产生偏差或信息失真。

在服务公共政策制定、服务政府监管、服务社会公平保障体系建设以及对外开放与合作中，会计发挥着提供数据、维护标准和规则执行的作用。未来，随着经济、社会和治理（ESG）信息披露的推进，会计在真实公允反映气候、生物多样性和环境等非财务因素的影响方面还将发挥新的职能，会计诚信对生态文明建设和可持续发展也将具有新的时代价值。

在创新驱动与技术进步背景下，数据成为重要的生产要素，数字技术在激发经济增长内生动力及支持经济实现创新驱动、包容性、可持续增长方面发挥着重要作用。数字技术的实现基于数据可信的基础，而会计诚信是数据可信的重要保证。数字经济时代，会计诚信被赋予降低社会信任成本和支撑生产效率与社会治理效能提升的时代意义[②]。

（四）会计诚信的理论基础

1. 信息经济学与会计诚信

在市场经济条件下，信息不对称是导致诚信问题产生的根源之一，即信息在有契约关系的双方之间呈现不均匀分布状态，"隐藏知识"和"隐藏行为"是交易中信息不对称条件下易于产生的两类失信现象。因此，保证信息的有效传递是解决市场中诚信缺失问题的有效手段之一。

2. 交易费用理论与会计诚信

交易过程中的有限理性、机会主义、不确定性等使市场交易费用高昂，而诚信原则的存在，有助于降低和消除交易过程中上述原因导致的额外交易费用，降低交易成本，提高市场运作效率。在一个诚信体系较为完善的社会中，个体的履约守信状况在持续的交易中以信用等级形式被记录下来，这样情况下，理性的个体不会做损害其声誉进而影响未来收益的行为——即失信行为，从而抑制机会主义。同时，完善的诚信体系一定程度上弱化了

---

① 张洪. 国有企业会计诚信建设［J］. 财会月刊，2019（10）：116–119.
② 王亚星. 会计诚信的本质与当代价值［N］. 中国会计报，2021年11月19日.

未来的不确定性,是维持市场有序、稳定、高效运作的重要条件。

3. 经济伦理学与会计诚信

现代市场经济中,诚信不仅是伦理的概念,还是可以产生经济价值的无形资本。市场交易中,个体行为受个人利益这只"无形的手"牵引,诚信可以促使人们遵守经济交往中的各项道德要求,实现经济道德的良性循环,促进经济高效、公平、稳定发展。

二、会计诚信的研究成果与研究进展

从中国知网"会计诚信"相关主题的中文文献可视化计量结果(参见图1-2和图1-3)来看,学术界对会计诚信问题的研究始于2002年,2003年至2008年期间形成了较多研究成果,这一时期,正值我国推进经济体制改革和深化对外开放,发布并实施新会计准则体系,国内外资本市场陆续爆发公众公司会计造假事件,引发了会计职业界对会计信息和会计诚信问题的高度重视和广泛关注。会计诚信研究主要围绕会计人员、会计信息、市场经济、会计诚信建设、会计行业、职业道德等次主题展开,早期研究主要从会计诚信的性质、内涵、表现和影响等方面进行规范性研究。随着各界对会计诚信基本问题的认识逐渐形成共识,以"会计诚信"为主题的研究数量逐年减少,学术界更多开始思考会计诚信体系构建、会计诚信的评价以及会计诚信经济后果的实证研究,部分学者从社会学、法学、认知神经学等交叉学科开展研究,在研究视野不断拓展的同时,也丰富了会计诚信问题的理论主张。

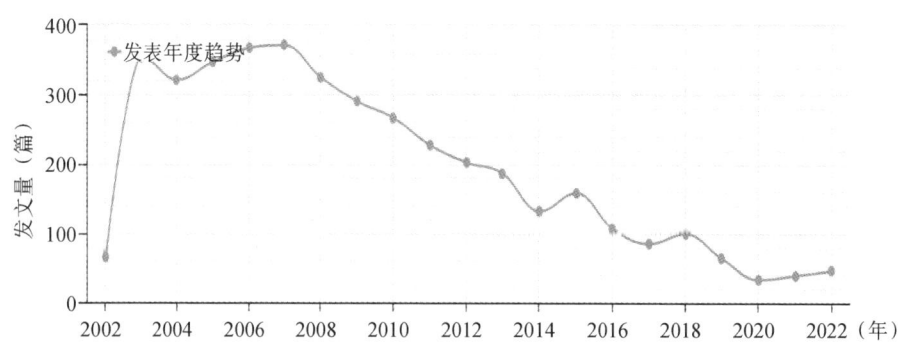

图1-2 会计诚信中文文献数量分布

数据来源:中国知网。

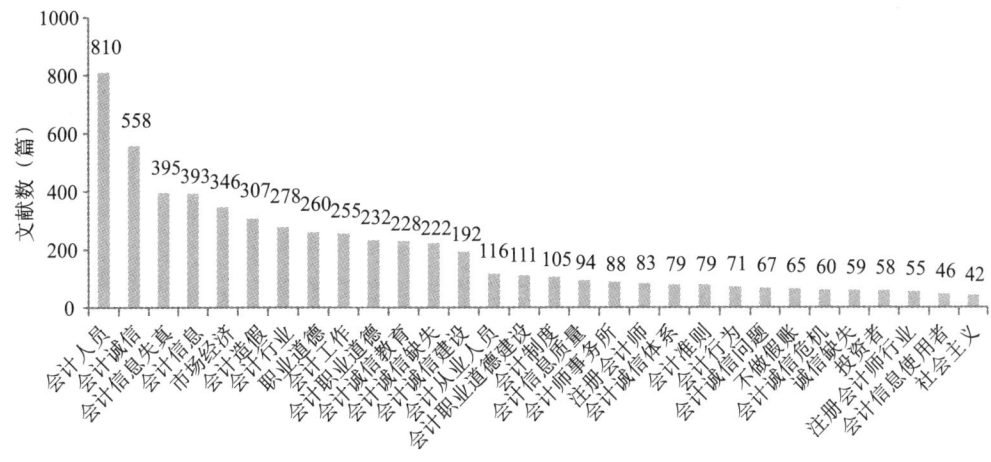

图 1-3 会计诚信研究次主题分布

数据来源：中国知网。

（一）会计诚信的表现与影响

1. 会计诚信的表现

会计诚信的外在表现可以概括为客观公正、不偏不倚地把现实经济活动反映出来，并忠实地为会计信息使用者服务。国家会计学院《会计诚信教育》课题组（2002）认为，坚持诚信为本原则就是要求广大的会计人员，立足会计实践，力行诚实守信，重建会计诚信，这是根治假账和"不做假账"的根本出路。会计诚信品质要求保持正直客观立场，树立公正平等意识，确保独立自主人格，恪守忠信笃敬态度，提高会计职业判断与责任能力，形成廉洁奉公作风①。

研究发现，会计诚信对经济活动具有直接或间接影响。实证研究发现，会计诚信与审计收费之间显著负相关，会计诚信不仅能直接对审计收费产生较好的抑制作用，还能显著增强资产误定价与审计收费之间的相关性，因而，企业应不断提升会计信息披露质量，充分降低企业与市场的信息不对称程度，为投资者提供透明与公开的环境②。研究还发现，会计诚信与审计定价显著负相关，审计工作量在会计诚信影响审计定价中发挥显著的中介作用，会计诚信可以通过降低审计工作量来降低审计定价③。

---

① 国家会计学院《会计诚信教育》课题组. 关于会计诚信品质的构想 [J]. 财政监察，2002（06）：14-16.
② 周萍. 会计诚信、资产误定价与审计收费 [J]. 财会通讯，2020（19）：61-65.
③ 曾琦，傅绍正，胡国强. 会计诚信影响审计定价吗？——基于管理层业绩预告准确性视角 [J]. 审计研究，2018（06）：105-112.

会计诚信是一种品质，是企业的一种具有一贯性特点的行为习惯。会计诚信具有"自我约束"和"信号传递"功能[①]。会计诚信的企业通常对其会计行为有更严格的要求，进行盈余管理等机会主义行为的概率更低，会计诚信还可以帮助企业形成诚信的声誉，这将进一步约束企业机会主义行为，激励企业的诚信会计行为[②]。

2. 会计失信的表现及会计虚假的后果

会计失信主要表现为会计信息失真。会计信息失真一般是指会计人员提供的会计信息、财务报表不能客观、公正、全面、公允地反映企业的财务状况、经营成果和现金流量等信息。

（1）舞弊性信息失真。会计在处理经济业务时未按照国家制订的会计准则进行操作。

（2）客观性会计信息失真。会计在处理经济业务时，需要过硬的实操能力和根据自身的财务知识进行判断，会计有大量的会计估计，这时就需要经验、能力等综合素质，但往往很多财务人员因自身本领不过硬，导致会计估计的不准确，从而影响会计信息的质量。

（3）选择性会计信息失真。在实际业务操作中，对同一笔经济业务，会计准则会提供多种处理方法，企业根据实际情况，应采用能反映经济业务实质的处理方法，但因为财务人员专业知识的缺乏或经验判断能力的失误，选择的方法未能客观反映经济业务实质。

会计虚假的后果包括：

（1）从宏观角度看，误导国家宏观调控。在我国，宏观经济管理的重要信息70%来源于会计信息。社会经济有效运行，要求会计信息与其反映的客观事实相符。会计信息是国际通用的"商业语言"，世界经济一体化，须遵循国际通行的"游戏规则"。如果采取不诚信手段，实施财务造假，势必造成经济指标失真，市场信号失灵，导致国家经济政策与实际偏离。会计信用缺失，会扰乱正常的资本市场秩序，误导国家宏观调控，阻碍资本市场乃至整个社会经济健康发展。同时，也会影响国际竞争力，损害国际形象和声誉。

（2）从微观角度看，影响企业经营管理和决策。会计诚信是上市公司高质量发展的源泉。截至2022年一季度末，A股市场上市公司4770家，总市值80.51万亿元，这是经济发展和转型升级的重要支撑。真实的会计信息，能够准确反映企业的生产经营状况和盈利水平，是企业制定经营决策的重要依据。会计信息失真一定程度上造成经营管理基础缺失和错误信息的传递，误导企业做出不合理的自我评价，进而导致企业管理混乱和决策失

---

① 姜付秀等．"诚信"的企业诚信吗？——基于盈余管理的经验证据［J］．会计研究，2015（08）：24-31．
② 耿艳丽，鲁桂华．企业诚信影响审计收费吗？——基于纳税诚信的经验研究，审计研究［J］．2018（01）：68-77．

误,影响企业市场竞争力,损害企业形象和声誉,阻碍企业乃至资本市场健康发展。

(3) 从投资角度看,影响投资者的投资判断。投资者是资本市场可持续发展之本。截至 2022 年一季度末,资本市场投资者达 2.02 亿,其中自然人投资者占 99.76%,尚处在成长成熟过程中。追逐利润固然是资本的天性,但靠财务造假来获取利益,必然损害股东乃至资本市场的长期利益。财务信息造假,将会误导投资者对企业业绩或盈利能力的判断,影响投资者投资决策,给投资者带来经济损失。同时,会挫伤投资者投资信心,影响资本市场的吸引力和活力,激化社会矛盾,影响经济发展和社会安定。

(4) 从政府监管角度看,增加行政执法难度。会计诚信与资本市场秩序息息相关。近年来,资本市场生态明显好转,但仍有许多"顽瘴痼疾"有待解决。会计信息造假,在法规政策执行上大打折扣,是对国家财经法规权威性和严肃性的恶意践踏和挑战。证券监管部门对资本市场财务造假问题负有管理和执法责任。在重拳打击下,上市公司财务造假现象仍接二连三出现,如 2018 年度造假案件高达 169 起。在一定程度上增加了执法难度,影响了执法形象,损害了政府声誉。

(5) 从社会监管角度看,增加中介审计风险。中介机构是连接上市公司和投资者的桥梁。发现并纠正财务造假是其天职,审计质量的重要性愈发凸显。截至 2021 年 11 月 30 日,当年 238 家上市公司发布公告变更会计师事务所。频繁更换会计师事务所,说明其业绩或发展可能面临较高的内外部压力和经营风险,分歧较大,审计风险增加。部分上市公司连续多年财务造假,会计师事务所却年年出具"无保留意见"审计报告。中介机构"看门人"的作用缺失,导致会计信息失真,侵害投资者利益,损害中介机构声誉[①]。

(6) 危害会计人员及会计行业。一旦出现会计诚信问题,会对会计人员产生影响,比如处分、降职甚至被行业除名,受到法律制裁,对整个会计行业的声誉也会造成恶劣影响。会计诚信缺失不利于良好风气的形成,公众对会计缺乏信任,会计地位提升也存在一定难度[②]。

3. 会计诚信缺失的治理对策

对于会计诚信缺失的治理,学术界和理论界展开了广泛讨论,并提出治理对策和建议。治理会计诚信缺失的对策主要包括加强会计道德主体的自我教育、建立会计诚信监管与评价机制,完善会计职业道德规范和会计职业道德教育,建立以行业自律为主的诚信管

---

① 刘忠庆. 会计诚信缺失问题的治理对策研究——基于康美药业、康得新财务造假案引发的思考 [J]. 财政监督, 2022 (11): 61-66.

② 许秀卿. 会计诚信体系建设研究 [J]. 商讯, 2021 (01): 59-60.

理机构以及加大会计失信处罚力度,完善会计诚信奖惩机制等。会计诚信体系构建考虑到会计工作的特点及工作的重要性,要建立全面评价的机制,由会计行业组织、社会媒体、国家相关部门对会计从业人员或企业会计行为进行评价。多主体的会计诚信评价,能有效促进会计行业的诚信化建设。会计诚信监管及评价,是一种无形的精神力量和重要的行为约束方式,它能够针对人性的弱点,增强会计职业道德的力量[①]。

(二) 新时代会计诚信体系建设

会计诚信体系指的是与会计诚信活动相关的法律法规、团体机构、市场监管、文化宣传、制度保障等构成的一个社会体系。新时期,会计诚信被赋予新的当代价值,研究者对新时代会计诚信体系的构建进行了广泛研究,并提出构建思路。

1. 会计诚信体系建设的意义

一是建设会计诚信体系有利于稳定市场经济秩序。市场经济是一种契约经济,信用是市场经济的重要基础,市场行为的本质离不开参与者的相互信任。如果会计信息出现失真,投资者的利益就会受到不同程度的损害,市场经济的自发调节作用就会被弱化,从而引发市场经济秩序混乱,严重阻碍市场经济的健康发展。为了稳定社会主义市场经济秩序,提高市场经济水平,就需要重视我国会计诚信体系的构建。

二是建设会计诚信体系有利于整个社会的诚信体系建立。会计诚信作为整个社会信用的重要组成部分,对提高社会信用水平,建设社会信用体系发挥着越来越重要的作用。在社会经济生活中,各种诚信缺失行为首先表现出来的就是会计诚信缺失。

三是建设会计诚信体系有利于增强企业竞争力。"人无信不立,业无信不兴",中国人自古就把诚信看的很重。诚信不仅是衡量人道德好坏的标杆,也是一个企业能否做大做强的重要保障。特别是经济全球化的今天,一个企业如果不把诚信重视起来势必影响其长期发展。

四是建设会计诚信体系是防范金融风险和深化国有企业改革的客观需要。金融安全是国家经济安全的核心,金融风险可能会危及金融安全。目前,国有企业降杠杆已成为我国防范金融风险的重中之重,而真实准确的会计信息能为国有企业减负债、降杠杆提供决策支持和重要保障。同时,国务院办公厅发布的《中央企业公司制改制工作实施方案》提出,国有企业改革要完善市场化经营体制的要求,强调市场化经营体制,从客观上要求国

---

① 靳静琛. 会计诚信缺失及治理对策分析 [J]. 中国管理信息化, 2021 (04): 39-40.

有企业完善公司治理和内部控制，加强降本增效和转型升级，提升市场竞争力，这都离不开真实准确的会计信息[①]。

我国会计诚信体系的建设是一个多方参与的系统工程，必须发挥好政府、企业和信用评级机构的积极作用。一方面要对评级机构整个的信用评价过程进行严格管理，科学制定评价指标，严格规范评级流程并加强后续管理工作；另一方面也要注重会计诚信相关法律法规的制度保障，完善立法，严格执法，使企业和个人等信用主体的信用信息公开化、透明化，以国家强制力对会计诚信体系的建设提供保证。同时，要注重对企业和个人进行积极引导，加强会计诚信教育，提高信用主体的诚信意识，对诚信主体和失信主体给予不同的管理措施，最终在全社会营造一种"诚信多助，失信寡助，无信不助"的良好氛围。

2. 新时代企业会计诚信体系构建思路

（1）构建原则。坚持会计诚信体系与中国特色社会主义市场经济相适应；坚持会计诚信体系与继承中华民族优良传统文化、弘扬时代精神相结合；坚持会计诚信体系与维护会计人员正当权益、承担相应社会责任相统一；坚持会计诚信体系与会计法律制度体系相协调；坚持与时俱进原则；坚持指标体系的科学性和系统性原则；坚持定性与定量标准相结合原则；坚持可行性和可能性原则[②]。

（2）会计诚信体系构建维度。会计诚信体系建设应主要围绕做好顶层制度设计，培育社会诚信意识，加强部门协作，重视诚信能力建设，构建评价指标体系，实施会计信用评价，加速信息化建设，推动会计信用信息的应用八个方面开展。

一是做好顶层制度设计。会计诚信体系建设的首要工作是做好顶层制度设计。第一，确定会计诚信体系建设的指导思想，明确工作目标、部门协作及分工、评价原则、具体指标体系以及评价结果应用的途径和方法。第二，加快法律法规体系建设。建立与我国会计诚信体系相适应的法律体系的核心工作就是完善诚信立法。在社会主义市场经济生活中，市场参与者往往对诚信和失信行为缺乏足够的理解，这就要求诚信立法必须对与诚信相关的市场行为进行明确，对会计诚信体系中的评级机构、企业、个人的市场行为进行规范，加大失信行为处罚力度。另外，对信用信息的采集也必须做出规定。

二是提高诚信意识，打造诚信社会。社会主义市场中的经济往来建立在相互信任的基础上，企业和个人作为市场参与者中的能动个体，必须树立诚信观念。诚信在社会主义市场经济建设中不应仅仅表现为一种道德规范，还必须成为市场参与者的基本入市要求。在

---

① 张洪. 国有企业会计诚信建设［J］. 财会月刊，2019（10）：116–119.
② 高建敏. 论企业会计诚信评价指标体系之建立［J］. 时代金融，2013（24）：12+14.

加强会计从业人员诚信教育的基础上,也不能放松对企业管理者和政府相关机构的诚信要求。只有做到政府诚信监督,企业诚信经营,会计人员诚信从业,才能提高整个社会的诚信水平。

三是加强部门协作。根据《会计法》的规定,财政部门负责会计管理工作,但财政部门并不掌握所有单位的会计信息,对会计信用进行评估还需要借助其他行政主管部门的力量,因此,需要加强部门协作,发挥各自职能优势,建立会计信用信息反馈机制,实现跨部门数据共享,推动会计信用信息的采集、归集和共享,达到跨部门的信息全覆盖和及时动态更新。

在数据利用上,除了财政部门掌握的数据外,主要是利用"金税三期"中的纳税申报数据进行信用评估。同时,进一步拓展会计诚信体系建设的部门协作范围,将审计、证监、银监、国资监管等对会计信息质量具有监督检查职能的部门纳入会计信息体系建设部门,实现部门共管齐抓。

四是重视会计诚信能力建设。会计诚信不仅要求具备主观上的道德品质,践行会计诚信还需要客观上的诚信能力支持。部分学者将会计诚信能力概括为会计诚信的内在能力和社会能力,其中,社会能力除了社会的经济运作能力外,还涉及政府的监管能力、教育能力、执法能力等[①]。

五是构建评价指标体系。会计信用的评价指标应根据会计相关法律法规,财政部规章和会计制度、准则的有关规定设置,形成指标体系,可分为加分项指标和减分项指标,也可分为会计主体指标和会计人员指标。

会计信用评价指标的选取应遵循以下原则:一是直接相关性,所选指标应与会计工作和会计信息质量密切相关,并且是企业会计能够影响和控制的;二是客观性,所选指标应以客观事实为依据,尽量避免主观推断,从而提高指标的权威性;三是周期性,所选指标的影响期有期限,信用记录达到一定期限后就清除(包括正面记录和负面记录);四是可操作性,所选指标一定要具备现实可操作性,数据应可以方便地采集或计量,并且符合成本效益原则;五是分类评定,单位性质和规模的不同造成会计业务在性质和数量上的差异较大,在指标的设计上除了尽可能采用相对数指标外,还应考虑会计主体的性质和规模,尽量做到具有可比性。

六是实施会计信用评价。相关部门在日常管理、监督和检查中发现会计主体或会计人

[①] 李涛,徐国君. 会计诚信既是一种品质,更是一种能力[J]. 齐鲁珠坛,2007(05).

员有涉及会计信用事项的，应按照财政部门向社会公布的会计信用指标及其具体规定在会计信用管理系统中进行相应的加、扣分，并记载加、扣分原因。在会计信用系统中记录的会计主体或会计人员信用信息，由财政部门统一向社会信用主管部门报送。

考虑到会计信用评价的对象数量太多，并且大部分评价对象在一个年度中都可能没有行政主管部门的评价信息，为节约社会资源，仅对社会公众公布两类名单，一类是信用优良的"红名单"，另一类是信用存在较大问题的"黑名单"。

充分发挥信用评级机构的作用。评级机构作为社会信用评价的主体，在我国会计诚信体系建设中发挥着重要的作用。在保证市场化运作的情况下，积极引导评级机构向专业化、科学化转变，建立一批有社会影响力和权威性的评级机构是我国诚信体系建设的一个重要方面。

七是加速信息化建设。在"互联网+"的时代，建设会计诚信体系必须依托信息化。信息化建设的主要目的：一是将分散在不同政府部门的会计信息通过部门信息互通的方式集中起来；二是实现会计信用评价标准的统一；三是实现会计信用的分散评价与集中统一评价相结合；四是实现由财政部门统一将会计信用信息向社会公布，并向社会信用主管部门报送。

八是加强会计信用信息应用。会计诚信体系的建设目标是褒扬诚信、惩戒失信。应发挥"红名单"的示范作用，强化"黑名单"的警示作用，促使会计主体和会计人员诚信自律。

完善在财税部门的应用。对单位而言，评定结果是财政税务部门日常管理、纳税信用等级评定、实施财税优惠扶持政策等的重要依据。对会计人员而言，评定结果是企业会计人员高级会计师任职资格评审和先进会计工作者评选等的重要依据。

推动跨行政部门应用。按照国务院印发的《关于建立完善守信联合激励和失信联合惩戒制度 加快推进社会诚信建设的指导意见》的要求，实现跨地区、跨部门、跨领域的会计守信联合激励和失信联合惩戒机制。行政机关在履行有关法定职责时，将会计信用信息作为实施行政管理的参考依据。

强化综合运用。强化会计信用记录和评级结果在政务、商务、社会和司法领域的综合应用。鼓励法人、自然人和其他组织在开展金融活动、市场交易、社会公益等活动中应用已公布的会计信用信息。充分运用多种措施对诚实守信主体进行联合激励，包括提供优先机会和减少负担两方面。比如优先办理行政审批，优先提供公共服务，优先享受优惠政策；减少审批环节，减少监管频次，降低市场交易成本等。同时，加大对会计失信主体的惩戒力度,包括行政性、市场性、行业性、社会性四类,提高失信成本①。

(三) 会计诚信评价

1. 会计诚信评价现状

从企业对自身会计诚信能力和表现的评价方面来看,一是过分注重财务指标的业绩评价机制。一直以来,企业评价业绩时过分重视一些财务指标,如利润总额、总产值、利润率等。财务指标能够从一些方面反映企业的经营成果,但如果只通过这些指标来评估企业绩效,而不关心企业是如何实现这些成果的,将会导致评估结果片面。只有通过季度、年度考核才能发现财务指标数据失真,不能反映企业经营实质,从而影响了企业的长期发展。正是业绩评估过程中对财务指标的过分强调,才在一定程度上诱发了财务数据造假的发生。二是常常忽视会计的监督职能。从内部监督来看,企业财务人员在管理财会信息时,常常忽视会计的监督职能,而只重视核算职能在企业经营过程中的应用。在内部抽查中,发现问题并进行处罚会影响部分人的经济利益,因此存在有些监管人员听之任之,不履行会计监督职能的现象,从而导致管理工作效率低下、难以落实。长此以往,会加大企业的财务风险与经营风险,从而影响企业的持续健康发展。

从监管方面来看,部分研究认为,市场上频发的会计诚信缺失案例反映出社会监督范围广、任务重,审计力度有待提高,地方政府和管理部门对会计诚信的监管还有提升空间,法律层面对会计诚信的规定有待完善②等问题。

2. 会计诚信评价机构

会计诚信评价机构是否完善,直接关系到是否能够真正建立完善的会计诚信评价指标体系。现阶段和今后的一段时间内,考虑到我国会计管理体制的特殊性,仍应侧重发挥财政部门在会计诚信考评中的组织、协调和推动作用,由财政部门牵头组成专门机构进行。对单位会计诚信的考评由财政部门负责,对会计人员考评由单位根据财政部门给出的参考样表,然后把结果汇总后上交到财政部门,财政部门再把这些信息反映到企业信息库和会计证的年检上。③

3. 会计诚信评价制度

在明确考评内容和基本流程的基础上,规定考评标准,对每一个具体项目逐一量化、

---

① 朱卫品. 浙江省会计诚信体系建设的实践与探索 [J]. 财务与会计, 2019.
② 雷波. 新常态下会计诚信体系的构建 [J]. 中国管理信息化, 2021 (02): 12-15.
③ 姜锡明. 会计职业道德与会计诚信的监管研究 [J]. 新疆财经, 2002.

记分。根据最终考评得分情况,评定单位和会计人员信用等级,实行不同的管理措施。对信用等级越高的个人或单位,监管越宽松、优惠越多;反之,监管越严、优惠越少。同时,还可以对信用等级高的单位或会计人员实行一票否决制度,对信用等级低的单位或会计人员实行一票认定制度。

4. 会计诚信指标体系

科学合理的评价体系是做好行业监管与服务的重要抓手和支撑。通过对市场主体会计诚信情况进行评价与量化,有助于促进守信、抑制失信,从而维持市场有序、稳定、高效运行。构建科学合理的会计诚信评价体系,应围绕新时期中国特色社会主义建设基本特征,把握我国社会主要矛盾转变下宏观经济社会环境变化,在立足会计工作质量提升的基础上,贯彻落实党的十九大提出的加强诚信建设,提升社会道德的总体目标,遵循财政部提出的加强会计人员诚信建设指导意见,把握会计诚信的本质,综合考虑各项影响因素。结合会计诚信内在品格和外在表现的本质,会计诚信评价应考虑会计行为环境、主体和客体三方面因素,至少涵盖会计诚信意愿、会计诚信能力、会计诚信表现、监督与管理以及企业经营环境五个维度,其中,诚信意愿属于主观因素,诚信能力、诚信表现、监督与管理以及经营环境属于客观因素。

诚信意愿表现为会计诚信体系、企业文化和公司治理三方面,分别通过明确的会计诚信建设目标、会计诚信责任部门/责任人、建立内部诚信档案,倡导诚信的企业文化、诚信纳入企业规章制度,规范的公司治理制度、股东大会对财务报告约束力、董事会独立性、审计委员会有效履职、股权集中度等方面衡量。诚信能力可以从财务工作规范性、财务人员综合素质和管理层综合素质等方面评价,如是否有健全的财务会计制度、规范的内部控制制度、轮岗制度,本科以上学历构成、中高级职称比例、培训次数、研究生以上学历构成、高级职称比例等。诚信表现体现为会计信息质量和奖惩情况两个方面,分别通过无保留审计意见,获得荣誉、受到诉讼、公开谴责数量等进行评价。监督与管理表现为内外部审计和行业监管两个方面,分别通过设置独立的内部审计部门,审计师事务所定期更换、收到问询、检查及回复等维度衡量[1]。经营环境对企业的持续经营具有重要影响,可以从气候变化、环保等环境信息披露,以及所在地区营商环境、市场化水平等维度进行评价。

就目前的情况而言,很多企业的内部信息无法获得,因此在设计评价指标时应考虑获

---

[1] 王亚星. 会计诚信规范与评价体系构建 [N]. 中国会计报. 2021-12-10.

取信息的可能性，不能脱离实际而虚设指标。在设计评价指标时，既要选择能正确体现企业实际会计诚信水平的指标，又要充分考虑企业内部信息的完备程度，确保所提供信息的合法性、真实性、准确性、完整性。而如果对评价指标逐一量化，不仅缺乏科学依据，而且工作量也会很大且很烦琐。因此，在实际操作过程中必须做到定量分析与定性分析相结合。要使评价结果具有实际意义，最终还应得出一个明确的量化结果，以排除定性分析中主观因素或其他不确定因素的影响。理论上，指标设计应考虑个人和单位两个方面：(1) 会计人员职业道德与会计诚信考评指标主要是定性指标的量化，包含爱岗敬业、诚实守信、廉洁自律、客观公正、坚持准则、提高技能、参与管理和强化服务八类。(2) 单位会计诚信考评指标包含定性和定量两类。由于不同单位有其自身的特点，所以定量指标虽然都包括会计核算诚信状况、会计管理诚信状况、纳税诚信状况和信贷诚信状况四类，但又分为一般与分类两种指标。一般指标适用于所有单位；分类指标则具有较强的针对性，适用于不同的单位，也就是说，对单位会计职业道德与会计诚信信用等级的考评除了共性的地方之外还有个性的地方。单位会计诚信考评的定性指标分为单位会计整体职业道德水平、会计职业环境、会计信息基本流程、内部控制和财经法纪专项检查五类，不同单位也略有不同，以体现各自特点。

武汉科技大学研究团队先采用层次分析法确定定性、定量指标权重系数，再运用灰色综合评价法对各企业会计诚信进行综合评价并得出影响企业会计诚信的关键因素，构建了基于灰色综合评价法的会计诚信评价体系[①]。如表 1-1 所示。

表 1-1　　　　　　基于灰色综合评价法的会计诚信评价指标体系

一级指标	二级指标	三级指标
定性指标（B）	从业人员职业环境（B1）	单位负责人对会计工作的重视情况（B11）
		会计机构设置（B12）
		会计人员配备（B13）
		会计人员回避制度（B14）
		交接程序（B15）
		会计信息化程度（B16）
		财务共享程度（B17）
	会计核算（B2）	依法建账（B21）
		凭证填制与审核（B22）

---

① 邱玉莲，刘婉. 基于灰色综合评价法的会计诚信体系构建研究［J］. 生产力研究，2022（03）：155-160.

续表

一级指标	二级指标	三级指标
定性指标（B）	会计核算（B2）	账簿登记（B23）
		会计科目与核算方法（B24）
		会计报表编制（B25）
		重大信息披露（B26）
		资金合理占用（B27）
		合规审计报告（B28）
		档案管理（B29）
	内部控制（B3）	风险控制（B31）
		授权审批（B32）
		财产保全（B33）
		不相容职务划分明确（B34）
	财经法纪检查（B4）	信贷诚信状况（B41）
		审计状况（B42）
		其他专项检查（B43）
	会计人员诚信状况（B5）	学生生涯是否有作弊现象（B51）
		是否接受专业会计伦理课程培养（B52）
		是否有犯罪记录（B53）
		会计职称评审是否违规操作（B54）
		是否按时还贷（B55）
		是否按时缴纳个人所得税（B56）
定量指标（Q）	会计核算诚信状况（Q1）	资产失真率（Q11）
		利润失真率（Q12）
		会计信息记录失真率（Q13）
		凭证抽查错误率（Q14）
	会计管理诚信状况（Q2）	违法违规查处率（Q21）
		会计资料失真率（Q22）
		票据失真率（Q23）
		资产非正常失真率（Q24）
		账外资金比（Q25）
	纳税诚信状况（Q3）	纳税申报查错率（Q31）
		纳税申报延时率（Q32）
		缴纳税款延时率（Q33）
		违法违规税款比率（Q34）
	信贷诚信情况（Q4）	滞纳金支付率（Q41）
		贷款合同违约率（Q42）
		到期债务偿还率（Q43）

5. 会计诚信评价流程与结果应用

构建诚信体系的重点是规范整个评价工作的流程。规范合理的评价流程能极大地提高评价结果的科学有效性。随着评级机构的增多和市场竞争日趋激烈，评级机构的测评工作能力也会越来越强，整个工作流程也会越来越透明。诚信评价工作的流程如图1-4所示。

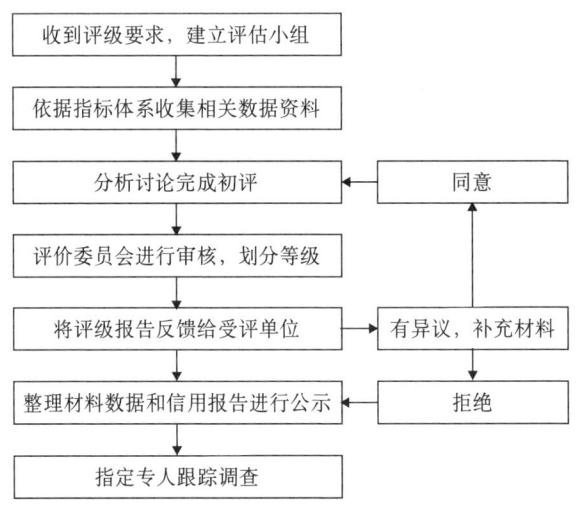

图 1-4　会计诚信评价流程①

当前的会计诚信评价采用百分制，由评价小组对每个评价指标打分，并据此评定诚信等级。但由于影响企业会计诚信水平的某些因素是模糊的，评价小组是一个团体，因此会计诚信评价也具有模糊性和群体决策性。而且由于主观原因，人们对某些影响因素的褒贬程度不尽相同，很难直接用统计学方法计算出准确的结果。所以，如何对模糊及群体决策的影响因素进行量化处理和综合评价就显得尤为重要。可以采用群体多准则模糊层次分析法建立评价模型，为会计诚信评价提供一种科学、可行的方法。根据企业会计诚信评价的总得分，对诚信等级进行划分，可以将企业会计的诚信状况划分为诚信企业、守信企业、警示企业和失信企业等标准，将评价结果应用于融资或贸易中的信用评价和投资决策参考等②。如图1-5所示。

---

① 高绍福，陶海映．企业会计诚信评价指标体系构建研究［J］．会计之友（上旬刊），2009．
② 许秀卿．会计诚信体系建设研究［J］．商讯，2021（1）：59-60．

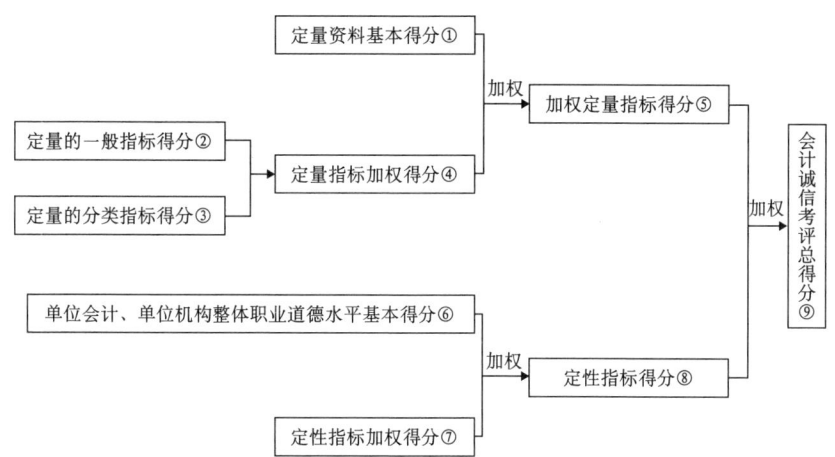

①财政部门通过与工商税务、银行等部门的沟通取得它们现有的对各单位进行考评的资料,通过加权平均后作为定量资料基本得分。具体计算公式为:

定量资料基本得分 = ∑各部门对单位考评得分×权数

②定量的一般指标来源于主管财政部门使用的考核计算表;

③定量的分类指标来源于主管财政部门使用的考核计算表;

④通过主管财政部门设计的考评表计算出定量指标的加权得分,具体计算公式为:

定量指标加权得分 = ②×一般指标权数 + ③×分类指标权数;

⑤定量指标得分 = ①×基本分权数 + ④×加权分权数;

⑥通过各单位对会计人员的考评得到单位会计整体职业道德水平基本得分;

⑦通过主管财政部门设计的考评表计算出定性指标的加权得分;

⑧定性指标得分 = ⑥×基本分权数 + ⑦×加权分权数;

⑨会计诚信考评总得分 = ⑤×定量指标权数 + ⑧×定性指标权数。

图 1-5 会计诚信评价指标应用①

(四) 会计诚信管理

1. 会计诚信评价的后续管理

建立与完善会计诚信法规体系。以法律为保障,道德为约束,将自律和他律相结合。明确法律主体,厘清责任,依法依规进行惩戒和处罚。

健全会计职业注册登记制度,形成全国统一、开放的会计诚信档案。财政部门可以通过会计从业人员管理,逐步建立会计人员从业信息档案,将会计人员继续教育、晋升、晋级、聘任专业技术职务、表彰奖励以及违法违纪、吊销会计从业资格证书等信息在网站和新闻媒体予以公布,使遵守会计职业道德的人员得到褒奖,让有不良记录的会计人员声誉受损,付出代价,从而引导会计人员规范从业行为。建立严重失信会计人员"黑名单"。

---

① 高绍福,陶海映. 企业会计诚信评价指标体系构建研究 [J]. 会计之友(上旬刊),2009.

将有提供虚假财务会计报告，隐匿或者故意销毁会计凭证、会计账簿、财务会计报告，贪污、挪用公款，职务侵占等与会计职务有关违法行为的会计人员，作为严重失信会计人员列入"黑名单"，纳入全国信用信息共享平台，依法通过"信用中国"网站等途径，向社会公开披露相关信息。

建立失信会计人员联合惩戒机制。财政部门、各主管单位以及相关执法部门应将发现的会计人员失信行为，记入会计人员信用档案，支持会计行业组织依据法律和章程，对会员信用情况进行管理。加强与有关部门合作，建立失信会计人员联合惩戒机制，实现信息的互换、互通和共享。

建设信息化数据库，实时进行监管反馈。政府部门应加大资金投入，建立移动信息化数据库，建立会计主体信用评价结果公示制度，将企业主体的诚信数据存储下来，可供消费者以及利益相关者随时查阅会计主体的信用评价结果，提高信息透明度。与此同时，成立监管小组进行实时监管反馈，根据会计诚信评价结果，一方面构建守信者奖励机制，对诚信评价结果等级中的优秀企业给予表扬、政策优惠等鼓励措施；另一方面构建失信者惩罚机制，给予诚信评价结果等级中的警示企业和失信企业警告、罚款、取消优秀企业评价资格、勒令退市等处罚措施，并允许进行信用修复。对于会计主体的后期信用管理，要保持追踪和查验，做到实时监督，及时反馈①。

通过采用日常监督和年度鉴定相结合的手段，加强信用等级后续管理，对会计人员和单位会计诚信信用等级实行动态管理。等级不实行终身制，凡是被评定信用等级的会计人员或单位，如果出现违法、违规问题，一经核实，即由评定机构调低其信用等级。

2. 会计诚信档案记录

企业的诚信档案主要包括企业的基本情况、经营情况、纳税情况、合同违约情况和年检，企业诚信评价等级、债务纠纷等。这些应作为市场经营的通行证和"身份证"。对企业经营不良行为的公示和记录，可以促进企业重视自己的诚信行为。

会计人员的诚信档案主要包括会计人员的流动、晋升、聘用专业技术服务、奖励和表彰、奖惩处罚等情况。

完善会计人员诚信档案管理系统。有序采集会计人员信息，记录会计人员从业情况和信用情况，建立和完善会计人员信用档案。有效利用信息化技术手段，由各地财政部门构建完善本地区（部门）的会计人员信用信息管理系统，财政部在此基础上构建全国统一的

---

① 邱玉莲，刘婉. 基于灰色综合评价法的会计诚信体系构建研究［J］. 生产力研究，2022（03）：155-160.

会计人员信用信息平台。

同时，应健全会计人员守信激励和失信惩戒机制，为守信会计人员提供更多机会和便利。将会计人员信用信息作为先进会计工作者评选、会计职称考试或评审、高端会计人才选拔等资格资质审查的重要依据。鼓励用人单位依法使用会计人员信用信息，优先聘用、培养、提拔具有良好信用记录的会计人员。

对严重失信会计人员实施约束和惩戒。在先进会计工作者评选、会计职称考试或评审、高端会计人才选拔等资格资质审查过程中，对严重失信会计人员，依法取消其已经取得的会计专业技术资格；被依法追究刑事责任的，不得再从事会计工作。支持用人单位根据会计人员失信的具体情况，对其进行降职、撤职或解聘。

在会计诚信档案管理中，主要是针对信息征集和使用两个方面开展管理工作。根据我国当前经济发展的基本形势，诚信征集方式逐渐采用间接联合形式，即相关机构协调收集诚信数据，并将各单位诚信数据转移到信息服务机构，该机构对相关数据进行整理，并对有关信息进行筛选，从而实现会计诚信档案的管理目标。在各企业运行过程中，通常会生成一系列会计报告和会计人员诚信报告。在相关诚信信息收集过程中，需对各项信息进行详细罗列，便于对有关信息的核实，以保证诚信报告的真实性和有效性，能够为信息使用者提供准确依据，便于其作出正确决策，对企业经营发展有着较大优势。同时，在会计诚信档案的建设管理下，还可为使用者提供便利，让使用者能够在最短时间内调取相关信息，了解会计档案的有关内容，为会计工作的开展提供有力支持，充分提高诚信档案的使用效率，确保会计诚信档案的质量，从而有效推动企业会计工作的顺利开展，发挥会计诚信档案的管理作用[①]。

3. 强化行业组织自律约束

以强化行业自我管理与约束为重点，建立会计行业自律与惩戒机制。会计职业组织应发挥主体作用，完善行业自律机制，与行政监管、法律制裁形成合力，通过发布会计职业道德守则，设立行业道德委员会和仲裁委员会，配备一定数量的专职人员，聘请一些兼职专家，专司职业道德规范的制定、解释、修订、实施和仲裁之职，形成会计行业自律性惩戒机制。

惩戒程序一般可分为：调查、分析和认定事实；确定适用惩戒规则条款；作出惩戒决定；执行惩戒决定。惩戒措施一般包括：强制培训、谈话提醒、公开谴责、通报批评、限期整改，直至开除会员资格等。

---

① 赵丹杨. 会计诚信档案设计与管理研究［J］. 时代商家，2022（21）：61-63.

4. 引导企业开展诚信能力建设与提升

对于诚实守信、忠于职守的会计工作人员，要对他们给予鼓励并进行表彰，体现国家对诚信建设的高度重视以及对守信行为的大力支持。在年终考核和岗位晋升时充分考虑会计人员诚信水平，促进会计人员提高自身职业道德水准。收录践行职业道德典型事迹，树立诚实守信榜样，充分发挥道德模范作用，在会计行业营造诚信氛围。对失信会计人员实施约束和经济处罚、降职或解聘等惩戒措施。

完善企业内控合规体系，强化财务管控执行力。内部控制制度是企业管理的重要制度之一，有利于管控企业内部的财务行为、保护企业的财产安全、推动企业的长期发展。健全企业内部控制制度，必须具备恰当的内部控制框架和科学的公司治理结构。内部控制框架要做到结构完整与细节充实，需要由外部专家与内部管理人员共同制定；公司治理结构的建立，要有明确的责权、清晰的产权、科学的管理，从而维系公司平衡。除此之外，还要建立财务控制体系和风险预警机制，在对过往发生的问题进行分析的基础上找出缘由，并拟定相关预防及规避措施，从源头上规避财务造假的发生。

（五）会计诚信教育

自改革开放以来，中国企业迅速融入世界经济潮流中，全球化成为企业发展面临的新形势，东西方文化在这里发生了碰撞，在大智移云时代全球创新和传统企业转型过程中，更需要建立适应传统文化向现代转型下的会计诚信教育体系。

1. 树立正确的诚信文化认知

在世界变局中，我国正处于实现中华民族伟大复兴的关键时期，进行特色社会主义现代化建设是一条前人从未走过的路，经历过千百年古今中外社会实践锤炼所流传下来的诚信文化，在特色社会主义实践过程中，根据社会实际情况不断创新文化自信，在会计教育中牢记历史使命，引导学生走出盲目崇拜西方文化的误区，树立中国传统会计诚信文化认知，在服务全球社会经济创新和谐发展中发挥积极作用①。

2. 培养会计诚信理念

强化"全员共识"理念，形成良好诚信氛围是会计从业者的立身、处事之本。会计诚信教育属于观念教育，观念教育不同于知识教育，知识可以被灌输，但观念需要主观认同；道德观念的形成或诚信习惯的养成，不是一朝一夕的事，需强化"全员共识"理念，

---

① 柳延峥. 传统文化转型下对会计诚信教育的思考 [J]. 产业与科技论坛，2020（19）：193-195.

形成良好的诚信氛围,产生"同群效应"。

首先,设置必修课,核心内容就是讲解社会主义核心价值观、法律法规遵循和职业胜任能力的关系,培养宣传从业者独立的人格和思维能力。其次,围绕诚信主题,组织读书会,开展征文比赛以及演讲比赛,鼓励从业者参与公益活动或社会实践,并制订相应的奖励机制,在社会范围内宣传。此外,还可以由会计专业教师牵头,定期组织开展各种活动。比如,设立"会计诚信大讲堂",邀请优秀企业家来做企业文化和伦理方面的讲座;邀请会计诚信的代表人物来做宣讲,宣扬先进事迹,发挥示范作用,引导从业者向先进人物看齐,与此同时,结合财务造假案例事件,加强道德和规则教育。

3. 加强会计职业道德教育

我国会计职业道德教育体系包括三个方面:一是对潜在会计人员的职业道德教育,即对高等院校会计专业的在校学生进行职业道德教育;二是岗前职业道德教育,即对从事会计职业前进行的职业道德教育;三是继续教育,即对已从事会计职业的会计人员进行的继续教育,包括会计人员自我教育。在建立和完善会计职业道德教育体系时应紧紧抓住影响会计职业道德观念培养、形成和发展的重要环节,坚持不懈地进行会计职业道德教育。

(1) 完善会计诚信教育体系。坚持"全过程融入",完善德才兼备育人机制。增加会计诚信教育的投入,为"全过程融入"做好准备。首先,对教师进行培训,提高教师的会计职业素养,使教师做到言传身教。作为会计专业教师,需掌握学科发展的前沿信息,优化知识结构,丰富教学方法,从而提高德育课程的教学水平。其次,组织教师进行教材编写,具体可以依托学校或者相关政府部门,做好顶层设计,聘请专家来共同编写,形成具有时代性、权威性的会计诚信教育教材。对会计教师的考核,应当按照《会计法》要求,进行师德评价,在路径设计上要做到会计教师传统诚信文化培训的常态化、制度化。通过创新考核制度,将诚信文化理念及传统文化素养考核嵌入会计教师的日常教学管理,使教师诚信为本、明德修身、立德育人[①]。

提高会计诚信教育在人才培养方案中的比重,构建道德教育和文化教育相结合的培养模式,除了开设《会计法规》《会计职业道德教育》等课程以及增加相应的学时以外,要求教师在其他专业课中也要融入会计诚信的内容。

充分利用第二课堂。一是充分利用互联网技术,线上线下相结合,开展会计诚信案例讲座、专题讨论和专题辩论,引导学生阅读和观看会计诚信方面的文献、案例、视频等,

---

① 季周,李扣庆,张涛. 会计诚信教育——课程思政新实践 [J]. 新会计,2021 (10):17-19.

组织相关活动和比赛,给予积极参与会计诚信实践的学生一定学分和物质奖励。二是开展"诚信月"活动,定期邀请会计名家或者相关专业教师就会计诚信方面的前沿、热点问题进行直播和分享。

会计诚信教育应从学校抓起,让学生充分认识到会计道德与会计法制的重要性。完善会计诚信教育体系,努力提高财会后备人员的诚信意识,有利于整个行业长期的规范化发展。

(2) 强化会计人员继续教育。随着社会和经济的不断发展,会计知识在不断更新,会计准则在不断变化,财政部、各地方财政部门应积极组织会计人员参加定期的职业培训,提高财会人员专业素养。认真宣传会计法规、及时传达财经动态,积极引导会计人员树立诚信观念、责任意识和道德意识,从而使会计信息的真实性和完整性得到保障。

(3) 落实事前宣传教育,强化诚信意识。以企业经营者及股东为对象,以非诚信案例为入手点开展宣传教育,确保企业经营者或法人代表能够认识到诚信的重要性,以签订书面承诺书或发起行动倡议等形式,就遵守会计法律法规、健全内部会计制度等作出承诺,保证经营的诚信化,杜绝指使会计人员对会计信息进行虚构或伪造。如有违反,自愿接受相关部门的惩处。通过约束性条款的建立,能够对企业经营者与股东等行为加以约束,促使其自觉诚信经营。由工商部门就承诺书及企业成立初期申请文件等进行存档备案[①]。

4. 建立中国特色会计诚信教育模式

(1) 加强企业会计师资队伍诚信文化建设。长期以来,会计师资队伍建设一直是围绕会计制度改革来进行的,对会计师资的考核偏重于业务,各行业会计教育院校为了配合企业的快速发展,往往注重业务和技能培训,使会计教师疲于应付繁重的教学任务。在转型背景下,会计教师应当加强传统诚信文化和诚信教育与业务技能教学的融合,探索满足实践需求的会计诚信教学模式。

(2) 加强企业会计教材体系诚信文化建设。会计专业教材是会计教学的重要内容和载体,文化建设内涵的不断丰富,对会计诚信文化教育提出了新的要求,其建设的程度对会计教学改革起到至关重要的作用。会计教材编写时应深入社会和各行业企业进行充分调查调研,借此明确会计对诚信工作的要求以及岗位划分和工作内容,严格按照会计工作流程确定会计诚信课程研发思路,建设一个会计诚信文化基础之上面向企业的出纳岗位、会计核算岗位、会计管理岗位、财务管理岗位、税务管理岗位以及会计监督岗位的会计诚信课

---

① 季周,李扣庆,张涛. 会计诚信教育——课程思政新实践 [J]. 新会计,2021 (10):17-19.

程体系,从而教育学生认真掌握财经法律法规,强化诚信要求,为企业培养诚信可用之才。同时建立校企结合的诚信行为规范档案,跟踪记录学生就业后的诚信行为,为学生就业后的诚信发展提升服务。

(3)加强企业动态会计诚信模拟实验室建设。在企业价值创造方式创新和技术进步背景下,企业的组织形式及业务的模式发生新变化,建设新型会计诚信实验室成为满足企业转型升级的必要教学手段。

(4)强化企业会计人员的诚信文化教育。相关会计教育院校肩负着会计在职人员诚信文化教育和培训的责任,因此应开展定期、不定期会计诚信文化内容的讲座、培训、比赛,加强各行业企业会计从业人员的诚信文化教育,使其在不断提高诚信认知水平的过程中,进一步提高工作素质。

(六)基于数智云区背景的会计诚信体系构建与实现机制

1. 数智云区背景下会计诚信实现面临的机遇与挑战

信息时代大数据、人工智能、云计算、区块链等技术的发展与应用,改变了会计工作的场景,使会计工作的效率、质量得到了前所未有的提升。区块链技术能够打通会计信息生成、存储、流通的全业务流程,推动会计信息生成环节的授信方式由中心化向多中心化转变,具有存储环节会计信息难以篡改、流通环节会计信息可追溯的特点,为有效防范会计失信行为提供了技术支撑。人工智能在财务会计行业的应用,使很多财务工作可通过系统自动完成,替代了标准化及重复性的工作,解放了会计生产力。但值得注意的是,会计工作中需要运用职业判断的部分很难被人工智能取代。

大数据是指在一定范围内对信息进行捕捉、管理与处理等操作所形成的数据集合。大数据技术的优势不仅在于能掌握这些庞大的信息,更在于对这些数据进行专业化的处理,使得企业的财务数据等信息由静态转变为动态,并实时在线共享。随着财务数据的公开,各种财务信息也变得透明化,提高了会计信息的真实性以及信息披露的公允性,减少了人工核算产生的诸多问题,在一定程度上使会计诚信得以提升。

大数据、人工智能、云计算、区块链等技术的应用与发展需要解决两大核心问题:一是人工智能、大数据等技术的导向性问题,二是其应用边界问题。对会计诚信研究而言,信息技术开发与运用的导向性需要站在历史文化、经济、人类幸福指数提升的角度去审视,这是人类命运共同体协同发展的战略需求。比如,区块链技术、财务云共享技术在会计中的应用使会计信息得以共享,但与此同时,也可能导致企业商业机密的泄露,给企业带来巨大损失,甚至给黑客技术创造无限的试验场。在数智云区技术环境下,一旦有黑客攻击会计系统,将对企业及相关数据共享方带来重大打击。因此,数智云区技术在会计中的应用需要解决现代技术的导向性问题与边界的界定问题。大数据、人工智能、云计算、区块链等技术与会计的深度融合所产生的会计伦理问题同样需要重视。比如,将数智云区等信息技术应用于会计工作,在提升效率与信息质量的同时,也可能因算法不完备、数据差错等原因导致对信息共享端的决策偏差,还可能存在技术黑箱,从而引发会计信息透明度缺失、会计信息决策失误等问题。在零和博弈的经济对决中,当数智云区技术下的会计信息供给无法兼顾信息供给方与使用方的利益时,技术算法该如何设定?诸如此类的会计伦理问题以及在将来会计工作中可能出现的过度技术依赖问题,都将会对会计诚信的实现产生深远影响,且这些问题的解决是不可能一蹴而就的。

2. 数智云区背景下会计诚信体系的构建与实现机制

研究者对数智化时代会计诚信体系建设提出以下建议,包括:构建良好的诚信文化环境;加强对会计诚信文化的引导和培养;利用新技术对会计诚信体系进行监督。政府部门应当建立会计诚信大数据系统,要求企业以及会计人员定期报告财务活动的合规状况,对会计失信行为记录在案,形成公开数据库,各个部门的信用信息交互共享,方便开展会计监督。会计诚信大数据系统的信息作为会计人员奖惩的重要依据,使具有财务造假动机的企业和会计人员有所顾忌,约束其会计失信行为[①]。

部分研究者针对大数据、云计算、区块链和人工智能技术进步背景,提出会计诚信体系建设创新方法和思路,如实行拒受业务信息录入制,即设立专门信息库,对在执业过程中因发现客户有违法行为而拒绝承接业务的会计师事务所进行信息录入登记,以便监管部门重点监督出现这种情况的企业,并对诚信的会计师事务所进行表扬或奖励。严格实行业务分离与审计轮换制度。企业的审计业务和咨询业务要区分开来已是共识,目的是防范审计过程中审计方与被审计单位串通作假或"合谋"。同时,在人治现象无法完全消除的情况下,政府应主导并推动审计业务轮换制度,并建立信息库记录历史审计信息。利用网络媒体与舆情舆论等民间力量实施监督。国内外相关案例均证实,在曝光上市公司会计诚信缺失问题方面,民间力量是重要的推手。在数智云区背景下,社会媒体报道的多样化使得其作用愈发凸显。因此,社会监督也逐渐成为资本市场监管的重要环节。政府应在利用官方平台对整体舆情进行掌控的前提下,充分发挥社会舆论的监督作用[②]。

---

① 孙鹏阁,张楚琳. 数智时代会计诚信文化建设的思考[J]. 会计师,2021(08):1-2.
② 杨琼. 基于数智云区背景的会计诚信实现机制构建[J]. 财会研究,2021(03):35-41.

（七）会计诚信的交叉学科研究

会计诚信涉及经济学、社会学、法学等多个学科，部分学者从交叉学科视角对会计诚信问题进行了研究。李小丹和陈孝（2003）从会计人员的个性心理、会计人际关系、会计服务心理、会计组织的心理氛围和会计人员心理障碍五个角度对会计诚信进行了分析研究[①]。崔学刚等（2016）提出基于神经科学方法的会计研究的潜在贡献与两个决定因素有关：一是大脑的内部秩序，包括评价过程、比较过程、反应过程，以及公平感、道德感、诚信和利他性惩罚等亲社会行为；二是社会经济交换的外部秩序，主要是文化因素中那些互惠、合作和分享的规范。[②]

三、理论发展综述与启示

整体来看，近年来，国内学术界和实务界对会计诚信进行了热烈的讨论并取得了一些开拓性的研究成果。从研究者关于会计诚信内涵、外延和理论基础开展的一系列研究来看，由于会计诚信不仅是诚信在会计职业领域的细分，还与哲学、社会学、经济学、心理学、经济伦理学等多学科存在关联，对其概念进行学理抽象存在一定难度。经过多年的研究探索，学术界对会计诚信的概念及其在会计理论体系中的定位逐渐明确，理论体系不断完善，对会计诚信的内涵已经形成比较一致的观点，即会计诚信本质是会计对社会的一种基本承诺，体现为客观公正、不偏不倚地把现实经济活动反映出来，并忠实地为会计信息使用者服务，这为开展学术研究和实践工作奠定了理论基础。

新时期，结合社会经济发展新环境、新问题，研究者对会计诚信和会计失信的表现与影响、会计诚信的当代价值以及技术创新背景下会计诚信建设开展了更加深入的研究探索；各方还就会计诚信体系建设、会计诚信评价以及会计诚信教育开展了广泛讨论并提出相关建议。这些研究成果为开展会计诚信管理，推进会计诚信体系建设、诚信能力提升与评价，推进基于数智云区背景的会计诚信实现机制构建，防范监督财务舞弊、盈余操纵等会计诚信缺失问题提供了研究支持。会计诚信相关定量研究仍有进一步探索的空间。

（本篇执笔人：北京国家会计学院 王亚星）

---

① 李小丹，陈孝. 会计诚信之心理学剖析 [J]，四川会计，2003（05）：20 – 21.
② 崔学刚，邓衢，邝文俊. 基于神经科学方法的会计研究：分析与展望 [J]. 会计研究，2016（12）：21 – 28.

Ⅱ 政策篇

2021年是"十四五"开局之年，是中国共产党成立100周年，也是全面建设社会主义现代化国家新征程开启之年。这一年，在党中央的坚强领导下，在国务院及各部门和各省区市地方政府的共同努力下，许多重要的政策文件相继出台，推动了会计诚信与经济高质量发展。本篇主要按照诚信相关政策的时间主线，同时具体按照层级和主体展开梳理2021年政策发展情况。需特别说明的是，本部分政策回溯主要聚焦于指导性层面，更多执行性层面政策及细则可详见后续的实践篇。此外，本部分对于我国"十三五"期间，国家和相关省区市的重要相关政策进行了简况回溯，以供查阅。

一、党和国家关于诚信建设的政策梳理

（一）2021年党和国家关于诚信建设的重要政策

2021年3月，《中华人民共和国国民经济和社会发展第十四个五年规划和2035年远景目标纲要》提出建设高标准市场体系，"高标准市场体系"即高标准的市场体系基础制度，高标准的要素市场体系，高标准的市场环境和质量，高标准的市场基础设施，高标准的市场开放和高标准的现代市场监管机制。这为当前和今后一段时期诚信和信用建设指明了重点任务和方向，并要求各地区各部门结合实际认真贯彻落实。

2021年1月，中共中央印发了《法治中国建设规划（2020—2025年）》，党中央、国务院将社会信用体系建设摆在重要位置，对社会信用体系建设提出了更高的要求。其中明确：持续营造法治化营商环境，实施统一的市场准入负面清单制度，清理破除隐性准入壁垒，普遍落实"非禁即入"。全面清理、废止对非公有制经济的各种形式不合理规定，坚决纠正滥用行政权力排除、限制竞争行为。全面清理违法违规的涉企收费、检查、摊派事

项和评比达标表彰活动。加强政务诚信建设,重点治理政府失信行为,加大惩处和曝光力度。实行知识产权侵权惩罚性赔偿制度,激励和保护科技创新。

2021年1月,中共中央办公厅 国务院办公厅印发《建设高标准市场体系行动方案》,其中强调健全依法诚信的自律机制和监管机制,并提出完善市场主体信用承诺制度:依托各级信用信息共享平台和行业信用信息系统,按照有关规定将市场主体的承诺履行情况记入信用记录,作为事中事后监管的重要依据。对履行承诺的市场主体,根据信用记录为其提供便利措施;对不履行承诺的市场主体,视情节依法实施限制。完善企业信用修复和异议处理机制。梳理可开展信用承诺的行政许可事项和政务服务事项,制定格式规范的信用承诺书,并依托各级信用门户网站向社会公开。此外,鼓励市场主体主动向社会作出信用承诺。

2021年3月,中共中央办公厅 国务院办公厅印发《关于进一步深化税收征管改革的意见》,提出加强社会协同,积极发挥行业协会和社会中介组织作用,支持第三方按市场化原则为纳税人提供个性化服务,加强对涉税中介组织的执业监管和行业监管。大力开展税费法律法规的普及宣传,持续深化青少年税收法治教育,发挥税法宣传教育的预防和引导作用,在全社会营造诚信纳税的浓厚氛围。

2021年7月,中共中央办公厅 国务院办公厅印发《关于依法从严打击证券违法活动的意见》,提出加强资本市场信用体系建设,具体包括:夯实资本市场诚信建设制度基础。在相关法律法规中增设诚信建设专门条款,建立资本市场诚信记录主体职责制度,明确市场参与主体诚信条件、义务和责任,依法合规开展资本市场失信惩戒和守信激励;建立健全信用承诺制度。建立资本市场行政许可信用承诺制度,明确适用主体范围和许可事项。将信用承诺事项及其履行情况纳入信用记录,作为事中事后监管的重要依据。对严重违反承诺的当事人,依法撤销有关行政许可;强化资本市场诚信监管。建立健全全国统一的资本市场诚信档案,全面记录资本市场参与主体诚信信息。健全诚信信息共享机制,加大信息归集、查询、公示力度。将相关信息纳入全国信用信息共享平台和"信用中国"网站,形成各方共建共治共享的资本市场诚信建设格局。

2021年7月,国务院办公厅印发《关于进一步规范财务审计秩序促进注册会计师行业健康发展的意见》,其中指出工作原则之一是诚信为本,质量为先。将诚信建设作为行业发展的生命线,始终坚持质量至上的发展导向,持续提升注册会计师执业能力、独立性、道德水平和行业公信力。在日常监管中,强化国家统一的会计制度贯彻实施。完善企业会计准则体系,修订相关指南、案例等,加强培训和实务指导,及时解决贯彻实施中存在的突出问题。制定推广会计数据标准，开展企业会计报表电子报送试点，推动部门间会计数据共享。推动加快修订会计法，进一步明确会计核算、内部控制、信息化建设等要求，丰富监管手段，大幅提高处罚标准，加大财务造假法律责任追究力度，推进会计诚信体系建设，全面提升企业会计信息质量。

2021年8月，中共中央 国务院印发《法治政府建设实施纲要（2021—2025年）》，其中提出加快推进政务诚信建设，健全政府守信践诺机制。建立政务诚信监测治理机制，建立健全政务失信记录制度，将违约毁约、拖欠账款、拒不履行司法裁判等失信信息纳入全国信用信息共享平台并向社会公开。建立健全政府失信责任追究制度，加大失信惩戒力度，重点治理债务融资、政府采购、招标投标、招商引资等领域的政府失信行为。

2021年10月，第十三届全国人民代表大会常务委员会第三十一次会议《关于修改〈中华人民共和国审计法〉的决定》第二次修正），对审计机关和审计人员提出了诚信的要求，审计机关应当建设信念坚定、为民服务、业务精通、作风务实、敢于担当、清正廉洁的高素质专业化审计队伍。审计机关应当加强对审计人员遵守法律和执行职务情况的监督，督促审计人员依法履职尽责。

（二）其他相关重要政策回顾速览

2017年11月4日

第十二届全国人民代表大会常务委员会第三十次会议《关于修改〈中华人民共和国会计法〉等十一部法律的决定》第二次修正，修正后的《中华人民共和国会计法》明确：1985年1月21日第六届全国人民代表大会常务委员会第九次会议通过，1993年12月29日第八届全国人民代表大会常务委员会第五次会议修正，1999年10月31日第九届全国人民代表大会常务委员会第十二次会议修订，2017年11月4日第十二届全国人民代表大会常务委员会第三十次会议修正。其中对《中华人民共和国会计法》作出修改，将第三十二条第一款第四项修改为："（四）从事会计工作的人员是否具备专业能力、遵守职业道德"。

2018年12月29日

《中华人民共和国预算法》根据2014年8月31日第十二届全国人民代表大会常务委员会第十次会议《关于修改〈中华人民共和国预算法〉的决定》第一次修正；根据2018年12月29日第十三届全国人民代表大会常务委员会第七次会议《关于修改〈中华人民共和国产品质量法〉等五部法律的决定》第二次修正。

2019 年 12 月 28 日

第十三届全国人大常委会第十五次会议表决通过了新修订的《中华人民共和国证券法》（以下简称《新证券法》），《新证券法》自 2020 年 3 月 1 日起施行。《新证券法》新增了信息披露专章，扩大了信息披露义务人范围，完善了信息披露的内容，提高了券商未履行勤勉尽责义务的处罚力度。

2020 年 12 月 7 日

国务院办公厅印发《关于进一步完善失信约束制度构建诚信建设长效机制的指导意见》（国办发〔2020〕49 号）。

二、各部委出台的会计诚信建设相关政策梳理

（一）2021 年各部委出台的重要政策

2021 年 8 月，中国人民银行 国家发展改革委 财政部 银保监会 证监会印发《关于促进债券市场信用评级行业健康发展的通知》对信用评级机构提出诚信要求，其应当严格按照《中华人民共和国公司法》完善公司治理结构，鼓励引入独立董事保障监督职能的有效履行。董事、监事和高级管理人员应当忠实、诚信，勤勉尽责。信用评级机构应当健全信用评审委员会制度，保障信用评审委员会独立性，维护评级决策的公正、客观、独立。

2021 年 9 月，国家税务总局印发《关于进一步加强涉税专业服务行业自律和行政监管的通知》指出涉税专业服务行业是推进税收治理体系和治理能力现代化的重要力量，强调增强相关行业诚信经营意识。涉税专业服务行业要牢固树立"诚信为本"的理念，教育引导涉税专业服务机构及其从业人员将社会效益放在首位，恪守职业道德规范，积极支持和服务税收领域的各项改革，不得通过线上线下渠道，对税收政策和管理服务措施进行误导式解读；不得使用虚假承诺、虚假广告等手段进行业务推介；不得借改革之机诱导纳税人购买中介服务，谋取不正当利益。

2021 年 12 月，财政部印发《会计行业人才发展规划（2021—2025 年）》，其中指出诚信是会计职业道德的重要内容，也是对会计行业的最基本要求。明确要加强会计法治建设，为会计诚信建设提供法律保障。通过修订会计法律制度、制定会计人员职业道德规范，修订完善注册会计师职业道德守则等，强化会计诚信意识，支持会计人员依法履职尽责，保护会计人员合法权益；完善会计法律责任体系，提高会计违法成本。要建立涵盖事

前、事中和事后全过程的会计诚信体系，建立会计人员信用信息管理制度，规范信用信息归集、评价、利用，探索诚信积分管理机制，健全会计人员守信联合激励和失信联合惩戒机制，加强与有关部门合作，实现信用信息的互换、互通和共享，将会计人员信用信息作为会计人才选拔、培养、评价、使用的重要依据。支持会计相关行业协会建立健全信用承诺制度，加强行业自律。要加强会计法治教育、会计诚信教育和思政教育，将会计职业道德作为会计人才培养教育的重要内容，推动财会类专业教育加强职业道德和课程思政建设。要加大会计诚信宣传，组织开展先进会计工作者评选表彰，健全评选表彰机制，宣传先进事迹，鼓励会计人才主动担负起时代赋予的使命责任；加强对典型失信案例的警示教育。

2021 年 11 月，财政部印发《会计改革与发展"十四五"规划纲要》，其中明确持续推进会计诚信建设，深入开展会计诚信教育，将会计职业道德作为会计人才培养、评价、继续教育的重要内容，推动财会类专业教育加强职业道德课程建设，不断提升会计人员诚信素养。加强会计诚信机制建设，依托会计管理信息平台，实现跨层级、跨部门、跨系统数据互联互通。加强会计诚信体系建设，全面建立会计行业信用记录，继续完善守信联合激励和失信联合惩戒机制。根据国家有关规定，加强对于诚实守信、忠于职守、坚持原则、作出显著成绩的会计人员的表彰奖励工作。加大会计诚信宣传力度，加强会计诚信文化建设，把法律规范和道德规范结合起来，以道德滋养法治精神，加强德治与法治的衔接与贯通，营造全行业守法、合规、诚信的向善向上氛围。

2021 年 12 月，国家市场监督管理总局发布《法治市场监管建设实施纲要（2021—2025 年）》，其中包括加强信用监管制度建设，完善包括信用信息记录与公示、信用风险分类、失信行为认定、守信激励和失信惩戒在内的信用监管体系。加强诚信理念宣传教育，组织开展诚信主题实践活动。

（二）其他相关重要政策回顾速览

2018 年 4 月 19 日

财政部《关于加强会计人员诚信建设的指导意见》（财会〔2018〕9 号）。

2018 年 3 月 28 日

证监会《证券期货市场诚信监督管理办法》（《证券期货市场诚信监督管理暂行办法》废止）（证监会令第 139 号）。

2019 年 10 月 22 日

财政部《关于加强国家统一的会计制度贯彻实施工作的指导意见》（财会〔2019〕17

号)。

2020 年 9 月 25 日

财政部 国务院国资委 银保监会《关于加强会计师事务所执业管理 切实提高审计质量的实施意见》(财会〔2020〕14 号)。

三、各省、区、市关于会计诚信建设相关政策简况

各省、区、市在党和国家法律法规、财政部等部门性政策指导下,发布和实施了关于会计诚信建设的相关政策。本报告以会计改革与发展"十四五"规划和信用体系建设相关地方性法律法规为主线,梳理了部分具有代表性的省份会计诚信建设相关的政策。

(一) 会计行业改革与发展规划

2021 年 12 月 2 日,河北省财政厅印发《河北省会计改革与发展"十四五"规划纲要》,提出切实加强会计基础工作,提升会计行业信用建设水平。加强会计诚信教育,将会计职业道德作为会计人才培养、评价、继续教育的重要内容,不断提升会计人员诚信素养,推动会计人员专业技能和职业道德素养全面提升。加强会计诚信文化建设,把法律规范和道德规范结合起来,以道德滋养法治精神,加强德治与法治的衔接与贯通,营造全行业守法、合规、诚信的向善向上氛围。落实注册会计师职业道德守则,加强审计职业道德体系建设,强化注册会计师职业道德准则的贯彻实施,筑牢执业道德底线,稳固诚信执业生命线。

2021 年 12 月 29 日,广东省财政厅根据财政部《会计改革与发展"十四五"规划纲要》和《广东财政改革发展"十四五"规划纲要》有关要求,制定了《广东省会计改革与发展"十四五"规划》。其中关于会计诚信的主要内容包括:完善会计人才评价体系。探索建立以诚信评价、专业评价、能力评价为维度的会计人才综合评价体系,引导和教育广大会计人员提升能力、诚信执业。同时,推进会计诚信建设。加强会计诚信教育,将会计职业道德作为会计人才培养、评价、继续教育的重要内容,在财会类专业教育中加强职业道德课程建设,不断提升会计人员诚信素养。强化对注册会计师职业道德基本原则的遵循,并以独立性监控为重点,积极推动注册会计师职业道德准则的贯彻落实。加强会计诚信机制建设,依托会计管理信息平台,实现跨层级、跨部门、跨系统数据互联互通,建立失信惩戒机制。加强会计诚信文化建设,把法律规范和道德规范结合起来,营造全行业守

法、合规、诚信的向善向上氛围。

2021年12月30日，四川省为全面贯彻落实党中央、国务院和财政部对新时期会计工作的新部署、新要求，科学指导管理全省会计行业"十四五"期间的改革与发展，更好地服务全省经济社会高质量发展和财政中心工作，制定了《四川省会计改革与发展"十四五"规划纲要》。其中明确要求健全会计诚信体系：加强会计诚信教育，将会计职业道德作为会计人才培养、评价、继续教育的重要内容，不断提升会计人员诚信素养。加强会计诚信文化建设，坚持德治与法治相结合，常态化举办诚信文化建设主题活动，以道德滋养法治精神。加强会计诚信机制建设，全面建立会计行业信用记录，依托信用中国（四川）平台、四川省政府部门信息共享及监管协作平台，实现信用信息共享，健全诚信信息公开披露机制、守信联合激励和失信联合惩戒机制。加强会计诚信环境建设，做好对诚实守信、忠于职守、坚持原则、作出显著成绩的会计人员的表彰奖励工作。

（二）地方信用体系立法进程

近年来，我国推进社会信用和诚信建设的立法工作进展显著。目前，全国各省区市纷纷出台了《"十四五"社会信用体系建设规划》，其中包括江苏省、陕西省、浙江省、山东省、吉林省、海南省以及天津市等。2021年，各省区市发布的《"十四五"社会信用体系建设规划》分别根据自身地域情况，主要针对信用平台信息归集量、信用查询人次、信用体系建设示范区数量等提出了2025年的具体目标。

1. 2021年地方社会信用体系建设规划

北京市突出强调持续优化营商环境。构建以信用为基础的分级分类市场监管机制，加强事中事后监管，对新产业、新业态实行包容审慎监管，实施"互联网＋信用监管"，扩大"双随机、一公开"监管。

天津市提出建设高标准市场体系。坚持平等准入、公正监管、开放有序、诚信守法，实施高标准市场体系建设行动。加快完善社会信用体系，完善联合激励惩戒机制。深化"放管服"改革。全面实行政府权责清单制度，持续深化"一制三化"审批制度改革，推进"证照分离""照后减证""一企一证"改革，全面推行信用承诺审批制度，实施涉企经营许可事项清单管理，取消重复审批、不必要审批。完善事中事后监管制度，构建以"双随机、一公开"为基本手段、以信用监管为基础的新型监管机制，推行新产业、新业态包容审慎监管，推动从"严进宽管"向"宽进严管"转变。提高社会文明程度。弘扬诚信文化，提升诚信建设水平。

河北省提出建设高标准市场体系。坚持平等准入、公正监管、开放有序、诚信守法，实施高标准市场体系建设行动，形成高效规范、公平竞争的统一市场。加强社会信用体系和企业诚信体系建设，完善信用信息共享平台，健全失信行为认定、失信联合惩戒、信用修复等机制。

山西省突出构建诚实守信的信用环境。完善社会信用体系建设，建立覆盖全省的征信系统，完善信用信息共享归集机制、异议处理机制和信用修复机制。强化政府守信践诺，建立健全"政府承诺＋社会监督＋失信问责"制度，全面清理"新官不理旧账"问题。依托省信用信息共享平台，依法依规开展信用分级分类监管。建立健全信用承诺制度，实施守信联合激励、失信联合惩戒。

内蒙古自治区以优化营商环境为基础全面深化改革，为高质量发展注入强大动力，建设高标准市场体系。提高社会信用体系，建设法治化规范化水平，健全守信联合激励和失信联合惩戒机制，完善失信主体信用修复机制，建立政府失信责任追究制度，构建适应高质量发展要求的社会信用体系。

辽宁省持续优化营商环境。加强诚信辽宁建设，健全社会诚信制度，强化重点领域政务诚信建设，建立健全政府失信责任追究制度，完善行业自律规则，加强公民诚信道德建设。

吉林省加快推进政府职能转变。健全完善以"双随机、一公开"监管为基本手段、以重点监管为补充、以信用监管为基础的新型监管机制，实施涉企经营许可事项清单管理，加强事中事后监管，对新技术、新产业、新业态、新模式实行包容审慎监管。

黑龙江省打造市场化、法治化、国际化营商环境。持续深化"放管服"改革，加强和规范事中事后监管，提升全省一体化在线政务服务平台功能，加快推进"数字政府""诚信政府"建设。提高社会文明程度。弘扬诚信文化，建设诚信社会。

上海市重视建成国际一流营商环境。构建以信用为基础的新型监管机制，完善和健全覆盖全社会的社会信用体系。

江苏省提出加快完善社会主义市场经济体制。落实公平竞争审查机制，强化反垄断和防止资本无序扩张，统筹负面清单和正面清单管理，完善社会信用体系。

浙江省重视营造市场化、法治化、国际化的一流营商环境。深化信用浙江建设，深入实施信用建设"531X"工程。全面提高社会文明程度。实施诚信建设行动，弘扬诚信文化，推动形成适应新时代要求的思想观念、精神面貌、文明风尚、行为规范。

江西省重视营造良好创新生态。深入推动"信易＋"示范创建，拓宽惠民便企应用场景。完善政府失信责任追究制度。深化行业协会、商会和中介机构改革。提高社会文明程度。

安徽省提出统筹推进现代流通体系建设。完善社会信用体系，加快建设重要产品追溯体系，建立健全以信用为基础的新型监管机制，强化支付结算等金融基础设施建设。提高社会文明程度。弘扬诚信文化，建设诚信社会。

山东省规划打造一流营商环境。探索建立覆盖所有机构和个人的诚信账户，加强守信联合激励和失信联合惩戒。确保经济安全运行。建好用好"金安工程"，综合施策处置企业流动性风险，严厉打击非法集资等涉众经济犯罪，有效防范互联网金融风险，降低银行业信用风险。

湖北省提出社会文明程度达到新高度。社会主义核心价值观更加深入人心，人民群众思想道德素质、科学文化素质和身心健康素质明显提高，诚信守法、向上向善的社会氛围更加浓厚。持续优化营商环境。加强公正监管，构建以信用为基础的新型监管机制。推进部门联合"双随机、一公开"监管全覆盖、常态化。提高社会文明程度。完善诚信建设长效机制。加强家庭、家教、家风建设。

湖南省提出社会主义民主法治更加健全，社会公平正义进一步彰显，政府作用更好发挥，行政效率和公信力显著提升。建设高标准市场体系。加快社会信用体系建设，健全守信联合激励和失信联合惩戒机制。

广东省加快建设现代流通体系。加快建设重要产品追溯体系，建立以信用为基础的新型监管机制。加快建立应急物流体系。打造市场化、法治化、国际化营商环境。加快"信用广东"建设，构建覆盖全社会的征信体系。提高社会文明程度。弘扬诚信文化，推进诚信建设。

广西壮族自治区提出社会公平正义更加彰显、行政效率和公信力显著提升、社会治理水平明显提高的建设机制。提高社会文明程度。弘扬诚信文化，推进诚信建设。

海南省提出使适应自由贸易港建设的法律法规逐步完善，行政效率和公信力显著提升。推动贸易投资自由化、便利化。加强社会信用体系建设，健全社会信用奖惩联动机制。提高社会文明程度。推进公民道德建设和诚信建设，发挥新时代文明实践中心作用。

重庆市坚持平等准入、公正监管、开放有序、诚信守法，落实统一的市场准入负面清单制度，加快清理废除阻碍统一市场和公平竞争的各种规定和做法。广泛开展弘扬时代新风行动，健全志愿服务体系，推进诚信建设。

四川省加快社会信用体系建设。健全新型监管体系，加强事中事后监管，对新产业、新业态实行包容审慎监管。畅通参与政策制定渠道。健全营商环境评价指标体系和评价机制。深化行业协会、商会和中介机构改革。

云南省提出弘扬科学精神和"工匠精神",营造崇尚创新的社会氛围。加强科研诚信和监管机制建设。健全数据安全管理制度与标准规范,加强数据共享和安全保护,加强个人信息保护。建立数据资源开放共享、市场化配置体系,推动政府数据、重点行业、重点领域公共信息数据有序开放共享。

贵州省持续巩固主流舆论强势。坚持团结稳定鼓劲、正面宣传为主,推动新闻宣传、舆论监督、决策参考三位一体、协同发力,不断提升新闻舆论传播力、引导力、影响力、公信力。深化商事制度改革,加强和改善市场监管。完善社会信用体系,建设重要产品追溯体系,建立健全以信用为基础的新型监管机制。

陕西省提出使法治陕西、平安陕西建设卓有成效,政府行政效能和公信力显著提升,社会公平正义进一步彰显,公共安全体系更加完善,重大风险防范化解的体制机制日益健全,应急保障能力显著增强,社会诚信体系建设持续深化,基层治理水平进一步提高,共建、共治、共享社会治理新格局基本形成。

甘肃省提出加强社会信用体系建设,健全守信激励和失信惩戒机制。弘扬诚信文化,营造诚实守信的良好社会环境。开展以劳动创造幸福为主题的宣传教育,提倡艰苦奋斗、勤俭节约,反对铺张浪费。

青海省侧重提出健全人才关爱机制,探索建立重点领域人才举荐制,健全科技人才分类评价体系,加强学术诚信和学风建设。

宁夏回族自治区提出注重思想道德引领,推进公民道德建设,开展以劳动创造幸福为主题的宣传教育,推进诚信建设,健全志愿服务体系。

2. 2021年地方性信用法规概况

截至2022年8月,上海、浙江、山东、河南、湖北、陕西、天津、广东、内蒙古、青海、重庆、江苏、吉林、海南、江西、甘肃等21个省份已出台省级社会信用的地方性法规;汕尾市、台州市、大连市、哈尔滨市、南京市、厦门经济特区、宿迁市、泰州市、无锡市等12个地级市出台了市级社会信用的地方性法规。

2021年1月18日,湖南省人民政府令第303号发布《湖南省社会信用信息管理办法》自2021年5月1日起施行,其中提出规范社会信用信息管理,实现社会信用信息资源共享,保障信用主体合法权益,推进社会信用体系建设。

3月18日,《广东省社会信用条例》已由广东省第十三届人民代表大会常务委员会第三十次会议审议通过，自 2021 年 6 月 1 日起施行。

5 月 18 日，重庆市出台《重庆市社会信用条例》，高标准编制《重庆市社会信用体系建设"十四五"规划（2021—2025 年）》，配套出台信用信息安全管理和应急处置规范、信用承诺规范、公共信用服务机构工作规范、信用修复等制度和标准，推进信用法治化进程。（市发展改革委牵头，各社会信用体系建设联席会议成员单位按照职责分别负责）

7 月 27 日，《陕西省社会信用条例（草案）》提请省十三届人大常委会第二十七次会议分组审议。《草案》共七章四十八条，分别对社会信用体系建设、信用监管与联合奖惩、信用主体权益保护和信用服务市场等作出规定。其中，对联合惩戒对象作出"应当将联合惩戒对象信息嵌入政务服务系统，实现自动惩戒，将惩戒结果反馈到信用信息平台"的规定，并对失信联合惩戒对象采取的惩戒措施作出具体规定。

7 月 16 日，《黑龙江省社会信用条例（征求意见稿）》面向社会公开征求意见。

7 月 15 日，《湖南省社会信用条例（草案送审稿）》面向社会公开征求意见。《草案》共八章五十三条，分别对社会信用信息管理、社会信用信息应用、信用主体权益保护、信用服务行业规范与发展、社会信用环境建设等作出规定。其中，对单位严重失信行为责任人的惩戒方面，《草案》规定法人和非法人组织被列入严重失信主体名单的，应当依法对其法定代表人、实际控制人、负责人采取惩戒措施。

7 月 29 日，《江苏省社会信用条例》经省十三届人大常委会第二十四次会议通过，并于 2022 年 1 月 1 日起施行。其中明确失信惩戒必须严格按照失信惩戒措施清单执行，且地方失信惩戒措施补充清单确定的惩戒措施限定在几个范围内，并禁止在法律、法规和国家有关文件的规定外增设失信惩戒措施或者加重惩戒以及对信用主体以外的第三人实施失信惩戒。

四、行业协会等自律组织发布的文件梳理

（一）2021 年重要文件概况

2021 年 4 月，中国注册会计师协会发布《注册会计师行业发展规划（2021—2025 年）》，以服务国家建设为主题，以诚信建设为主线，不断提升行业服务政治、经济、文化、社会和生态文明建设的新境界。坚持和完善行业诚信制度建设，加强诚信教育和宣传引导，增进市场和公众对行业的专业倚重和道德信赖，在服务国家建设大局中发挥行业职

能、实现行业价值；坚持以诚信建设为主线，强化行业诚信意识，树立行业诚信形象，完善行业诚信体系，夯实行业诚信文化，加强常态化诚信教育，切实把诚信建设要求贯彻到考试、注册、培训、监管等行业管理和服务工作各个环节，贯彻到会计师事务所和注册会计师的执业实践中，真正以诚信驱动行业审计质量提升。

同时，健全行业诚信体系。完善行业诚信信息监控体系，健全行业诚信档案，完善行业诚信制度，继续公开以奖惩记录为主要内容的行业诚信信息，强化行业诚信约束。倡导行业开展诚信宣誓和自律公约，树立行业诚信形象。进一步完善以职业道德守则为核心、以行业诚信信息监控体系为技术支撑、以行业相关制度为保障、以诚信宣誓和自律公约为引导、以行业党建工作为政治保障的行业诚信体系。

此外，夯实诚信文化建设。坚持诚信文化建设主题活动常态化，增强行业诚信自觉、诚信自信、诚信自强，促进诚信为本、和谐为轴、专业为重、务实为要的行业诚信文化的形成，实现诚信文化建设与行业发展的紧密结合，推动诚信文化建设落到实处。（更多相关政策及实施情况请参见实践篇）

2021年7月，中国证券业协会发布《中国证券业协会章程（2021修订）》，其中第三条协会的宗旨是：在国家对证券市场实行集中统一监督管理的前提下，进行证券业自律管理；发挥政府与证券行业间的桥梁和纽带作用；为会员服务，维护会员的合法权益；维护证券业的正当竞争秩序，促进证券市场的公开、公平、公正，推动证券市场的健康稳定发展。协会遵守宪法、法律、法规和国家政策，践行社会主义核心价值观，弘扬爱国主义精神，遵守社会道德风尚，自觉加强诚信自律建设。

2021年9月，中国资产评估协会发布了《"十四五"时期资产评估行业发展规划》，提出加强行业诚信建设。倡导行业诚信文化建设，坚持诚信文化建设主题活动常态化。健全行业诚信体系，研究建立以信用档案为基础的诚信建设长效机制，加大处罚力度和失信曝光力度，形成失信者"寸步难行"的威慑压力。促进资产评估职业道德准则实施，保持良好职业道德形象。加强诚信宣传教育，提升资产评估机构和资产评估师诚信意识，提高行业诚信声誉。

（二）其他相关重要政策回顾速览

2004年1月1日，为了加强注册会计师、注册资产评估师行业诚信建设，提高注册会计师、注册资产评估师的社会公信力，根据《注册会计师、注册资产评估师行业诚信建设纲要》的精神，制定了《中国注册会计师协会会员诚信档案管理暂行办法》。

2007年11月30日,中国注册会计师协会印发《中国注册会计师协会注册会计师和会计师事务所信息披露制度》,要求提高行业管理信息透明度,建立健全行业诚信体系,促进注册会计师和会计师事务所增强诚信意识、提升诚信水平。

2020年9月22日,中国注册会计师协会第六届常务理事会审议通过《会计师事务所综合评价和排名办法》并予以发布,用以综合反映与科学评价会计师事务所发展水平,引导会计师事务所坚持质量导向、树立风险意识、加强诚信建设。

2020年11月19日,为了回应社会各界对审计质量的关切,指导会计师事务所建立健全质量管理体系,提高会计师事务所质量管理能力,提升审计质量,防范审计风险,中国注册会计师协会拟订(修订)了会计师事务所质量管理相关准则。拟订(修订)的准则包括三项,分别是《会计师事务所质量管理准则第5101号——业务质量管理》(修订)、《会计师事务所质量管理准则第5102号——项目质量复核》(拟订)以及《中国注册会计师审计准则第1121号——对财务报表审计实施的质量管理》(修订)。

五、会计诚信相关政策的内容分析

2021年各项政策的出台对会计诚信提出了更高的要求:加强会计诚信建设的举措正逐步推进,尤其是各地配套出台的相关政策促进了会计人员守信联合激励和失信联合惩戒机制的加速形成,推动会计行业进一步提高诚信水平。会计诚信建设是社会诚信建设的重要组成部分,加强会计人员诚信建设,对增强会计人员诚信意识、提高会计工作水平、营造良好信用环境具有重要意义。

(一)政策环境对会计诚信的要求和内容分析

一是贯彻落实党中央和国务院加强社会诚信建设的决策部署。习近平总书记在党的十九大报告中明确提出要加强思想道德建设,强调要"推进诚信建设"。《法治中国建设规划(2020—2025年)》《关于进一步规范财务审计秩序 促进注册会计师行业健康发展的意见》(国办发〔2021〕30号)等文件,对社会诚信建设提出了明确要求,为加强会计人员诚信建设指明了方向。

二是适应经济社会发展新形势的要求。市场经济是信用经济,诚信缺失必将危及市场经济根基。当前,在全社会日益高度重视诚信建设的背景下,会计诚信建设的重要性更加凸显,已成为影响会计工作服务经济社会发展的重要制度因素。

三是适应会计行业发展的要求。2021年以来，多项政策对加强会计诚信建设工作提出了新要求，迫切需要会计工作转型升级。会计诚信是会计人员在从事会计工作过程中遵循法律法规和职业道德等情况的综合体现，因此必须加强会计诚信建设，引导、督促会计人员坚持职业操守，依法开展会计工作，并对会计诚信建设工作进行统筹部署。

（二）政策环境对会计诚信的影响分析

党和国家对会计诚信提出了总体要求。2021年，党和国家相关政策总体确立了加强会计诚信建设的指导思想和基本原则，强调要全面贯彻党的十九大精神，以习近平新时代中国特色社会主义思想为指导，以培育和践行社会主义核心价值观为根本，明确加强会计人员诚信建设要遵循政府推动、社会参与，健全机制、有序推进，加强教育、奖惩结合等基本原则。

各项具体举措出台用以提升会计诚信意识。多项政策从增强会计诚信意识、加强会计信用档案建设、健全会计守信联合激励和失信联合惩戒机制三个方面，要求强化会计职业道德约束、加强会计诚信教育，大力弘扬会计诚信理念，提升会计人员诚信素养。

明确惩戒措施用以促进会计诚信行为。多部门和行业协会提出，将严重失信会计人员列入"黑名单"，研究建立失信会计人员联合惩戒备忘录，实现信息的互换、互通和共享，研究制订会计人员信用信息管理办法，建立健全会计人员信用信息体系和会计人员信用档案；强调要为守信会计人员提供更多机会和便利，对严重失信会计人员实施约束和惩戒，加强对会计人员信用情况的监督检查。此外，从周密组织领导、积极探索推动、广泛宣传动员等方面，均对加强会计诚信建设的组织实施作出了有效保障。

（三）会计诚信相关政策环境展望

构建和完善会计诚信的制度体系。针对我国会计诚信建设的现状，实现和推进会计诚信这一目标，需要完善的专门性法律法规和制度体系作为保障，以对市场主体和监管主体提出更高的要求。这不仅要培育和完善市场主体的会计诚信环境，形成多层级的会计诚信监管体系，未来还需要进一步加大会计诚信政策建设，以激发市场主体活力，着力优化营商环境，推行会计诚信的主动践行和监管的改革。

推进与新时代相适应的会计诚信制度体系。数字时代让会计信息的获取手段变得更为丰富，获取信息的成本也大大降低，信息的流动性加速，信息传递的半径扩大。全国对会计诚信的监管数据在质和量上都有了提升和保障，未来可利用人工智能、云计算、区块链等技术，发挥和创新平台经济和数字经济的商业模式，推进会计诚信体系建设从制度设计、平台建设到业务流程更为成熟和完善。

形成多主体、全参与的会计诚信建设格局。会计诚信建设依赖于市场主体、监管主体及其他利益相关者等多主体的共同推进，其中既包括政府、行业协会、企业，又包括其他市场参与者。因此，在未来的建设中，会计诚信体系政策建设离不开各个主体的全参与，这需要通过政府推动，社会共建，行业自律，主体自觉共同打造出会计诚信的新格局。

（本篇执笔人：北京国家会计学院 张海晴、宋柏）

Ⅲ 实践篇

加快社会信用体系建设,是深入学习贯彻习近平新时代中国特色社会主义思想和党的十九大精神,坚持新发展理念,坚持推动高质量发展,完善社会主义市场经济体制,加强和创新社会治理,营造优良营商环境的重要举措。本部分从会计诚信发展的环境、市场主体与注册会计师行业三个维度,对2021年会计诚信实践与发展情况进行梳理和简要分析,并对2021年会计诚信建设中的一些代表性活动进行整理和归纳。

一、2021年我国会计诚信环境:市场主体信用发展情况

信用是市场经济的基石,是市场主体安身立命之本。近年来,我国市场信用体系建设得到各方广泛的重视,信用体系建设取得了长足进步。李克强在2021年政府工作报告中提出,要"提升监管能力,加大失信惩处力度,以公正监管促进优胜劣汰"。

随着我国市场主体数量快速增长,市场活跃度不断提高。国家市场监管总局数据显示,2021年我国新设市场主体2887.2万户,同比增长15.4%,两年平均增速10.3%,基本恢复到疫情前水平。目前市场主体总量近1.54亿户,个体工商户突破1亿户,成为稳住经济基本盘和稳定就业的中坚力量。市场主体的信用体系和诚信经营发展是保证市场健康有序发展的重要前提条件,也是我国市场监督管理的重要内容之一。当前,信用缺失仍是阻碍我国经济社会发展的一个重要瓶颈问题,2021年我国市场监管部门共受理消费者投诉911万件,同比增长31.5%,严重违法失信企业名单实有98.24万户,其中质量问题、售后服务、合同问题、视频安全、广告问题等相对突出。

近年来,市场主体的信用结果得到了有关政府的高度重视,也吸引了许多评估机构的积极参与。2021年5月15日,涉及3300多万户企业的2021年纳税信用评价结果出炉,国家税务总局发布的数据显示,纳税信用为A级(即最高纳税信用级别)的企业数量和

占比均出现上升，整体纳税信用继续保持稳中向好态势。根据评价结果，A 级企业数量和占比明显上升，A 级企业 275 万户，占评价总户数的 8.28%，较上年提高了 2.4 个百分点，A 级企业数量和占比从 2018 年开始已连续保持增长。2022 年 1 月 8 日，中国企业改革与发展研究会和中国合作贸易企业协会联合发布中国企业综合信用指数，2021 年中国企业综合信用指数为 83.33，2021 年度全国整体综合信用评价结果为 AAA 级。2022 年 3 月 22 日，中国企业联合会、中国企业家协会联合发布了《2021 年企业信用指数报告》，报告基于统计综合评价和统计指数理论，以中央企业为样本进行研究分析，研究表明，2021 年央企信用一级综合指数为 72.42。一系列的研究和市场表现结果都表明，我国市场主体 2021 年整体信用水平是好的，这与我国各级政府的重视和各类主体积极参与信用体系建设工作是密不可分的。

2021 年，我国各级政府和相关管理部门，如中共中央办公厅、国务院办公厅、国家发展改革委、财政部、商务部、国家市场监督管理总局、中国人民银行、国家税务总局、中国证监会等，纷纷出台了一系列有关市场主体信用建设和监督管理相关政策及管理办法。在各级政策的引导下，各部门与单位在落实促进市场主体信用体系建设及信用监管方面，也采取了一系列的有效举措，开展了各项信用体系建设和诚信主题活动。此外，各相关市场主体积极响应、密切配合，许多企业也为诚信建设付诸行动，为共建诚信体系添砖加瓦。

（一）2021 年我国有关市场主体信用建设及监管的相关政策及管理办法

2021 年，我国各级政府和相关管理部门就市场主体的信用建设和监督管理工作出台了一系列的政策和具体管理办法，引导各类主体实现诚信经营和高质量发展。相关政策与管理办法如表 3-1 所示。

表 3-1   我国有关市场主体信用建设及监管的相关政策及管理办法

时间	发布单位	发布的政策	主要内容和作用
2021 年 1 月 8 日	国家发展改革委办公厅	《公共信用信息报告标准（2021 年版）》	建立全国统一的信用报告标准，推动信用报告结果实现异地互认机制
2021 年 2 月	国家发展改革委办公厅	《国家发展改革委办公厅关于开展信用服务机构失信问题专项治理的通知》（发改办财金〔2021〕156 号）	进一步提升信用服务机构诚信经营水平和信用服务行业公信力，贯彻落实党中央、国务院关于推进社会信用体系高质量发展的决策部署

续表

时间	发布单位	发布的政策	主要内容和作用
2021年2月9日	商务部	《电子商务企业诚信档案评价规范》	提出电子商务企业诚信档案的信息来源和内容、评价指标、评价方法等,指导电子商务企业、信用服务机构、行业协会及相关社会组织等依照统一的标准,建立、评价和完善电子商务企业诚信档案,推动多方共建电子商务诚信体系,为促进信用信息共享应用提供技术支撑
2021年6月8日	国家市场监督管理总局	《市场监管总局关于加强重点领域信用监管的实施意见》	指出要基于信用赋能,协同监管的原则,充分发挥信用基础性作用,推动信用与重点领域监管深度融合,加强协同联动,形成监管合力,提升监管效能
2021年7月30日	国家市场监督管理总局	《市场监督管理严重违法失信名单管理办法》《市场监督管理信用修复管理办法》《市场监督管理行政处罚信息公示规定》	《市场监督管理严重违法失信名单管理办法》依法依规设列了严重违法失信名单列入领域和情形、明确了列入标准、强化信用约束和惩戒、规范列入程序、建立信用修复机制等。《市场监督管理信用修复管理办法》鼓励违法失信当事人重塑信用,激发市场主体活力。《市场监督管理行政处罚信息公示规定》有效展现了企业信用状况,有助于充分调动社会力量加强对企业的监督,推动社会诚信体系建设
2021年9月16日	国家知识产权局	《国家知识产权局办公室关于做好知识产权领域严重违法失信名单管理工作的通知》	明确了知识产权领域的失信管理,促进知识产权领域的信用管理工作
2021年12月20日	国家市场监督管理总局	《法治市场监管建设实施纲要(2021—2025年)》	以信用监管为基础强化事中事后监管,加强信用监管制度建设,完善信用监管体系。加强诚信理念宣传教育,组织开展诚信主题实践活动等
2021年12月16日	国家发展改革委、人民银行	《全国公共信用信息基础目录(2021年版)》《全国失信惩戒措施基础清单(2021年版)》	界定了公共信用信息纳入范围和失信惩戒措施的种类及其适用对象

续表

时间	发布单位	发布的政策	主要内容和作用
2021年9月27日	中国人民银行	《征信业务管理办法》	鼓励市场主体适应数字时代征信产品和服务变革需求，增加征信基础设施投资，更好地应用新兴科技推动征信业务创新发展；将原先游离于监管之外的新兴征信活动纳入法治监管的轨道；补充现有条例，切实保护征信活动中各方参与主体的合法权益；降低各参与方的合规风险和合规成本，促进金融机构和征信机构的专业化分工与协作，提升征信行业效率和征信活动市场主体的合规管理水平
2021年12月21日	中共中央办公厅、国务院办公厅	《关于更加有效发挥统计监督职能作用的意见》	明确要求强化统计领域信用建设，出台统计严重失信企业认定标准，规范认定严重失信企业，为建设企业信用体系提供保障
2021年12月29日	国务院办公厅	《加强信用信息共享应用促进中小微企业融资实施方案》	指出要充分发挥各类信用信息平台作用，在切实保障信息安全和市场主体权益的前提下，加强信用信息共享整合，深化大数据应用，支持创新优化融资模式，加强对中小微企业的金融服务
2021年12月31日	国家税务总局	《重大税收违法失信主体信息公布管理办法》	明确失信主体的确定原则、信息公布的管理办法等，同时确定了税务机关通过税务局网站向社会公布失信主体信息，国家税务总局归集各地税务机关确定的失信主体信息，提供至"信用中国"网站进行公开

一系列信用体系建设和监管政策的出台，体现了国家对市场主体信用的重视，规范了市场主体诚信经营的行为，有助于激发市场主体活力，实现市场良性发展。

（二）2021年我国有关市场主体信用体系建设、宣传推广及系统建设情况

在各级政策的引导下，各相关市场主体积极响应、密切配合，2021年各部门在落实促进市场主体信用体系建设及信用监管方面，采取了一系列的有效举措。

1. 2021年我国信用体系建设宣传推广活动

2022年1月15日，中央宣传部、国家发展改革委向社会发布了2021年10个"诚信之星"（2个集体和8名个人），生动讲述先进典型讲诚信、重诚信、守诚信的感人故事，推动诚实守信成为全社会的共同价值追求和自觉行动。

2021年1月25日，国家市场监督管理总局在年度工作会议中提出了全年市场监管的工作重点：着力强化市场主体事中事后监管长效机制，各级市场监管部门进一步创新监管理念、监管制度和监管方式，把有限的监管资源配置在需要监管的重要领域、重点环节、重点对象，聚焦企业信用体系建设和重点监管领域等。

2021年3月23日，商务部、中央网信办等19部门联合印发了《关于开展2021年"诚信兴商宣传月"活动的通知》，并于10月在全国范围内开展了"诚信兴商宣传月"活动。2021年9月28日发布了"诚信兴商十大案例"，包括宇通客车从组织结构控制、会计系统控制、信息系统、进出口业务控制和内部审计控制等方面，完善内部管理制度和流程，形成有效的内部动态监督机制，铸就"诚信之舟"，实现按时履约订单案例，以及泰尔重工践行"诚信兴业"经营理念，注重对企业员工诚信理念和信用风险意识的培养，培育诚信企业文化，通过信用管理实现企业有效发展的案例等。

2021年6月14日，中国人民银行总行开启第14个"信用记录关爱日"活动，以"珍爱信用记录，享受幸福人生"为主题口号，采取全国联动、合力推进的方式，组织人民银行分支机构、金融机构、征信机构，开展全国性的征信专项宣传活动。

2021年10月25日，国家发展改革委办公厅、人民银行办公厅联合印发通知，确定天津市滨海新区等34个地区为第三批社会信用体系建设示范区。

2. 2021年各组织和市场主体开展信用建设活动情况

2021年，各行业协会和市场主体等积极开展各类活动，为诚信建设付诸行动，为共建诚信体系添砖加瓦。中国船舶集团、中石油、中石化、中国航发、国家能源集团先后发布新版的《诚信合规手册》；招商局集团将"崇信、崇实、崇简"纳入《新时代招商局信条》；鞍钢集团启动"我为化检验工践诺"诚信工程；中石化开展"依法合规，建信守诺"合规学习承诺活动；中国二十二冶集团建立业主直通车，持续强化各级管理人员的诚信意识和风险意识；国任财险秉承诚信第一、长期主义思想，健全完善诚信建设体系。

2021年11月30日，《企业管理》杂志社等开展了2021年优秀诚信企业案例征文和发布活动。活动通过对260余份申报案例进行监管数据审核，形式评审、专业初审和终审等，于2022年4月6日确定了2021年"企业诚信建设十佳案例""最佳诚信企业案例"等名单。

2021年5月18日，中国银行业协会发布《中国银行业协会自律工作委员会工作规则》。11月29日，中国银行业协会发布《中国银行业自律公约》，将"依法合规、诚实守信、公平竞争、合作共赢、自我约束、防范风险、促进发展"确定为银行业的自律基本原则。

2021年12月11日，中国中小企业协会信用服务专业委员会正式发起"中小企业信用守护计划"，整合各界力量帮助更多的中小企业获得丰富的数字化信用服务，通过互联网、人工智能等技术让中小企业可以主动管理信用，高效参与到信用传递中，享受更多因信用带来的权益与便利。

2022年1月8日，中国企业改革与发展研究会在北京主办了"2022中国企业信用发展论坛暨第十三届诚信公益盛典"，论坛发布了2021年度"中国企业信用五百强"和2021年度"中国企业综合信用指数"，并举行了《中国企业信用发展报告2021》的发布仪式。

3. 2021年我国重要信用系统建设发展情况

2021年，除各有关单位开展的一系列信用建设和管理推广活动外，我国一些重要的信用基础设施和系统建设也取得了长足的进步。

中国人民银行征信系统2020年个人信用报告网银查询总量为922.2万笔，企业信用报告网银查询总量为204.5万笔。2021年个人征信查询同比增长14.1%，个人信用查询量1052.2万笔，企业征信查询同比增长34.6%，企业信用查询量275.3万笔。二代征信系统数据采集切换圆满完成既定目标，实现个人信贷业务切换二代格式比例达91%，企业信贷业务切换二代格式比例达84%。

2021年6月1日，"信用中国"网站上线6周年。截至2021年5月底，"信用中国"网站累计全口径访问量超过520亿次，日均查询量稳定在亿次以上。作为政府褒扬诚信、惩戒失信的总窗口，"信用中国"网站自2015年上线以来，其政策宣传和信息查询服务功能在不断完善。

2021年11月26日，国家企业信用信息公示系统用户实名认证查询正式上线。用户实名注册后，可以批量查询企业是否在工商登记注册、是否有行政处罚、是否列入经营异常名录、是否列入严重违法失信名单等。

（三）2021年市场主体信用监管和失信惩戒情况

2021年，国家市场监督管理总局等管理部门采取了一系列的举措，强化市场主体诚信经营监督管理机制，充分发挥信用监督作用，深入开展专项治理，坚持"严监管、零容忍"的信用监管和失信惩戒基本原则。

2021年,市场监督管理总局共查办各类不正当竞争案件8563件,罚没金额5.73亿元。针对市场主体特别是中小微企业反映的各类机构突出管理问题,2021年共检查收费单位9.89万家,退还企业款项60.34亿元。同时,各级市场监管局完善质量监督抽查方式,强化抽查处理结果,依法将严重违法失信企业纳入严重违法失信企业名单管理,处理结果及时录入e-CQS(中国电子质量监督)系统。

在《市场监督管理严重违法失信名单管理办法》于2021年9月1日施行后,截至2021年12月27日,市场监督管理总局已将百余户市场主体列入严重违法失信名单,通过国家企业信用信息公示系统依法向社会公示,并在市场或行业准入、任职资格、政府采购、工程招投标、授予荣誉称号等方面依法实施限制和禁入;实现立规矩、儆效尤的效果,助推"良币驱逐劣币"正向循环。典型的案例有:江西省南昌市市场监管局将故意提交虚假材料取得行政许可的江西沃普商贸有限公司列入严重违法失信名单;广东省广州市白云区市场监管局将"屡禁不止、屡罚不改"的广州市采洁化妆品有限公司列入严重违法失信名单;浙江省杭州市临安区市场监管局将帮助他人实施网络犯罪的杭州临安盛卿贸易有限公司等列入严重违法失信名单等。

(本部分执笔人:北京国家会计学院 张玉琳、崔华清、敖小波)

二、2021年我国市场主体会计诚信建设发展情况

(一)2021年我国市场主体会计诚信建设相关政策及管理办法

2021年是我国会计行业"十四五"发展规划的开局之年,也是持续推进会计诚信建设承前启后的一年,各级政府相关部门在会计行业的诚信体系建设和职业道德教育方面出台了一系列的相关政策和管理办法。

2021年7月30日,国务院办公厅发布了《关于进一步规范财务审计秩序促进注册会计师行业健康发展的意见》(国办发〔2021〕30号)。这是改革开放以来经国务院同意、由国务院办公厅直接印发的指导我国注册会计师行业改革与发展的第一个文件,充分体现了党中央、国务院对新阶段注册会计师行业健康发展的关心和重视。

2021年11月24日,财政部会计司发布了《会计改革与发展"十四五"规划纲要》,其中,主要任务的第四部分第三条就持续推进会计诚信建设进行了详细说明,为我国会计

诚信建设提出指导性的意见。此外，在培养造就高水平会计人才队伍方面，《纲要》指出探索建立以诚信评价、专业评价、能力评价为维度的会计人才综合评价体系，引导和教育广大会计人员诚信执业、提升能力。这也为我国市场主体在会计人才的培养、选拔和会计诚信建设方面指明了方向。

同时，各地方财政局在2021年的会计重点工作中，也纷纷指出了会计诚信建设的相关任务和思路，如天津市财政局在《天津市财政局2021年会计管理和会计监督工作要点》中提出，教育引导注册会计师从业人员坚持正确政治方向，依法依规诚信执业，认真履行社会责任。围绕弘扬诚信文化，培育和践行社会主义核心价值观，加强会计人员诚信建设，优化升级会计诚信管理平台，完善基层会计管理体制。

财政部监督评价局作为会计诚信监督执行管理机构，在2021年也出台了各类执业监督管理办法。2021年2月7日，为发挥第三方机构在绩效评价活动中的重要作用，引导和规范第三方机构从事绩效评价业务，严格第三方机构执业质量监督管理，促进提高财政资源配置效率和使用效益，财政部监督评价局起草了《第三方机构绩效评价业务监督管理办法（试行）》（征求意见稿），向社会公开征求意见。3月1日，财政部监督评价局就《第三方机构绩效评价业务监督管理办法（试行）》召开现场和视频相结合的座谈会，征求部分第三方机构行业代表、专家学者意见。8月1日，为建立健全预算绩效评价第三方机构监督管理机制，强化信息支撑，切实提高预算绩效评价第三方机构执业质量和水平，保障《第三方机构预算绩效评价业务监督管理暂行办法》的实施，财政部"预算绩效评价第三方机构信用管理平台"上线运行。

除财政部监督评价局出台有关诚信监管管理办法外，一些地方财政监管局也因地制宜，出台了相应的地方诚信建设和信用评价管理办法。例如：为加强会计诚信建设，建立健全会计人员守信联合激励和失信联合惩戒机制，推动会计行业进一步提高诚信水平，北京监管局于2021年1月26日发布了《关于加强会计人员诚信建设的指导意见》，强化完善会计职业道德规范，加强会计诚信教育，建立严重失信会计人员"黑名单"，健全会计人员守信联合激励和失信联合惩戒机制，积极营造"守信光荣、失信可耻"的良好氛围。2021年2月23日，北京监管局又发布了《会计师事务所从事证券服务业务备案管理办法》，指出会计师事务所应当在每年5月31日前按财政部、证监会规定的格式公开上一年度基本情况、诚信记录、执业情况等相关信息。

浙江省绍兴市2021年制定了《绍兴市会计人员信用评价办法（试行）》，于2021年12月1日起试行；杭州市富阳区制定了《杭州市富阳区会计人员信用评价实施办法（试行）》，于 2022 年 2 月 1 日起试行；嘉兴市制定了《嘉兴市会计人员信用评价管理办法（试行）》，于 2022 年 2 月 1 日起试行；深圳市制定了《深圳市会计人员个人信用记录管理办法》，于 2021 年 1 月 20 日起实施。

针对代理记账行业这一会计诚信监管重要领域，财政部在"放管服"改革的原则下，制定了相应的代理记账行业管理办法并付诸实施。

2021 年 1 月 26 日，财政部下发了《关于做好 2021 年代理记账行业管理有关工作的通知》，提出要加强事中事后监管，配合做好社会信用体系建设相关工作，加强对本地区代理记账机构及其从业人员的信用监管及信息公示，建立健全会计领域守信激励与失信惩戒机制，对信用状况优良的代理记账机构给予守信激励，对存在虚假承诺、违反会计法律法规和国家统一的会计制度的规定等严重失信行为的代理记账机构，记入会计领域违法失信记录，实施联合惩戒。之后，在 7 月 23 日又下发了《关于深化代理记账行业"证照分离"改革进一步激发市场主体发展活力的通知》，提出各级财政部门需建立健全会计领域诚信管理体系，加强对本地区代理记账机构及其从业人员的信用监管及信息公示，对存在虚假承诺、违反会计法律法规和国家统一的会计制度的规定等严重失信行为的代理记账机构及其从业人员，记入会计领域违法失信记录，实施联合惩戒。

（二）2021 年落实会计诚信的推广活动情况

为推动各项会计诚信建设及监督政策的落实，财政部以及各地方财政厅（局）和监管局、相关协会和教育机构等在 2021 年开展了一系列会计诚信推广活动。

2021 年，财政部会计司就学习贯彻落实《国务院办公厅关于进一步规范财务审计秩序 促进注册会计师行业健康发展的意见》精神进行了系列报道，以诚信为主题刊发多篇文章，进行经验的学习与交流。

2021 年 12 月 21 日，财政部监督评价局联合有关部门举办了"促进第三方机构绩效评价执业质量提升论坛"暨第三方机构诚信高质量执业倡议活动，参加活动各方围绕健全诚信体系、强化责任意识、提升执业质量、促进行业发展、落实监管要求、完善监管方式等内容展开研讨，为规范第三方机构绩效评价执业行为、提升第三方机构绩效评价执业质量积极建言献策。

2021 年 4 月 13 日，财政部天津监管局与市注协、市评协对 35 家会计师事务所及资产评估机构开展联合监管。通过全面测试审计评估程序、重点关注财政政策有关业务、延伸相关市场主体，深刻揭示会计信息失真问题，严肃惩处违规审计评估行为，切实提升会计诚信水平，促进行业健康发展。

2021年11月18日，北京国家会计学院联合财政部会计司、中国注册会计师协会和中国会计学会在京举办首届会计诚信与高质量发展论坛，旨在推动贯彻落实《关于进一步规范财务审计秩序 促进注册会计师行业健康发展的意见》（国办发〔2021〕30号）的要求，助力全面提升注册会计师行业服务国家建设能力。

为推动资产评估机构等第三方机构加强诚信建设、维护资产评估行业诚信经营环境，实现行业高质量发展，各级财政部门、资产评估协会等采取了一系列的举措和行动。

为贯彻落实财政部《加强资产评估行业联合监管若干措施》（财办监〔2021〕7号）的各项要求，湖北监管局推进部门协同，从五个方面强化对资产评估机构的日常监管，制定了资产评估报告质量控制、资产评估机构诚信建设与内部治理、日常投诉举报等联合监管的具体方式，加快行政监管和行业监管的有机融合。

中国资产评估协会通过《"十四五"时期资产评估行业发展规划》向行业发出加强资产评估行业自律监管和加强行业诚信建设的信号，自律监管被摆在重要位置，成为评估行业发展规划的重要内容。

各地方资产评估协会在2021年也发起了一系列活动。新疆注册会计师资产评估师行业联合党委7月1日组织行业百余家会计师事务所、资产评估机构从业人员进行诚信执业宣誓，立志做到恪守职业道德规范，严格执行执业准则，树立诚信意识，保持良好执业行为，维护行业形象，牢记社会责任，保证服务质量，维护公众利益。8月3日，浙江省注册会计师资产评估行业联合党委发起倡议，倡导全省行业从业人员严格遵守廉洁自律八条准则，模范遵守国家法律法规和行业各项执业准则，诚信为本、操守为重、坚持准则、不出虚假报告，坚决抵制"有照无证"经营、售卖业务报告、兼职挂靠、超胜任能力执业等违法违规行为。海南省资产评估协会开展"诚信建设主题年"活动，11月10日举行了诚信宣誓仪式，签署《资产评估师诚信执业承诺书》。厦门市资产评估协会11月2日结合全市资产评估机构负责人业务研讨培训之机，强化资产评估师诚实守信的执业理念和强调提高优质、高效的专业服务水平。

为加强代理记账机构诚信经营管理工作，各地方财政局多措并举。山西省太原市财政局下发《关于开展代理记账机构事中事后监管检查工作的通知》，全面部署代理记账机构监督检查工作，通过"以查促建""以查促管"的手段推动监管工作的开展，按照"双随机、一公开"原则确定检查名单，对受检单位会计凭证、会计账簿、会计报表等资料的真实性、合法性和完整性进行检查和规范，做好"四查一延伸"（即查设立条件、查内控建设、查执业质量、查执业队伍，延伸到服务客户）。山西省长治市财政局利用"互联网+"、大数据等信息技术手段开展代理记账机构专项检查，对发现的问题依法采取措施进行整治，开展对本地区行业协会建设指导，实行常态监管。合肥市瑶海区财政局加强会计人员队伍建设，加强诚信宣传教育，引导代理记账机构树牢自律意识、代账会计人员践行诚信理念，形成行政监管和行业自律的良性互动。广州市财政局提出加强事中事后监管，加强信息共享，及时发现纠正代理记账机构"有照无证"等不规范行为，提高诚信建设、财政监督、社会监督等方面的监管质量和效率，每年选取一定数量代理记账机构，对其设立条件、执业情况和会计信息质量开展"双随机、一公开"检查，发现问题及时督促整改，检查结果向社会公示；同时对存在失信行为的代理记账机构和会计人员，及时记入会计领域违法失信记录。蚌埠市财政局将代账机构全部纳入"双随机、一公开"事中事后监管平台，积极发挥代理记账行业协会作用，组织签订诚信公约承诺书，规范行业健康有序发展。陕西省合阳县财政局则采取现场查看、翻阅档案、交流座谈等方式详细了解公司执行《中华人民共和国会计法》《代理记账管理办法》及诚信体系建设情况。甘肃省玉门市财政局对2021年全市代理记账机构的备案情况面向社会进行公示，对未按要求进行备案的代理记账机构录入不诚信名单，并录入国家企业信用信息公示系统。

（三）2021年市场主体会计诚信监管和失信惩戒情况

在加大会计诚信建设宣传和推广的同时，各级财政部门也纷纷出重拳，对会计诚信失信的主体实行"零容忍"。2021年全国各级财政部门开展了多项针对会计信息质量的检查工作，制定和完善多部执业规范和标准，对存在违法违规的机构和相关责任人依法进行处罚。地方各级政府结合本地区实际情况对会计诚信相关制度进行了细化。从政府部门官方网站检索情况来看，多个省市出台了针对本地区会计人员诚信管理或诚信建设的规章制度。

为加强诚信监管和失信惩戒联动机制，各级财政部门积极构建会计行业信用信息库，并推动信息的共享和联合使用。部分省级财政部门已初步建成了本地区的会计行业信用信息库，并积极推进财政部门与发展改革委、市场监督管理局等相关政府部门信用信息共享机制的建设和完善。

在专项整治中，针对重点领域，财政部与其他相关部门展开多项联合行动，以儆效尤。针对人民群众长期反映的药价虚高顽疾，财政部会同国家医保局对77家医药企业实施会计信息质量检查。检查聚焦医药产品成本费用结构，挖掘药价虚高成因，严厉打击医药企带金销售、哄抬药价等违规行为，保障了药品集中带量采购等重大改革的顺利推进。在此系列检查中，主要查处了部分医药企业使用虚假发票、票据套取资金体外使用；虚构业务事项或利用医药推广公司套取资金以及账簿设置不规范等会计核算问题。在查处过程中，依据相关法规，财政部对相关19家医药企业作出行政处罚；对其他医药企业，由负责检查的财政厅（局）就地实施行政处理处罚或移交主管机关处理。

此外，2021年各地财政厅（局）和监管局持续对会计信息质量开展专项检查工作。2021年，全国37个财政厅（局）开展会计信息质量检查共50多次，参与检查人员超1000人，共检查800多家单位，处理涉及重要问题单位200多家，处罚10多家单位。全国35个监管局开展会计信息质量检查30多次，参与检查人员400多人，重点检查超50家单位，处理涉及重要问题单位6家。

浙江省财政厅针对部分会计师事务所无证经营、出具虚假审计报告、篡改审计报告等行业乱象，运用数字化改革手段，以社会审计报告二维码防伪为切入口，打造社会审计报告"一库一码全链条"监管系统。财政部山东监管局2021年组织召开财会监督山东试点启动大会，围绕财政部和山东省委、省政府关于财会监督试点的部署要求，提出做好五个方面的工作。其中，第三个方面为聚焦主要矛盾，围绕重大政策、重点领域、重要资金开展专项监督；第四个方面为以保障会计信息质量为核心，抓实对重点企业的会计监督，按照加强"面上监管"的要求，在第一批120家重点监管企业的基础上进行动态调整和扩围，实施年报分析，掌握产业发展状况；第五个方面为抓实对中介机构的监管，全面掌握中介机构执业情况，开展分级分类监管等。

（本部分执笔人：北京国家会计学院 张玉琳、敖小波）

三、2021年我国注册会计师行业诚信建设发展情况

诚信是注册会计师行业的本质属性和核心价值，是行业的立业之本和发展之要。2021年4月8日，中国注册会计师协会（以下简称中注协）发布《注册会计师行业发展规划（2021—2025年）》（以下简称《行业发展规划》），要求持续加强行业诚信建设。为深入贯彻党中央、国务院关于严肃财经纪律的决策部署，切实加强会计师事务所监管，遏制财务造假，有效发挥注册会计师审计鉴证作用，国务院办公厅于2021年7月30日发布《关于进一步规范财务审计秩序 促进注册会计师行业健康发展的意见（国办发〔2021〕30

号)》(以下简称《国办发30号文》)。2021年11月24日,财政部印发《会计改革与发展"十四五"规划纲要》(以下简称《规划纲要》),进一步强化会计诚信建设。根据《行业发展规划》《国办发30号文》和《规划纲要》三个文件中关于注册会计师诚信的表述,本部分将从注册会计师行业诚信执业整体建设情况、诚信执业制度建设发展情况、诚信执业能力建设发展情况和诚信执业管理建设发展情况四个方面进行阐述。

诚信执业制度建设发展情况从职业道德建设和法律责任两方面进行阐述,职业道德是注册会计师职业赖以生存的基石,也是提高审计质量的重要保证;明确注册会计师的法律责任,立法和监督执行并重、法治建设与道德规范互补,才能真正促进我国注册会计师行业的诚信建设。诚信执业能力建设发展情况从注册会计师审计质量和职业责任保险两方面进行阐述,审计质量是诚信建设情况的体现,实践表明,职业责任保险极大地提升了会计师事务所及注册会计师的违规成本,有利于行业诚信建设及其健康发展。诚信执业管理建设发展情况从行政监管情况和行业治理情况两方面进行阐述,行政监管情况涉及注册会计师和会计师事务所行政监管情况、注册会计师信用管理情况;行业治理情况涉及注册会计师行业监管制度建设情况、注册会计师和会计师事务所行业监管情况、注册会计师行业继续教育管理情况。

(一) 2021年注册会计师行业诚信执业整体建设情况

诚信建设是注册会计师行业的灵魂和底线。党的十八大以来,注册会计师行业深入贯彻习近平总书记关于行业"紧紧抓住服务国家建设这个主题和诚信建设这条主线"的重要论述,持续实施行业发展战略体系,创新行业管理和服务体制机制,实现了跨越式发展。10年来,行业业务收入结构不断优化,行业业务收入规模实现较快增长,专业服务品种和专业服务能力明显提升,服务领域不断拓展,专业服务的覆盖面持续扩大,会计师事务所治理机制和风险控制能力逐步增强,行业服务国家建设的价值和贡献逐步提升。

《国办发30号文》在工作原则中指出应"诚信为本,质量为先",将诚信建设作为行业发展的生命线,始终坚持质量至上的发展导向,持续提升注册会计师执业能力、独立性、道德水平和行业公信力。《行业发展规划》要求持续加强行业诚信建设,坚持以诚信建设为主线,强化行业诚信意识,树立行业诚信形象,完善行业诚信体系,夯实行业诚信文化,加强常态化诚信教育,切实把诚信建设要求贯彻到考试、注册、培训、监管等行业管理和服务工作各个环节,贯彻到会计师事务所和注册会计师的执业实践中,真正以诚信驱动行业审计质量提升。《规划纲要》要求各级财政部门和中央有关主管部门要深刻认识发布实施《规划纲要》的重大意义，大力组织学习宣传《规划纲要》的指导思想、基本原则、总体目标和任务措施，交流典型经验、做法和成效，为进一步加强会计管理、强化会计诚信建设、全面深化会计改革营造良好氛围和创造有利条件。

2021年，注册会计师行业继续教育继续聚焦诚信文化、职业道德、审计质量提升、反舞弊和大数据在审计技术中的应用等方面开展培训，引领全行业始终秉承独立、客观、公正的职业立场，弘扬诚信为本、操守为重、坚持准则的职业精神。

2021年，注册会计师行业立足我国注册会计师执业实践，结合准则国际趋同等需要，及时修订完善审计准则体系并推动落地实施，充分发挥其对专业服务的规范和引领作用。加强职业道德守则宣传、培训和实施指导，针对职业规范和道德规范执行的薄弱环节，指导会计师事务所改进审计程序，增强审计独立性，提高应对财务舞弊的执业能力。

2021年，我国注册会计师行业规模不断扩大，服务范围不断拓展，做强做大战略取得成效，行业发展总体向好，在维护资本市场秩序和社会公众利益、提升会计信息质量和经济效率等方面发挥了重要作用。截至2021年12月31日，全国有会计师事务所10142家（含分所1272家），中注协个人会员达30万余人，其中，执业会员97563余人，非执业会员212278人。全行业收入从2012年的509.65亿元增长到2021年的1057.3亿元，年均增长超过11.5%。行业持续服务企事业单位达420万家，同时深度参与国家"一带一路"建设，为1.1万家中国企业在全球200多个国家和地区设点布局提供强有力的专业支持。

在取得成绩的同时，也存在会计师事务所"看门人"职责履行不到位、行业监管和执法力度不足、行业治理水平有待进一步提升、事中事后监管手段有待进一步创新等问题。会计师事务所审计失败的案例也时有发生，引发社会公众对注册会计师的执业能力特别是诚信操守的质疑。

2021年，中国注册会计师协会按照统一检查计划、统一组织实施、统一规范程序、统一处理处罚、统一发布公告的原则，组织各省、自治区、直辖市注册会计师协会（以下简称各省级注协）在配合财政部门检查的基础上，又对1000家会计师事务所开展行业自律检查。截至2022年2月28日，各省级注协对存在违规问题的199家会计师事务所和465名注册会计师按照惩戒办法实施了行业惩戒。其中，对53家会计师事务所和116名注册会计师公开谴责；对57家会计师事务所和151名注册会计师通报批评；对56家会计师事务所和137名注册会计师训诫；对其他33家会计师事务所和61名注册会计师采取约谈等监管措施。同时，各省级注协共开展常态化诚信教育68次，监管约谈227家次，整改帮扶235家次，提供专业技术支持208次。

诚信建设始终是注册会计师行业的执业之基，是行业的根本价值取向和立身之本。财政部也对存在的问题高度重视，积极采取以下措施，加强行业诚信体系建设，净化行业底层土壤，营造风清气正的行业发展环境。

一是有效整治行业"潜规则"。依法整治当前行业内较为突出的会计师事务所无证经营、注册会计师挂名执业、网络售卖审计报告、注册会计师超出胜任能力执业等问题，坚决纠正会计师事务所违反职业规范和道德规范的重大问题。目前，财政部已联合网信办、市场监管总局、人力资源和社会保障部等部门在全国部署开展整治工作并取得阶段性成效。

二是建立行业诚信约束制度。财政部正抓紧研究制定注册会计师行业严重失信主体名单管理办法，拟将一定期间内屡次受到行政处罚、承担刑事民事责任的注册会计师、会计师事务所以及未向行业主管部门履行基本报备义务的会计师事务所纳入失信"黑名单"，与相关部门实现信息共享，进行联合惩戒，形成失信者"寸步难行"的强大威慑。

三是完善统一的投诉举报渠道。为了强化公众参与，加强社会监督，及时发现和处理会计师事务所违法违规问题，要畅通投诉举报渠道，建立统一的行业举报受理平台，进一步完善投诉举报办理机制，做到"接诉必应、限时核查、查实必处、处则必严"。

财会监督和诚信建设相互促进，互为补充。市场经济越发展，会计工作越重要。财政改革越深入，财会监督越有为。监管部门与广大会计人员、注册会计师，既是监管与被监管的关系，更是财会监督的统一战线和同盟军。共同维护市场秩序，以诚实守信推动经济实现高质量发展，是我们共同的目标和责任。

（二）2021年注册会计师行业诚信执业制度建设发展情况

《国办发30号文》第二条依法整治财务审计秩序中提出，要加快推进注册会计师行业法律和基础制度建设；第三条强化行业日常管理中提出，立足我国注册会计师执业实践，结合准则国际趋同等需要，及时修订完善审计准则体系和职业道德规范体系并推动落地实施。因此，诚信执业制度建设发展情况将从职业道德建设情况和法律责任两方面进行分析。

1. 职业道德建设情况

标准建设是行业诚信建设的制度基础，中注协持续完善执业准则规则，目前已形成与国际准则趋同，包括基本准则、具体准则、应用指南和问题解答等在内的执业准则体系。中注协持续修订完善职业道德标准，为解决职业道德问题提供方法指导，引导诚信执业。

(1) 职业道德建设相关要求。近年来，上市公司审计失败、网络平台售卖审计报告、超出胜任能力执业、注册会计师挂名执业、丧失审计独立性、会计师事务所串通造假等违反职业道德规范的重大问题时有发生。这些不良现象使我国注册会计师独立审计的社会公信力遭到严重破坏，执业环境受到极大的影响。鉴于注册会计师行业存在的诸多问题，如何有效监管会计师事务所的执业行为，有效遏制财务舞弊，有效发挥注册会计师审计鉴证作用，是整个注册会计师行业亟须解决的问题。为此，国务院办公厅于2021年7月印发了指导文件《国办发30号文》。该文件充分体现了党中央、国务院对新发展阶段注册会计师行业健康发展的关心和重视，同时也对完善注册会计师的职业道德规范体系、持续保持和强化注册会计师专业胜任能力以及职业道德操守提出了明确要求。

《行业发展规划》中也提及应加强职业道德建设，并持续修订完善注册会计师职业道德守则，突出维护公众利益宗旨，严格独立性要求，强化对职业道德基本原则的遵循，推进职业道德与专业素质相结合。推动会计师事务所将从业人员职业道德守则遵循情况作为年度考评晋升的重要参考，切实推动职业道德守则落到实处。夯实诚信文化建设。坚持诚信文化建设主题活动常态化，增强行业诚信自觉、诚信自信、诚信自强，促进诚信为本、和谐为轴、专业为重、务实为要的行业诚信文化的形成，实现诚信文化建设与行业发展的紧密结合，推动诚信文化建设落到实处。

《规划纲要》中指出，目前我国会计法治建设成效显著、社会审计标准更加健全。首先，《中华人民共和国会计法》《中华人民共和国注册会计师法》修订取得阶段性进展，《会计档案管理办法》（财政部国家档案局令第79号）、《会计师事务所执业许可和监督管理办法》（财政部令第891号）等4项部门规章修订并有效实施，《财政部关于加强国家统一的会计制度贯彻实施工作的指导意见》（财会〔2019〕17号）等16项规范性文件相继出台，会计人员诚信建设扎实推进，良法促进发展保障善治的会计法治环境正在逐步形成。其次，我国保持与国际审计准则、国际职业会计师道德守则的持续动态趋同，修订33项注册会计师审计准则以及会计师事务所质量管理准则、注册会计师职业道德守则，完成注册会计师审计报告改革，推动会计师事务所建立健全质量管理体系，大力提升了注册会计师执业质量和职业道德水平。

(2) 职业道德建设现状。职业道德是注册会计师职业赖以生存的基石，也是提高审计质量的重要保证。为了顺应经济社会发展对注册会计师诚信和职业道德水平提出的更高要求，进一步提升审计质量，吸收借鉴《国际职业会计师道德守则》的最新成果，保持与其持续动态趋同，我国对《中国注册会计师职业道德守则（2009）》进行了全面修订。本次修订主要包括以下方面：

一是完善了职业道德概念框架。职业道德概念框架的作用是为注册会计师提供解决职业道德问题的基本思路和方法。本次修订强化要求注册会计师应当运用职业道德概念框架来识别、评价和应对对职业道德基本原则的不利影响。全面梳理了原守则中关于应对不利影响的防范措施，对原守则中不具有针对性的防范措施进行了修改，用举例的方式列举可能能够应对不利影响的防范措施，更加强调不利影响与可采取的防范措施之间的对应联系，使防范措施与不利影响能够更好地匹配起来。

二是扩展了与"礼品和款待"相关的规定。将原守则中"礼品和款待"部分改为"利益诱惑"部分，将该部分的适用范围从礼品和款待扩展到包括娱乐活动、捐助、工作岗位、商业机会、特殊待遇等多种利益诱惑，还针对注册会计师的近亲属提供和接受利益诱惑作出了规范。本次修订进一步明确了注册会计师能够提供和接受利益诱惑的适当界限，阐明应对利益诱惑的基本思路。针对非执业会员职业道德守则，也作出了与注册会计师职业道德守则类似的修订。

三是增加了与应对违反法律法规行为相关的规定。针对注册会计师如何应对客户的违反法律法规行为，按照职业道德概念框架的要求提供了基本思路，并分别就执行财务报表审计时和提供其他服务时应对违反法律法规行为提出具体要求，强调采取符合维护公众利益的应对措施。针对非执业会员职业道德守则，也增加了应对违反法律法规行为相关的规定，并重点强调处于高级职位的非执业会员的责任。

四是强化了与会计师事务所长期审计某一客户相关的规定。为保证独立性原则得到有效遵循，守则规定：会计师事务所应当制定政策和程序，对本所连续为公众利益实体审计客户执行审计业务的年限实施监控，识别和评价因长期连续为某一公众利益实体审计客户执行审计业务可能对独立性产生的不利影响，并采取适当的防范措施应对该不利影响。

五是修订了与关键审计合伙人任职及冷却期相关的规定。为强化独立性原则，修改了原守则中冷却期统一为2年的规定，将关键审计合伙人分为三类：项目合伙人、项目质量复核人员、其他关键审计合伙人，分别将冷却期规定为5年、3年和2年。

六是增加了与为审计客户提供非鉴证服务相关的规定。进一步明确了非鉴证服务中涉及管理层职责的范围，同时为注册会计师如何避免承担管理层职责提供了更加详细的指引，提高了守则的可操作性。增加了注册会计师提供行政事务性服务与独立性相关的规定。

七是细化了非执业会员在编制和列报信息方面的规定。更全面地规定了非执业会员在编制和列报信息方面应当遵守的要求,以提升基础会计信息质量。规定非执业会员在运用职业判断以编制或列报信息时,可能需要运用自由裁量权,但自由裁量权的运用不得有意误导他人或者不当影响合同或监管结果。

八是增加了与非执业会员面临违反职业道德基本原则的压力相关的规定。明确非执业会员不得因面临其他人员施加的压力违反职业道德基本原则,也不得向其他人员施加压力使该人员违反职业道德基本原则。增加了帮助非执业会员应对压力的指引。

修订后的《中国注册会计师职业道德守则（2020）》自2021年7月1日起施行,其中在《中国注册会计师职业道德守则第1号——职业道德基本原则》中明确提到,注册会计师应当遵循诚信、客观公正、独立性、专业胜任能力和勤勉尽责、保密以及良好的职业行为共六项职业道德基本原则。

一是诚信原则,中国注册会计师职业道德守则强调注册会计师在执业过程中遵循以维护公众利益为导向的原则,这就要求注册会计师在提供鉴证服务时首先应遵守诚信原则。诚信原则是该行业存在和发展的基石,在职业道德基本原则中居于首要地位。在实务层面,诚信原则具体表现为：如果注册会计师认为业务报告、申报资料、沟通函件或其他方面的信息存在含有虚假记载、误导性陈述,有缺乏充分根据的陈述信息或存在遗漏或含糊其辞的信息时,不得与这些有问题的信息发生关联。

二是客观公正,指注册会计师应当遵循客观公正原则,公正处事,实事求是,不得由于偏见、利益冲突或他人的不当影响而损害自己的职业判断。如果注册会计师在执行审计程序中无法遵守客观公正原则,任由偏见和利益冲突影响自己的职业判断,不仅无法发挥纠偏纠错的作用,还会干扰正常的秩序。

三是独立性,分为实质上的独立性和形式上的独立性,实质上的独立性是指注册会计师在发表意见时不受影响,保持公正、客观和专业怀疑,这是客观公正原则的体现,保持客观公正是保持独立性的基础。形式上的独立性要求注册会计师须独立于被审计单位,与被审计单位或人员没有任何利益关系,这从实务执行的角度体现了对客观公正原则更进一步的具体要求。

四是专业胜任能力和勤勉尽责。诚信、客观公正原则分别从基本道德、执业立场的角度明确了注册会计师职业道德的基本原则,而专业胜任能力和勤勉尽责则是对注册会计师执行审计业务时的专业素养、执业态度进行了明确。由于审计本身存在局限性,因此注册会计师只能对所出具的报告提供合理保证。这一合理保证程度在很大程度上取决于注册会计师执行的审计程序是否充分、恰当,获取的审计证据是否相关、可靠。专业胜任能力和勤勉尽责原则是指注册会计师应当获取并保持应有的专业知识和技能，确保为客户提供具有专业水准的服务，同时做到勤勉尽责。

五是保密。诚信、客观公正、专业胜任能力和勤勉尽责是对注册会计师自身提出的基本原则，而保密原则则是对其对外交往、社会影响等方面提出的明确要求。保密是指注册会计师应对职业活动中获知的涉密信息保密，注册会计师违反保密原则的行为近年来较少发生，但在目前审计报告网上公布的要求下，仍应对该原则保持高度关注。由于被审计单位及人员有提供审计所需要资料的义务，因此注册会计师在执行审计业务过程中可能会接触到企业并不对外公布和报出的内部信息，若注册会计师无法遵循该原则，则可能会引发不当泄露商业秘密等干扰正常市场交易的行为，不仅有损市场的良性竞争，还会对行业整体形象造成不良影响。

六是良好的职业行为。良好的职业行为明确了职业道德基本原则的总体性要求，该原则是指注册会计师应当爱岗敬业，遵守相关法律法规，避免发生任何可能损害职业声誉的行为。良好的职业行为这一基本原则遵守不足，不仅导致审计失败事件时有发生，社会审计机构的诚信度逐渐下降，而且令社会公众质疑注册会计师审计制度存在的价值。同时，审计市场竞争日趋激烈，行业执业环境日益严峻，导致部分客户更加关注行业收费而非服务质量，守法的会计师事务所经营越来越困难，违反执业准则、规则和职业道德守则的事务所日益增多。

当前，我国注册会计师行业的职业道德建设日渐成熟，但是审计行业如何进一步做好"看门人"，如何使社会审计业务免于沦为"贩卖"审计意见都值得反复思考。2021年，康美药业案中，提供审计服务的注册会计师在执业中对诚信原则的违背最终导致其发表了不恰当的审计意见，正中珠江会计师事务所也因为康美药业案成为我国特别代表人诉讼制度下首例对上市公司投资者承担连带责任的会计师事务所，注册会计师职业道德建设始终是一项任重而道远的任务，需内外部联合持续发力，不断完善。

2. 法律责任

《规划纲要》主要从加快完善会计法治体系、依法整治行业秩序、切实加强会计执法检查三个方面明确了会计法治建设，并强调要加强会计诚信建设。明确会计人员的法律责任，将高质量的立法和监督执行并重、法治建设与道德规范互补，将真正助力法律制度转化为从业人员的自觉行动，促进我国会计行业的诚信建设。

2020年3月1日起施行的新《证券法》，加大了对中介机构虚假陈述的处罚力度，主要体现在：（1）扩大了虚假陈述责任主体；（2）进一步明确了会计师事务所等证券服机构及其工作人员需要承担民事赔偿责任的情形；（3）加重了行政处罚。不仅如此，新《证券法》对于中介机构"未勤勉尽责"处罚幅度也大幅提高。对于泄露、隐匿、伪造、篡改或者毁损有关文件和资料的行为，新《证券法》同样在提升赔偿金额的同时，单独增加了对情节严重者的惩罚规定。

新《证券法》的这套"组合拳"，进一步提升了会计师事务所及注册会计师不当执业承担的法律责任，有利于发挥法律对会计师事务所及注册会计师执业行为的警示作用，督促其勤勉尽责地开展执业活动，促进会计行业诚信建设。

2021年10月，财政部就《中华人民共和国注册会计师法修订草案（征求意见稿）》（以下简称《征求意见稿》）向社会公开征求意见。《征求意见稿》在内容更加丰富全面的同时，传递了提升注册会计师及会计师事务所执业监管力度、强化会计师事务所及注册会计师不当执业行为处罚力度及法律责任的信息。

（三）2021年注册会计师行业诚信执业能力建设发展情况

《国办发30号文》第四条明确提出要优化执业能力，持续保持和强化注册会计师专业胜任能力，提升会计师事务所审计风险承担能力。因此，诚信执业能力建设发展情况将从注册会计师审计质量和职业责任保险两方面进行阐述。

1. 审计质量

注册会计师行业始终把提高审计质量、有效防范风险摆在突出位置，着力提高审计服务质量，为促进资本市场稳定、提高会计信息质量保驾护航。同时，持续实施新业务拓展战略，全力支持供给侧改革，参与政府职能转移承接，为满足经济社会发展需要、更好地服务国家建设贡献专业力量。

从2021年1月1日至2021年12月31日，证监会共发布了10次对会计师事务所及注册会计师进行处罚的公告，涉及注册会计师24人。在2021年所统计的行政处罚样本中，证监会对审计机构及其人员追究法律责任的理由多为"未勤勉尽责"，但其中未能尽责的具体情况又各不相同。实际上，注册会计师承担法律责任往往由多种原因共同造成，通过对证监会行政处罚决定书中涉及的上述案例中违反的审计准则进行整理，可以看出各案例中注册会计师受罚的具体内容较为复杂，但也存在共性，行政处罚决定书中出现次数较多的审计准则类别如表3-2所示，违反次数较多的审计准则能够反映出注册会计师执业行为上的常见缺陷。

表 3-2　　　　　　　　　2021 年高频违背的审计准则统计

审计准则名称	违反案例数	占总案例比例
《中国注册会计师审计准则第 1301 号——审计证据》	9	90%
《中国注册会计师审计准则第 1101 号——注册会计师的总体目标和审计工作的基本要求》	8	80%
《中国注册会计师审计准则第 1141 号——财务报表审计中与舞弊相关的责任》	7	70%
《中国注册会计师审计准则第 1312 号——函证》	6	60%
《中国注册会计师审计准则第 1211 号——通过了解被审计单位及其环境识别和评估重大错报风险》	4	40%
《中国注册会计师审计准则第 1131 号——审计工作底稿》	3	30%
《中国注册会计师审计准则第 1231 号——针对评估的重大错报风险采取的应对措施》	3	30%
《中国注册会计师审计准则第 1313 号——分析程序》	2	20%
《中国注册会计师审计准则第 1314 号——审计抽样》	2	20%
《中国注册会计师审计准则第 1101 号——财务报表审计的目标与一般原则》	1	10%

首先，审计程序设计、执行不当集中体现在审计证据和函证方面，包括未获取关键必要的证据、未检验被审计单位生成信息的准确性和完整性、函证程序缺失、未对函证保持合理控制、替代性程序不足等，审计证据准则出现频率高达 90%，函证准则也高达 60%。其次，审计程序执行不当还体现在风险评估、风险应对、分析程序等环节。40% 的案例违背了《中国注册会计师审计准则第 1211 号——通过了解被审计单位及其环境识别和评估重大错报风险》，30% 的案例违背了《中国注册会计师审计准则第 1231 号——针对评估的重大错报风险采取的应对措施》。

另外，在 2021 年证监会公告的 10 个案例中，有 8 个案例未遵守《中国注册会计师审计准则第 1101 号——注册会计师的总体目标和审计工作的基本要求》、7 个案例未遵守《中国注册会计师审计准则第 1141 号——财务报表审计中与舞弊相关的责任》。违反的条例集中于准则第 1101 号的第二十八条：在计划和实施审计工作时，注册会计师应当保持职业怀疑，认识到可能存在导致财务报表发生重大错报的情形。

2021 年，《国办发 30 号文》中明确提出"加强会计师事务所一体化管理，出台一体化管理办法"要求。2022 年 5 月 12 日，财政部发布了《会计师事务所一体化管理办法》（以下简称《办法》），2022 年 6 月 20 日财政部办公厅印发《会计师事务所一体化管理评估指标评价标准》（以下简称《评价标准》）。《办法》践行了该要求，总体上将实质一体化管理"日常化"、监督检查"公开透明化"、程序标准"规范化"作为重点内容。

《办法》和《评价标准》对指标类别及构成、事务所层面指标赋值与分档、分所层面评价等方面予以明确,旨在打破一体化发展瓶颈,健全会计师事务所质量控制体系,提高事务所内部治理水平,在全所范围内提高审计质量,进而凝聚全所力量建设高度一体化的管理模式,促进会计行业诚信建设。

《评价标准》既是细化《办法》的具体体现,也是切实落实《国办发30号文》的保证,为事务所一体化管理提供了可衡量、可比较的评价标准。《办法》和《评价标准》的出台具有划时代的里程碑意义,为会计师事务所"做强"提供了可操作性强的规范性文件,填补了会计师事务所一体化管理标准的空白,是引导会计师事务所对标加强内部管理、提升内部治理水平和审计质量的重要手段,是健全注册会计师行业健康、可持续发展和行业诚信建设的制度保障。

2. 职业责任保险

《国办发30号文》中明确提到应完善职业责任保险制度,加强职业责任保险和职业风险基金计提情况监督,探索实行行业集中投保,以提升会计师事务所审计风险承担能力。

现行法律法规中对注册会计师民事责任认定模糊不利于该制度的发展。我国刑法中对"故意犯罪"和"过失犯罪"两个概念作了明确区分,由于这二者主观心态不同造成的不同后果所承担的法律责任也应有所区分,体现在注册会计师责任险方面,则表现为对赔偿金额的影响。然而,《证券法》《公司法》以及《上市公司信息披露办法》中均未对会计师事务所及其工作人员开展审计业务中"故意"和"过失"这两种不同的主观心态进行区分。而目前法律中的这一模糊认定不利于对保险责任的确认和鉴定,极易导致保险和被保险人的纠纷。

我国注册会计师民事责任险产品的适用性有待提高。分散审计失败产生的民事赔偿责任风险是会计师事务所及注册会计师投保责任险的主要原因。因此,责任险对于审计失败结果的赔偿力度很大程度上决定了会计师事务所及注册会计师的投保意愿。然而统计发现,证监会对审计失败案件进行行政处罚的时间与审计失败发生时间间隔较长,这一间隔为1.39—8.37年。而目前保险公司很少有承保年限能达到8年的责任险产品。这极大地损害了注册会计师及会计师事务所投保的积极性。

《国办发30号文》提出,应充分考虑会计师事务所客户群体、风险状况等客观差异,完善保险金额,督促会计师事务所提升风险防范能力,探索实行行业集中投保。随着会计师事务所承接审计业务由审批制改为备案制,不具备职业胜任能力而承接审计业务的风险加大,这不仅暴露了注册会计师承担民事赔偿责任的脆弱性,同时也不利于我国证券市场稳定发展。因此通过立法的形式，将注册会计师投保责任险设定为其执行审计业务的必要条件，以促使注册会计师行业合理化解部分风险。在实行强制投保的同时，采取浮动的费率制度和可自愿投保的附加险种。浮动费率一方面使保险公司可以根据注册会计师的信用等级、执业水平、会计师事务所规模等实际情况设置保险费率，发挥双向选择下的双向促进作用；另一方面，注册会计师可以根据自身的实际情况和收入水平自愿选择附加险种，以得到充分的保险赔付。同时一旦作为注册会计师执业的必要险种，注册会计师责任险将成为保险行业发展的另一个蓝海市场，必将引发新一轮良性竞争，有利于探索经济发展新增长点，激发我国市场经济新活力。

（四）2021年注册会计师行业诚信执业管理建设发展情况

《国办发30号文》指导思想中指出应切实加强行政监管，逐步完善行业治理，显著优化执业环境，持续提升审计质量，为维护社会公平正义、规范市场经济秩序、保障国家经济安全提供有力支撑。因此，诚信执业管理建设发展情况将从行政监管情况和行业治理情况两方面进行分析。

1. 行政监管情况

2021年，国务院办公厅发布《关于进一步规范财务审计秩序 促进注册会计师行业健康发展的意见》，从依法整治财务审计秩序、强化行业日常管理、优化执业环境和能力三方面提出12项主要任务。截至2021年年底，全国有会计师事务所10142家（含分所1272家），中注协个人会员达30万余人，其中，执业会员97563余人，非执业会员212278人。全行业收入从2012年的509.65亿元增长到2021年的1057.3亿元，年均增长超过11.5%。行业持续服务企事业单位达420万家，同时深度参与国家"一带一路"建设，为1.1万家中国企业在全球200多个国家和地区设点布局提供强有力的专业支持。

（1）注册会计师和会计师事务所行政监管情况。省级财政部门按照《会计师事务所监督检查办法》的规定，负责对本行政区域内会计师事务所进行监督检查。2019—2021年，省级财政部门检查会计师事务所数量最多，共4421个，地（市）级次之，共508个，区（县）级最少，共409个；省级财政部门约谈会计师事务所数量最多，共878个，区（县）级次之，共177个，地（市）级最少，仅103个。

省级以上财政部门在统一监管平台上公开会计师事务所的组织形式、人员规模行政处理处罚、行业惩戒、一体化管理。2019—2021年，省级财政部门惩戒注册会计师数量最多，共828人，地（市）级财政部门次之，共88人，区（县）级财政部门最少，仅16

人;省级财政部门惩戒会计师事务所数量最多,共358个,区(县)级次之,共46个,地(市)级最少,仅27个。

(2)注册会计师信用管理情况。为深入贯彻落实《国办发30号文》精神,推进注册会计师行业诚信建设规范化、制度化,进一步提高行业诚信水平和社会公信力,2021年,全国各个省份陆续开始建立本地区行业信用信息库,并陆续开始组织建立注册会计师信用共享机制,积极与相关部门加强联系,共建诚信信息平台,进一步强化注册会计师行业信用管理。

注册会计师行业信用库。2021年全国32个省级行政区域中,如图3-1所示,仅湖南省表示本地区行业信用信息库建立情况已较成熟,北京市、福建省、广东省等12个省级行政区域表示已初步建立了本地区的行业信用信息库,其他19个均表示未建立本地区行业信用信息库。

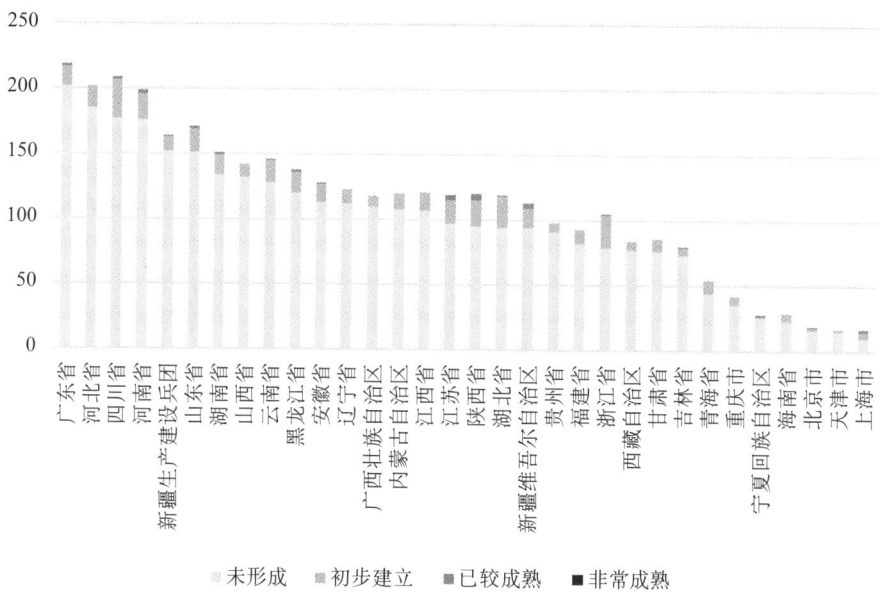

图3-1 省级行政区域行业信用库建设的总体情况

例如,行业信用建设较为成熟的四川省,四川省注册会计师协会开展了2021年度会员诚信档案信息申报收集工作,经核实、整理、公示,通报了2021年度诚信档案信息,对208家会计师事务所和426名注册会计师获得各级党组织、政府部门、行业协会及其他社会团体表彰、奖励的优良行为和社会任职情况作为守信信息进行通报;对3家会计师事务所和17名注册会计师因执业质量和内部管理检查发现存在违规行为受到的处理处罚作为警示信息进行记录。

注册会计师信用信息共享机制。2021年全国32个省级行政区域中,如图3-2所示,安徽省、北京市、福建省等16个省级行政区域的财政部门表示已与本地区相关部门建立了信用信息共享机制,其他16个表示尚未与本地区相关部门建立信用信息共享机制。

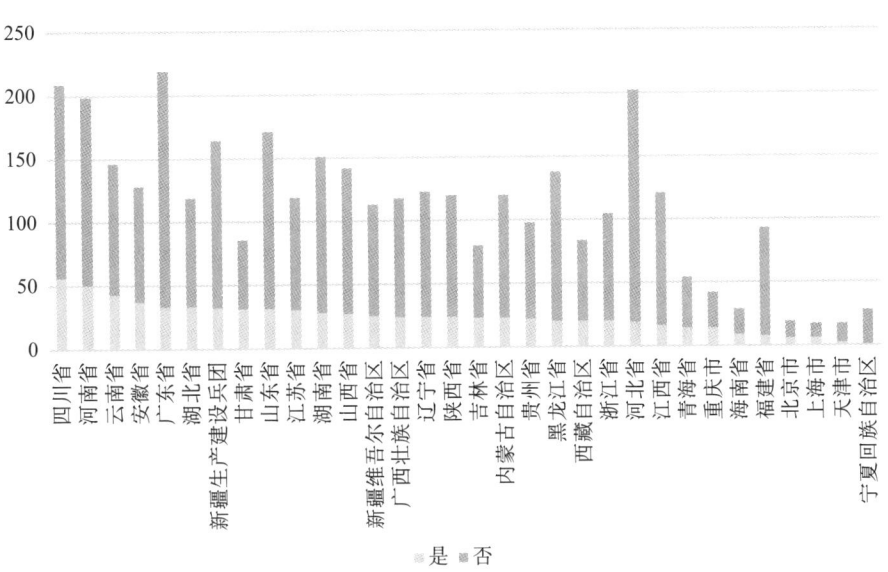

图3-2 省级行政区域信用信息共享机制的建设情况

2. 行业治理情况

(1) 注册会计师行业监管制度。行业监管是推动行业诚信建设的有效途径。为了加强注册会计师行业管理,规范对会员违规行为的惩戒,根据《中华人民共和国注册会计师法》(以下简称《注册会计师法》)和《中国注册会计师协会章程》,财政部制定并印发《中国注册会计师协会会员执业违规行为惩戒办法》《中国注册会计师协会惩戒委员会暂行规则》《中国注册会计师协会申诉委员会暂行规则》。2022年,中国注册会计师协会对此项行业监管工作制度进行了修订。

(2) 注册会计师和会计师事务所行业监管情况。诚信约束和激励机制是行业诚信建设的重要机制。中国注册会计师协会大力推进以诚信为基础的管理体系,采取差异化监管措施。2022年财政部正式上线注册会计师行业统一监管平台,建立起诚信信息归集、共享、公开和使用的行业数字化诚信信息监控体系,并通过互联网向社会公众公开,接受社会监督,让市场选择,以市场力量推进诚信建设。

中注协严把注册审查和任职资格检查,有效保障行业队伍诚信水平;发挥执业质量检查指向标的纠偏作用,建立起以周期性检查为基础、防范系统风险为核心的执业质量监管体系;发挥年报审计监管指向标的指引作用,每年年报审计期间对相关会计师事务所开展年报审计监管约谈提示风险;完善守法诚信褒奖机制和违法失信惩戒机制,建立诚信信息披露机制。

2022年8月18日,中注协发布了《2021年度会计师事务所综合评价百家排名信息(公示稿)》,同时披露了会计师事务所及注册会计师最近三年内受到的处理处罚情况,如表3-3所示。

表3-3　　　　　　　　前20强会计师事务所近三年处理处罚记录

会计师事务所名称	注册会计师处理处罚信息数量	会计师事务所处理处罚信息数量
立信会计师事务所	6	1
大华会计师事务所	5	1
天职国际会计师事务	2	0
信永中和会计师事务所	7	0
致同会计师事务所	2	1
大信会计师事务所	3	1
中审众环会计师事务所	4	1
中兴华会计师事务所	5	0
中汇会计师事务所	3	1
亚太(集团)会计师事务所	7	2
中兴财光华会计师事务所	10	3
中天运会计师事务所	4	1

从评价结果来看,体现了以质量为导向的总体评价思想。从评价过程来看,评价扩大了处理处罚指标的评价范围。此前处理处罚指标的评价范围仅包括会计师事务所及其注册会计师的被处理处罚情况,排名依据修订后,将会计师事务所员工所受处理处罚情况纳入了评价范围。

(3)注册会计师行业继续教育管理情况。诚信教育和培育诚信文化是行业诚信建设的有效手段。中注协制定了中国注册会计师胜任能力指南,将诚信教育纳入继续教育培训,加大对职业道德培训考核。目前,强制性职业道德培训的学时已由两年内不少于4学时调整为每年不少于8学时。

全国开展注册会计师行业继续教育有利于提升注册会计师的诚信水平,规范执业过程和执业质量,从而更好地服务于实体经济,以点带面提升注册会计师服务客户的诚信水平,从而促进社会整体诚信体系的建设。

为进一步做好注册会计师行业继续教育工作,在广泛征求意见的基础上,中注协对原有制度、办法进行了修订，形成《中国注册会计师继续教育制度》《中国注册会计师协会非执业会员继续教育制度》，于2021年12月8日印发，自2022年1月1日起施行。

（本部分执笔人：北京国家会计学院 胡明霞）

四、2021年我国资本市场会计诚信与监管发展情况

市场经济本身就是信用经济和契约经济，然而，当前信用体系的相对滞后仍是制约资本市场发展的深层次问题之一。2020年，新《证券法》落地实施，其中关于上市公司信息披露等相关规定对提高上市公司信息披露质量提出了更高的要求。2021年7月，党中央、国务院在《关于依法从严打击证券违法活动的意见》中提出要加强资本市场信用体系建设，夯实资本市场诚信建设制度基础，建立健全信用承诺制度，强化资本市场诚信监管。

（一）2021年资本市场信用建设及诚信建设发展情况

1. 2021年资本市场信用体系建设相关政策及实施办法发展情况

2021年，为推动资本市场信用体系建设，提高资本市场公信力，加强资本市场诚信监督管理，促进市场健康发展，中共中央办公厅、国务院办公厅、中国证监会、证券交易所、证券业协会等各级管理机构和组织从多个层面和角度出台了一系列的相关政策和管理办法。

2021年7月6日，中共中央办公厅、国务院办公厅印发了《关于依法从严打击证券违法活动的意见》，为加强资本市场信用体系建设，强化组织保障和监督问责机制奠定了基础。

2021年3月5日，中国证监会发布《证券期货市场诚信监督管理办法》，提出建立全国统一的证券期货市场诚信档案数据库，记录证券期货市场诚信信息，并对记入诚信档案的诚信信息的界定、采集与管理，诚信信息的公开、查询，诚信约束、激励与引导等内容进行了详细阐述。

2021年2月9日，为进一步加强私募基金信息报送工作，优化行业服务，持续推动行业数据质量提升，中国证券投资基金业协会发布了《关于加强私募基金信息报送自律管理与优化行业服务的通知》。通知规定，对发现管理人登记备案及信息报送中提供虚假材料

和信息，或者隐瞒重要事实的，协会将视情节轻重对管理人采取公开谴责、暂停受理基金备案、取消会员资格等措施，对高级管理人员及其他从业人员采取公开谴责、取消从业资格等措施，并记入诚信档案。此外，通知强调协会将加强与行政监管部门的协同，严厉查处信息报送中存在的违法违规行为。

2021年8月11日，中国证券投资基金业协会制订并发布了《公开募集证券投资基金管理人及从业人员职业操守和道德规范指南》，目的在于深化"合规、诚信、专业、稳健"的基金行业文化理念，保护基金份额持有人的合法权益，规范公开募集证券投资基金管理人及其从业人员的职业行为。

2021年8月，中国证券业协会向会员单位发布《证券行业诚信准则（征求意见稿）》（以下简称《意见稿》），该《意见稿》指出，机构及其工作人员从事证券相关业务，应当自觉树立以诚相待、以信为本的理念，依法合规展业、勤勉尽责、言行一致、珍惜声誉、履约践诺，独立、客观、公正地履行职责和提供服务，自觉抵制违法违规失信行为。《意见稿》列举了从业人员的四大基本义务，包括对投资者及行业的义务、对特定客户的义务、配合监管、自律管理的义务以及工作人员对机构的义务。同时指出，机构承担诚信文化建设、诚信从业风险防控主体责任，机构主要负责人是落实诚信从业管理职责的第一责任人。

2021年5月28日，北交所发布《全国中小企业股份转让系统诚信监督管理指引》，要求市场活动主体不得为失信联合惩戒对象。2021年11月2日，北交所发布《北京证券交易所会员管理规则（试行）》指出，会员应当加强其业务人员的执业道德和诚信教育，强化业务人员的勤勉尽责意识、合规操作意识、风险控制意识和保密意识。2021年12月6日，北交所又针对诚信建设发布了《诚信建设相关制度概述》，结合中国证监会《诚信监管办法》要点提出了北交所诚信建设规则要点，其中主要包含诚信的义务性规定以及失信禁入和诚信核查要求两大板块。

2. 2021年资本市场诚信体系建设和监督管理活动发展情况

2021年，在各项政策的指引下，各级管理部门和协会开展了多项诚信建设推广活动和监督检查管理工作。

2021年3月1日，证监会发布《诚信建设夯实资本市场稳定健康发展基石》，披露证监会在推动资本市场诚信建设方面取得的积极进展和如何对资本市场各类主体进行分级分类监管、如何对违法失信主体实施约束机制以及如何对违法违规主体开展信用惩戒等。

2021年7月23日，证监会通报首批适用新《证券法》财务造假案件处罚情况，通报了对宜华生活、广东榕泰、中潜股份等上市公司的处罚情况。

2021年中，证监会对资本市场违法乱纪现象进行了一系列的监管行动。2021年7月16日，证监会集中部署专项执法行动依法严厉打击证券违法活动；2021年7月23日，证监会通报"中源家居""利通电子"等股票价格操纵案调查进展；2021年9月，证监会展开依法严厉打击债券市场违法违规行为行动；9月，证监会会同公安机关查获多起操纵市场重大案件；10月，证监会会同公安检察机关部署专项执法行动依法从严打击证券违法犯罪活动。

2021年中，上交所落实新《证券法》关于董事异议机制的规定，进一步强化董事、监事和高管在年报披露中的履职要求，对未能勤勉尽责的人员给予严肃处理。例如，*ST易见作为沪市唯一一家无法按期披露年报的公司，上交所对公司及时任董监高均予以公开谴责；朗博科技总经理"喝酒误事"，缺席审议且未签署书面意见，被公开谴责；*ST中新独立董事对公司年报"不保真"，上交所对其予以通报批评。同时，对20余起业绩预告违规行为及时作出纪律处分或监管措施，坚决防止随意性、忽悠式预告。

2021年3月23日，中国上市公司协会发布关于开展2021年度《上市公司网络培训》之"监管直通车"的通知（第一期），主要就资本市场财务信息披露总体要求与监管目标、监管方式以及上市公司财务信息披露主要问题进行详细解读。

2021年8月20日，中国证券投资基金业协会就宁本咨询、祺瑞府咨询等中介机构从事招募挂靠人员、私募机构买卖壳、代律所出具法律意见书等违法违规业务作出严正声明。声明指出，中介机构上述行为严重扰乱了私募基金行业秩序，对协会私募基金登记备案和自律管理工作造成严重负面影响，玷污了协会和私募基金行业声誉；声明对协会以及中介机构的工作原则以及违法违规的惩罚后果作出强调。

2021年9月24日，中国证券业协会、中国期货业协会、中国上市公司协会以及中国证券投资基金业协会联合发表了《远离伪市值管理倡议书》，倡议从业人员树立四个敬畏、加强公司文化建设、完善公司治理、强化职业道德和执业操守、强化基金管理人职责以及珍惜行业、企业及个人声誉等。

2021年4月14日，在深圳证监局的指导下，深圳市证券业协会成立国内首个廉洁从业委员会。廉洁从业委员会成立后陆续开展了一系列工作推动行业诚信建设，主要包括：建立以党建为中心的诚信执业与廉洁从业交流机制、建立健全深圳证券从业人员廉洁台账、组织开展廉洁从业培训工作以促进行业诚信文化建设等。

(二) 2021年上市公司信息披露质量分析

提高上市公司质量是党中央、国务院的重大决策部署，是推动资本市场健康发展的内在要求。信息披露质量是衡量上市公司质量的客观、重要的标准。为优化上市公司自律监管规则体系，进一步完善上市公司信息披露工作评价机制，各交易所2021年采取了一系列措施，以保障对上市公司信息披露质量的检查和监督。上交所对《上海证券交易所上市公司信息披露工作评价办法（2017年修订）》进行了修订；深交所也坚持以信息披露为核心，切实履行一线监管服务职责，推动市场监管有效实施。

1. 2021年上市公司年报披露评价结果分析[①]

近年来，上交所、深交所每年都对上市公司信息披露工作质量做出评价，并对外发布。

2022年8月30日，上交所公布了沪市主板上市公司2021—2022年度信息披露工作评价结果。在1642家沪市主板上市公司中，A类公司为300家，占比18.27%；B类公司为1018家，占比62.00%；C类公司为239家，占比14.56%；D类公司为85家，占比5.18%。

深交所在2022年也发布了2021年度深市上市公司信息披露考核结果，在2553家深市主板和创业板上市公司中，A类公司为454家，占比17.78%；B类公司为1744家，占比68.31%；C类公司为275家，占比10.77%；D类公司为80家，占比3.13%[②]。

总体来说，无论是上交所，还是深交所，上市公司整体信息披露质量A类和B类企业居多，说明证券市场整体信息披露质量良好，但也存在着不少公司信息披露质量差、披露不及时等问题。

2. 2021年上市公司年报审计意见结果分析

年报被出具非标意见的上市公司往往是证券交易所重点关注的对象，在一定程度上也表明了公司财务状况可能存在问题，在财务信息披露质量和会计守信上可能存在风险。因此，对上市公司年报审计意见关注有助于对上市公司财务信息质量实行科学评价和有效监督。截至2022年4月30日，除未来股份等11家公司外，A股市场共有4753家上市公司披露了2021年年度报告，其中主板3136家、创业板1132家、科创板396家、北交所89家，实现盈利4028家、发生亏损725家。按期披露年报的上市公司中，249家公司被出具

[①] 数据来源：证券交易所官网。
[②] 数据来源：根据深交所官网数据整理。

非标准审计意见的审计报告，其中否定意见1家、无法表示意见43家、保留意见98家、带解释性说明段的无保留意见107家①。2021年，因对公司持续经营能力产生重大疑虑的重大不确定性，审计机构兴昌华对*ST圣莱2021年度财务会计报告出具了否定意见。

3. 2021年上市公司定期报告补充更正结果分析②

2021年，上市公司更正报告共计505份，其中334份涉及财务数据及财务指标的更正、补充，占补充更正报告总数的66.14%。例如，新疆同济堂健康产业股份有限公司对近三年主要会计数据和财务指标进行了更正；山东金城医药集团股份有限公司对2019年度定期报告中主要销售客户和主要供应商情况、主要会计数据和财务指标等内容进行了更正。其余更正报告较多涉及股权结构、股东持股情况、数据货币单位等内容的更正。例如，紫金矿业集团股份有限公司2020年审计报告内容未扫描完整，存在一页缺失从而对其进行了补充；江苏恒瑞医药股份有限公司对2021年第一季度报告中的"截至报告期末的股东总数、前十名股东、前十名流通股东（或无限售条件股东）持股情况表"进行了更正。更正补充报告暴露的问题也说明上市公司在财务报告信息披露质量方面仍需要进一步加强，财务报告编制人员的业务能力和职业道德水平还需进一步提升，相关人员应秉承诚信、严谨的工作作风，加强财务报告披露前的复查审核工作。

4. 2021年上市公司财务信息违规分析

财务信息披露质量是会计诚信的重要体现，对财务信息违规行为的坚决打击是保障会计守信的重要举措。证券交易所作为证券经纪业务的一线监管机构，以纪律处分为重要抓手，强化事中事后监管，严肃惩处各类市场乱象和违法违规行为，有助于推动上市公司诚实守信和高质量发展的进程。

2021年，我国境内证券交易所公告的处分决定书为390份，被处分的上市公司总数为292家，主要为公开谴责、通报批评和公开认定不适合担任上市公司董监高。在这390份处分决定书中，与上市公司财务信息质量相关的有228份（占比为58.46%）。其中，与财务信息相关的处分原因主要包括非经营性资金占用（102份）、业绩预告或业绩快报与定期报告数据差异过大（62份）、会计差错更正（44份）、虚假信息披露（22份）、定期报告披露不规范（33份）、募集资金使用违规（8份）以及违规财务资助（10份）等③，占比最大的为"非经营性资金占用"和"业绩预告或业绩快报与定期报告数据差异过

---

① 数据来源：证监会公告。
② 数据来源：证券交易所官网。
③ 数据来源：交易所官网统计。

大",此两类违规行为的相关当事人通常均涉及财务负责人,如ST红太阳于2021年度多次因业绩预告问题、资金占用以及违规担保被通报批评或公开谴责,财务负责人詹燚、赵勇也因未能对公司内部财务资金流出保持重点关注,任期内出现上市公司资金被占用情形,未能督促公司按规定及时修正业绩预告而被给予公开谴责的处分,这些违规行为进一步表明了加强会计人员诚信教育的重要性。此外,虚假信息披露、定期报告披露不规范、募集资金使用违规和违规财务资助等虽在处分决定书中占比并不突出,但是性质恶劣,削弱了资本市场的资源配置功能,同时阻碍了企业会计诚信的发展。例如,康美药业组织策划造假、未勤勉尽责,包括虚构利润、虚假记载、重大遗漏、占用公司资产等,严重侵害投资者的合法权益,被处以公开谴责,上交所对于主要相关当事人还给予了市场禁入处分,类似的处罚案例还有广州浪奇、宜华生活、广东榕泰等。

根据各证券交易所官网公布的数据分析①,从2021年各类财务违规行为涉及公开谴责的比例来看,"定期报告披露不规范"类别中涉及公开谴责比例达到84.85%,显著高于其他财务违规行为类别导致的公开谴责比例,反映了证券交易所对定期报告披露质量监管的严要求。

(三) 2021年上市公司会计诚信监管情况分析

会计诚信的本质是客观公正、不偏不倚地将现实经济活动反映出来,并忠实地为会计信息使用者服务。上市公司作为公众公司,客观公正、不偏不倚地反映公司经营情况更为重要,一旦出现会计失真,可能会严重危害投资者和会计信息使用者的根本利益。因此,对于上市公司的会计诚信问题,更需要监管层强化监管力度,依法从严打击各类违规违法行为,为资本市场的健康发展保驾护航。

2021年,证监会和交易所继续加大对上市公司各类违法违规行为的监管力度,监管活动始终贯穿着整个2021年,覆盖着资本市场全部的参与主体。主要的监管活动包括对可疑违规行为的监管问询,对违规违法主体的课以处罚,以及对违规责任机构和人员的连带惩处。

1. 2021年交易所监管问询情况

(1) 2021年上交所监管问询情况②。2021年,上交所发布监管措施563条,其中,监管工作函245条,监管警示158条,通报批评113条,公开谴责41条,公开认定一定期限

---

① 数据来源:交易所官网统计。
② 数据来源:上交所官网。

内不适合担任上市公司董事、监事和高级管理人员或者境外发行人信息披露境内代表6条。

在158条监管警示中，涉及主板上市公司的有148条，其中81.08%存在信息披露问题，10.14%存在非经营性资金占用问题，8.11%存在未勤勉尽责的问题，5.41%存在关联交易问题，3.38%存在违规担保问题，2.70%存在财务造假问题；涉及科创板上市公司的监管警示通告有10条，其中70%存在信息披露问题。

在113条通报批评中，涉及主板上市公司有107条，其中71.03%存在信息披露问题，27.10%存在非经营性资金占用问题，13.08%存在违规担保问题，3.74%存在未勤勉尽责的问题；涉及科创板上市公司6条，其中66.67%存在信息披露问题。

在41条公开谴责通报中，均涉及主板上市公司，其中78.05%涉及信息披露问题，21.95%涉及违规担保问题，21.95%涉及非经营性资金占用问题，9.76%涉及会计差错问题，7.32%涉及财务造假问题。公开认定一定期限内不适合担任上市公司董事、监事和高级管理人员或者境外发行人信息披露境内代表的6条通报中，50%涉及财务高管。

2021年，上交所发布监管问询254条，其中问询函158条，重大资产重组预案审核意见函58条，定期报告信息披露监管问询函38条。

（2）2021年深交所监管问询情况[①]。2021年，深交所对上市公司会计诚信相关的监管主要分为四大板块：监管措施与纪律处分、会员及其他交易参与人监管、中介机构监管以及发行承销监管。而监管措施与纪律处分又有监管函、处罚与处分以及复核决定三种类型。

①监管措施与纪律处分情况。2021年，深交所总共发出462条监管函，其中52.38%针对主板上市公司，47.62%针对创业板上市公司。从监管对象角度来看，上市公司居多，占比61.26%，其次是董监高占比17.32%，接下来依次是持股5%以上股东和控股股东、实际控制人，占比分别为13.42%和12.12%，中介机构占比较低，仅为1.08%。该年度监管函所涉及公司共372家，其中，被4次出具监管函的上市公司共有四家，占比1.07%；被3次出具监管函的共有10家，占比2.69%；2次的共有58家，占比15.59%；其余为被出具监管函1次的情况。

2021年，深交所公布的处罚与处分记录共计230条，其中59.13%针对主板上市公司，40.87%针对创业板公司。处分类别主要有通报批评、公开谴责和公开认定不适合担

---

① 数据来源：深交所官网。

任上市公司董监高三类，比重最高的是通报批评，占比67.8%；其次是公开谴责，占比28.7%。另外，被公开认定不适合担任上市公司董监高的处分决定全年共有8条，其中绝大多数涉及公司财务总监未履行诚信勤勉义务的情形，性质恶劣，被认定为对公司的违规行为负有重要责任，典型代表有獐子岛、康得新、红太阳等。2021年，230条处分记录共涉及上市公司201家，涉及的原因多样，其中占比较大的主要有信息披露问题和关联方资金占用，分别占比29.85%和21.39%，典型代表有苏州中来和黑芝麻。此外，还有一些违规增（减）持、业绩预告不实、业绩补偿违约等问题，其中，大额会计差错更正、违规担保、财务造假、违规财务资助、违规使用募集资金等问题虽占比不高，但通常性质严重且影响恶劣，多被处以公开谴责。

2021年，深交所总共做出两项复核决定，分别针对成都天翔和康得新公司，由于二者均触及股票终止上市情形的客观事实，因此复核结果仍维持了原终止上市的决定。

②会员及其他交易参与人监管情况。2021年，深交所对于会员及其他交易参与人监管共发生8起，其中6起仅针对保荐代表人，1起仅针对证券公司，还有1起同时涉及证券公司和保荐代表人。深交所对这几起的监管措施主要是采取监管函的方式进行书面警示，少数性质严重的情形给予了通报批评处分。

③中介机构监管情况。2021年，深交所对于中介机构监管共7起，其中5起是以监管函的形式施行，其余2起则是对北京兴华会计师事务所（特殊普通合伙）及相关当事人给予通报批评处分。监管对象无一例外均指向了审计报告签字注册会计师及审计机构。

④发行承销监管情况。2021年，深交所针对发行承销的监管记录共3起，均采取监管函的方式施行，监管的原因均为资产管理公司在询价过程中存在违规行为。违规行为主要包括内控不完善、报价决策机制缺陷、定价依据不合理和不合理改价行为等。

(3) 2021年北交所监管问询情况。2021年，北交所关于自律监管措施的记录共12条，监管举措主要有口头警示和出具警示函两种，其中口头警示偏多。监管对象主要包括董监高和董事会秘书（信息披露负责人）、（拟）上市公司、股东以及中介机构与相关人员。违规的事由主要为信息披露违规，占比达50%，其次是差错更正幅度大，占比25%。此外，2021年度北交所发出一封问询函，问询的上市公司为海泰新能，问询内容主要为营业收入大幅增长情况下毛利率下滑的原因、研发项目真实性、存货跌价准备计提的恰当性、政府补助项目划分标准以及未在重要在建工程项目列示本期变动情况的解释等。

2. 2021年上市公司违规处罚情况

2021年，证监会、上交所、深交所等监管机构对于上市公司及相关组织和个人违规违法行为，坚持重拳出击，持续发布市场禁入、高额处罚等各项严厉惩处措施，并推出多项举措完善诚信建设制度、推动资本市场诚信约束和激励机制的建设。

2021年，证监会共发布市场禁入决定20条，其中，65%涉及财务造假问题，60%涉及信息披露问题。发布行政处罚决定114条，其中，35.09%涉及未勤勉尽责问题，30.70%涉及内幕交易问题，24.56%涉及虚假记载问题，14.04%涉及违规披露问题，7.02%涉及重大遗漏问题。①

2022年2月18日，证监会通报2021年上市公司违规案件办理情况。2021年全年证监会共办理案件609起，其中重大案件163起，涉及财务造假、资金占用、以市值管理名义操纵市场、恶性内幕交易及中介机构未勤勉尽责等典型违法行为。依法向公安机关移送涉嫌犯罪案件（线索）177起，同比增长53%，会同公安部、最高检联合部署多起专项执法行动。总体看，中国资本市场案发数量连续3年下降，证券市场违法多发高发势头得到了初步遏制。但是与此同时，执法重点更加突出，虚假陈述、内幕交易、操纵市场、中介机构违法案件数量占比超过八成，主要表现在：②

（1）2021年共办理虚假陈述案件163起，其中财务造假75起，同比增长8%；向公安机关移送相关涉嫌犯罪案件32起，同比增长50%。虚假陈述案件数量保持高位，重大欺诈、造假行为时有发生。

（2）2021年共办理操纵市场案件110起，同比下降26%；但是向公安机关移送相关犯罪达41起，同比增长1.5倍。操纵市场案团伙化、职业化特征更加明显。

（3）2021年共办理内幕交易案件201起，涉及并购重组、新股发行、控制权变更等重大资本运作信息的内幕交易案件占64%，涉及业绩公告、商业合作的内幕交易案件也有发生。内幕交易多发态势趋缓，但关键环节问题仍然突出。

（4）2021年办理重点领域案件数十起，其中私募机构违法案件20起，涉及登记备案、基金销售、资金募集等多个环节；债券市场违法案件10起，主要表现为虚构利润欺诈发行、为取得企业债发行核准报送虚假材料等；老鼠仓案件9起，涉案主体延伸至市场机构的后台管理和技术服务人员；期货领域违法案件5起，涉及操纵多个商品期货合约；从业人员违规买卖股票案件16起，涉案人数90余人。重点领域案件呈现出类型多样的特点。

（5）2021年立案调查中介机构违法案件39起，涉案主体覆盖多个领域，较2020年

---

① 数据来源：证监会官网。
② 数据来源：证监会官网——稽查执法——执法动态。

同期增长一倍多，涉及会计师事务所 28 起，证券公司 4 起，资产评估机构 3 起，律师事务所 2 起，银行承销商、评级机构各 1 起。

2022 年 4 月 1 日，证监会公布了 2021 年证监稽查 20 起典型违法案例，其中财务造假案例 6 起，未勤勉尽责案例 4 起，操纵股价案例 3 起，内幕交易案例 2 起，欺诈发行案例 2 起，虚假陈述案例 1 起。①

2022 年 4 月 28 日，证监会在《中国证监会 2021 年法治政府建设情况》中披露，2021 年证监会积极推进资本市场诚信档案数据库的升级建设和证券期货市场诚信信息查询的公示工作，同时推动完善失信信息部际共享与约束机制，开展"限乘限飞"市场化惩戒工作。截至 2021 年年末，诚信数据库共收录主体信息 151.39 万余条，证券期货系统诚信信息近 11.24 万余条。证监会官网诚信信息查询平台 2021 年度总查询量达 10384.8 万余次。2021 年，在失信信息部际共享与约束机制的作用下，22 名特定严重失信人缴纳罚没款 6000 余万元。②

2022 年 3 月 8 日，上交所发布监管白皮书《上交所 2021 年度一线监管情况通报》，披露 2021 年上交所针对各类违规主体共实施纪律处分 185 单，同比增加约 36%。其中，针对财务造假、资金占用、违规担保、"逃废债"、定期报告披露违规等主要责任人处分 50 余次，同比增长 20%，针对异常交易和一般信息披露违规监管 5300 余次，同比增长 60%。全年处置财务造假类信息披露案件 4 单，涉及的 4 家上市公司被公开谴责，处分相关责任人 54 名，其中 19 名责任人被公开谴责，1 名责任人被公开认定。例如，退市航通子公司连续多年实施财务造假，合计虚增净利润超 30 亿元，上交所对公司及主要责任人予以公开谴责，时任董事长被公开认定 10 年内不适合担任公司董事；退市鹏起对子公司控制事项会计处理不恰当，多期定期报告财务数据披露不准确，上交所对公司及主要责任人予以公开谴责。同时，对 20 余单财务信息披露不准确行为作出处理。2021 年，上交所推动了 70 余家公司完全或部分解决资金占用、违规担保问题，涉及金额 570 余亿元。针对相关违规行为分类实施了自律监管惩戒，全年实施纪律处分 34 单，处分上市公司 33 家，相关责任人 232 名。对违规情节严重且拒不整改的上市公司及相关责任人，依法依规予以严肃问责。③

2021 年，上交所发布债券监管纪律处分 49 条，监管措施通告和送达纪律处分意向书

---

① 数据来源：证监会官网——新闻发布。
② 数据来源：证监会官网。
③ 数据来源：上交所官网——监管白皮书。

各 5 条。在 49 条纪律处分通告中，32 条通报批评中有 96.88% 未及时披露定期/临时报告，16 条公开谴责通告中 87.5% 定期报告信息披露多次违规未及时改正且再次违规，12.5% 未及时披露影响偿债能力重大信息，6.25% 虚假披露抵押权备案。①

3. 2021 年上市公司违规责任人员情况②

（1）独立董事违规被纪律处分情况。2021 年，上交所、深交所对独立董事实施纪律处分共 53 次，主要涉及对上市公司财务违规行为的失察之责。例如，2021 年 11 月，上交所对 *ST 航通独立董事董刚、曲刚、陈怀谷认定其在任期内分别在相关年度报告上签字，未能勤勉尽责并保证公司财务信息披露的真实、准确、完整，未能积极监督并确保公司依法合规运营，对公司的重大会计差错等违规负有相应责任。

（2）财务负责人违规被纪律处分的情况。2021 年，财务负责人群体作为相关违规行为的重要组织者和参与者受到纪律处分共计 210 次。在 2021 年，被交易所公开认定不适合担任上市公司董监高的 14 份处分书中，6 份与财务人员未勤勉尽责相关，具体包括：

①獐子岛财务总监勾荣于 2021 年因公司前期财务会计报告存在重大会计差错和临时公告虚假记载问题，被给予公开认定五年不适合担任上市公司董事、监事、高级管理人员的处分。

②ST 索菱时任董事、副总经理兼财务总监叶玉娟和财务总监王大威未能恪尽职守、履行诚信勤勉义务，行为恶劣，情节较为严重，对《2016 年年度报告》《2017 年年度报告》《2018 年年度报告》存在虚假记载以及《2017 年年度报告》《2018 年年度报告》存在重大遗漏的违规事实负有重要责任，被给予公开谴责的处分，并公开认定其十年内不适合担任上市公司董事、监事和高级管理人员。

③广东明珠时任董事兼财务总监钟金龙作为公司财务管理的主要负责人未勤勉尽责，对公司非经营性占用公司资金事项负有重要责任，被公开认定 5 年内不适合担任上市公司董事、监事和高级管理人员。

④ST 航通时任财务负责人赵树飞作为公司财务管理的具体负责人，未能勤勉尽责，对子公司持续虚构业务、虚增收入利润导致公司连续多年财务信息披露不真实、不准确和内控存在重大缺陷等违规行为负有主要责任。同时，赵树飞还对业绩预告披露不准确且未及时更正负有责任，被予以公开谴责。

⑤ST 华仪时任财务总监李维龙知悉资金占用等事项，作为会计机构负责人（会计主

---

① 数据来源：上交所官网。
② 数据来源：根据交易所官网数据整理。

管人员）仍在相关定期报告上签字,被公开认定 3 年内不适合担任上市公司董事、监事和高级管理人员。

⑥ *ST 信威时任董事兼财务总监余睿作为公司财务管理的具体负责人,未能勤勉尽责,对公司未及时披露买方信贷担保对象的经营变化风险情况和巨额资金被划扣风险情况、公司及业绩承诺方未按期完成重组标的资产的减值测试等违规行为负有责任,被公开认定 3 年内不适合担任上市公司董事、监事和高级管理人员。

资本市场是典型的信息市场、信用市场和信心市场。长期以来,上市公司失信行为层出不穷,致使投资者信心受到挫伤。欺诈发行、虚假信息披露、内幕交易、操纵市场、"老鼠仓"、大股东损害上市公司利益、中介机构失职等失信行为,严重破坏了市场秩序及诚信基础,严重侵害了投资者权益。资本市场的良性发展离不开诚信体系的建设,上市公司财务信息质量的监督作为会计诚信监督的主战场之一,对我国会计诚信体系的建设具有重要的意义。要加强资本市场的信用体系建设,应首先加强上市公司财务信息质量的监督和相关人员职业道德及执业能力的培养。

（本部分执笔人：北京国家会计学院 张玉琳、敖小波、张静）

Ⅳ 专题篇

专题一 2021年我国会计诚信建设发展情况调查研究

【摘要】 根据财政部会计司发布的《会计改革与发展"十四五"规划纲要》关于推动我国会计诚信建设与发展的工作要求,为全面了解我国当前会计诚信建设和发展情况,北京国家会计学院于2022年9月就"2021年我国会计诚信建设和发展情况"进行了全国性的问卷调查。调查结果表明:通过教育和培训以及相关的监管手段,社会主体相关人员对会计诚信有了更深的认知,会计诚信建设工作取得了一定的成效;然而,总体而言,会计诚信的建设还有待提高和加强,尤其对于会计诚信政策的深入宣传、会计准则和制度的深入培训、会计人员职业道德的深入培养、会计信息的真实有效等特征的定义和界定等需要进一步加强。

【关键词】 会计诚信;会计诚信的体系建设;会计诚信的教育培训;会计诚信的宣传推广;会计诚信的文化建设

一、研究背景与调研总体情况

2021年11月24日,财政部会计司发布了《会计改革与发展"十四五"规划纲要》(以下简称《纲要》),其中,主要任务的第四部分第三条提出了"持续推进会计诚信建设",并就持续推进会计诚信建设进行了详细说明,为我国会计诚信建设提出了指导性的意见。《纲要》提出：深入开展会计诚信教育，将会计职业道德作为会计人才培养、评价、继续教育的重要内容，推动财会类专业教育，加强职业道德课程建设，不断提升会计人员诚信素养。加强会计诚信机制建设，依托会计管理信息平台，实现跨层级、跨部门、跨系统数据互联互通。加强会计诚信体系建设，全面建立会计行业信用记录，继续完善守信联合激励和失信联合惩戒机制。根据国家有关规定，加强对于诚实守信、忠于职守、坚持原则、作出显著成绩的会计人员的表彰奖励工作。加大会计诚信宣传力度，加强会计诚信文化建设，把法律规范和道德规范结合起来，以道德滋养法治精神，加强德治与法治的衔接与贯通，营造全行业守法、合规、诚信的向善向上氛围。此外，在培养造就高水平会计人才队伍方面，《纲要》指出要探索建立以诚信评价、专业评价、能力评价为维度的会计人才综合评价体系，引导和教育广大会计人员诚信执业、提升能力。

为全面了解我国当前会计诚信建设和发展情况，落实"十四五"发展规划，更好地推动会计诚信建设工作，北京国家会计学院于2022年9月就"2021年我国会计诚信建设和发展情况"进行了全国性的问卷调查。截至2022年9月30日，共收到1390份有效调查问卷，本研究报告即以此1390份问卷调查结果为基础，展开多维度分析，以期有效了解当前我国企事业单位会计诚信建设情况以及会计人员和其他人员对会计诚信建设的认识和看法，为会计诚信的体系建设提供可资借鉴的方法与对策。

二、样本设计与调查问卷说明

第一，本次调查问卷共分为两部分：一部分是受调查者的基础信息，涉及问卷填写者所在单位的性质、行业、规模、上市与否以及问卷填写者的个人职位等8个问题（有两个问题为关联问题），通过这些信息的采集，为问卷调查的分析提供多视角和多维度；另一部分为调查问卷的主体部分，共17个问题（有两个问题为关联问题）。问卷设计以《纲要》中提出的诚信建设核心内容为基础，涉及会计诚信的教育、宣传，单位会计诚信建设的机制和问题以及会计诚信的监督和评价等，力求做到调查问题的多维度，以期尽量涵盖会计诚信建设的主要方面。

第二，调查问卷在设计的过程中，根据调查的内容特点，尽量采用最适合的问卷题型，同时又考虑到问题尽量简化和易填写的要求。整个问卷题型多样，有填空题、单选题，也有多选题、排序题，还有补充问答题等，以期最大程度收集、保留受调查者的真实态度和意向。

第三,根据调查问卷最终的回收结果,可以看出此次调查问卷的填写者所在单位涉及农林牧渔业、制造业、建筑业、信息技术业、金融业等多个行业,也涉及多个地区,以及国有企业、民营企业、事业单位等多种组织性质;问卷填写者既有企事业单位的财务人员,也有非财务人员;既有单位的财务高管、财务经理,也有普通的会计人员和审计人员。因此,此次调查问卷具有行业多、地域广、受调查者多样等特点,具有较强的代表性。

三、受调查者及其单位的背景情况

(一) 单位性质

本次问卷填写者所在单位多为国有企业、民营企业、事业单位和其他;在"其他"里面,多以会计师事务所、行政部门等为主;而"中外合资企业""外商独资企业""集体企业"由于样本量较少,因此不在本调查问卷的主要分析之列,具体情况见表4-1。

表4-1　　　　　　　　　　　受调查者所在单位性质

选项	小计	比例
国有企业	400	28.78%
中外合资企业	12	0.86%
外商独资企业	13	0.94%
集体企业	3	0.22%
民营企业	358	25.76%
事业单位	422	30.36%
其他	182	13.09%
本题有效填写人次	1390	

(二) 上市情况

本次调查问卷填写者中所在单位(事业单位除外)既有上市公司,也有非上市公司,虽然从问卷填写者比例来说,上市公司所占比例不高(仅16.32%),但从绝对样本数来说,158份问卷具有一定的代表性,可以作为一种分析的维度,具体情况见表4-2。

表4-2　　　　　　　　　受调查者所在单位是否上市

选项	小计	比例
是	158	16.32%
否	810	83.68%
本题有效填写人次	968	

(三) 行业背景

受调查者所在单位所属的行业相对比较分散，部分行业具有一定的代表性，如制造业、建筑业、金融业、租赁和商务服务、教科文体以及医疗卫生等，具体情况见表4-3。

表4-3　　　　　　　　　受调查者所在单位行业

选项	小计	比例
农林牧渔业	36	2.59%
采掘业	21	1.51%
制造业	79	5.68%
电力、热力、燃气及水的生产和供应业	38	2.73%
建筑业	128	9.21%
批发和零售	66	4.75%
交通运输、仓储和邮政	36	2.59%
住宿和餐饮业	9	0.65%
信息技术	47	3.38%
金融业	66	4.75%
房地产业	23	1.65%
租赁和商务服务	99	7.12%
科学研究和技术服务	44	3.17%
水利、环境和公共设施管理	14	1.01%
教科文体	189	13.6%
卫生和医疗	184	13.24%
其他	311	22.37%
本题有效填写人次	1390	

对于制造业的单位，其细分行业具体见表4-4。由于本次调查问卷样本中制造业行业的单位并不多，且细分行业比较分散，样本数太少，代表性弱，因此在本次调查问卷分析中，不做细分制造行业分析。

表 4-4　　　　　　　　　　　　制造业行业样本明细

选项	小计	比例
农副食品加工业	4	5.06%
食品制造业	3	3.8%
酒、饮料和精制茶制造业	1	1.27%
烟草制品业	1	1.27%
纺织业	0	0%
纺织服装、服饰业	2	2.53%
皮革、毛皮、羽毛及其制品和制鞋业	0	0%
木材加工和木、竹、藤、棕、草制品业	0	0%
家具制造业	2	2.53%
造纸和纸制品业	0	0%
印刷和记录媒介复制业	2	2.53%
文教、工美、体育和娱乐用品制造业	1	1.27%
石油、煤炭及其他燃料加工业	1	1.27%
化学原料和化学制品制造业	4	5.06%
医药制造业	4	5.06%
化学纤维制造业	0	0%
橡胶和塑料制品业	2	2.53%
非金属矿物制品业	2	2.53%
黑色金属冶炼和压延加工业	9	11.39%
有色金属冶炼和压延加工业	1	1.27%
金属制品业	4	5.06%
通用设备制造业	5	6.33%
专用设备制造业	6	7.59%
汽车制造业	1	1.27%
铁路、船舶、航空航天和其他运输设备制造业	4	5.06%
电气机械和器材制造业	4	5.06%
计算机、通信和其他电子设备制造业	3	3.8%
仪器仪表制造业	2	2.53%
其他制造业	8	10.13%
废弃资源综合利用业	1	1.27%
金属制品、机械和设备修理业	2	2.53%
本题有效填写人次	79	

(四) 单位规模

人员数量和营业收入是划分单位（企业）规模的重要指标。根据问卷结果可以看出，受调查单位规模分布比较分散，既有小微型企业，也有中型、大型，甚至特大型企业，这一特点有助于对问卷的全面分析。考虑到单位规模的划分与行业有紧密的关联，以及问卷结果的分散性，在本调查问卷的分析中，我们按照营业收入的规模进行了简单的归类以便于问卷统计分析。本问卷最终按收入规模将单位划分为四类：小型、中型、大型和特大型，其中收入规模在1000万元以下的划分为小型企业，1000万—1亿元的划分为中型企业，1亿—10亿元的划分为大型企业，10亿元以上的划分为特大型企业。具体情况见表4-5和表4-6。

表 4-5　　　　　　　　　　　受调查者单位员工数量

选项	小计	比例
不满100人	415	29.86%
100—499人	281	20.22%
500—999人	136	9.78%
1000—1万人	466	33.53%
1万人以上	92	6.62%
本题有效填写人次	1390	

表 4-6　　　　　　　　　　　受调查者单位营业收入

选项	小计	比例
500万元以下	309	22.23%
500万—1000万元	88	6.33%
1000万—5000万元	120	8.63%
5000万—1亿元	91	6.55%
1亿—3亿元	165	11.87%
3亿—10亿元	164	11.8%
10亿元以上	453	32.59%
本题有效填写人次	1390	

(五) 单位会计环境

我们用单位财务人员的数量，用于辅助分析了解受调查者所处的会计环境。从调查问卷结果来看，接近一半的调查问卷填写者单位财务人员数量在10人以内，也有受调查者填写的财务人员数量达万人以上。这种差异可能存在受调查者对问题的理解不同，比如有些被调查者可能填写了其所在集团的财务人员数量，有些则只填写了本单位或本部门的财务人员数量。因此，本调查题目不作为分析判断的维度或依据，只用于辅助判断。受调查者单位2021年财务人员的数量情况见表4-7。

表4-7　　　　　　　　　　受调查者单位2021年财务人员数量

选项	小计	比例
10人以内	649	46.69%
11—50人	408	29.35%
50人以上	333	23.96%
本题有效填写人次	1390	

（六）受调查者职位

本次问卷填写者以财会人员居多，整体超过了60%，财务高管、中层管理者和普通会计人员分布比较均匀，样本数具有较好的代表性。而其他各类职位的人员样本数量也具有一定的代表性，有助于从受调查者职位角度进行分析，具体情况见表4-8。

表4-8　　　　　　　　　　受调查者职位情况

选项	小计	比例
总会计师/财务总监	244	17.55%
财务部门经理	283	20.36%
普通会计人员	340	24.46%
内部审计类人员（包括一般审计人员和审计管理人员）	64	4.6%
非财务类中层管理人员	83	5.97%
非财务类高管	95	6.83%
其他	281	20.22%
本题有效填写人次	1390	

四、会计诚信建设发展的调查结果分析

根据《纲要》的要求，推动我国会计诚信的建设与发展，主要包括体系建设、奖罚监督、教育培训、宣传推广、文化建设五大方面。因此，本部分从会计诚信的体系建设、奖

罚监督、教育培训、宣传推广、文化建设五大方面对问卷调查结果进行分析。

（一）会计诚信的体系建设

第一，对于"您认为产生会计诚信问题的主要原因是什么"，调查结果如下：

（1）整体情况：从问卷结果看，产生会计诚信问题的主要原因按综合排名依次是：①单位治理制度和内控机制不完善；②会计职业道德观念淡薄；③会计制度不完善；④屈从领导压力，职业道德失范；⑤会计人员职业环境差、会计监督弱化；⑥监督处罚力度不到位；⑦为私利违背职业道德、弄虚作假。这些原因与调查问卷另一题（2021年发生过会计信息失真问题的主要原因）受调查者反馈的原因基本一致，排在首位的均是"单位内部控制不完善"，说明会计诚信建设首先要加强单位的内部控制建设，强化会计职业道德的教育和培养。具体情况见表4-9。

表4-9　　　　　　产生会计诚信问题的主要原因（整体情况）

选项	小计	排名
会计制度不完善	914	2.9（No.3）
会计职业道德观念淡薄	1027	2.81（No.2）
单位治理制度和内控机制不完善	1160	2.55（No.1）
会计人员职业环境差、会计监督弱化	999	3.35（No.5）
屈从领导压力，职业道德失范	1014	3.29（No.4）
为私利违背职业道德、弄虚作假	759	4.9（No.7）
监督处罚力度不到位	904	4.56（No.6）

（2）划分单位性质的情况：

①从问卷结果看，国有企业人员在选择产生会计诚信问题的主要原因时，"屈从领导压力，职业道德失范"选项综合排名第三，高于民营企业和事业单位对该选项的综合排名，这可能与国有企业的性质有关。在民营企业和事业单位的选项结果中，"会计制度不完善"选项综合排名第二，高于国有企业的该选项排名，说明民营企业和事业单位更认为外部的会计制度是导致会计诚信问题的主要原因，这可能与民营企业和事业单位对会计制度的理解和掌握相对更弱有关，更加印证了会计制度和准则的完善以及教育培训推广工作在民营企业和事业单位开展的必要性和紧迫性。

②无论是国有企业、民营企业，还是事业单位，都把"为私利违背职业道德、弄虚作假"这一因素排在最后。这说明，大家普遍认为许多会计诚信问题的出现并非会计人员的

主观故意。具体情况见表4-10。

表4-10　　　　产生会计诚信问题的主要原因（划分单位性质的情况）

单位性质 项目	国有企业综合排名	民营企业综合排名	事业单位综合排名
会计制度不完善	3.07（No.4）	2.89（No.2—3）	2.58（No.2）
会计职业道德观念淡薄	2.78（No.2）	2.89（No.2—3）	2.78（No.3）
单位治理制度和内控机制不完善	2.59（No.1）	2.55（No.1）	2.44（No.1）
会计人员职业环境差、会计监督弱化	3.28（No.5）	3.34（No.5）	3.52（No.4）
屈从领导压力，职业道德失范	2.97（No.3）	3.27（No.4）	3.74（No.5）
为私利违背职业道德、弄虚作假	5.02（No.7）	4.7（No.7）	5.12（No.7）
监督处罚力度不到位	4.66（No.6）	4.44（No.6）	4.57（No.6）

（3）划分上市与否的情况：从问卷结果看，上市企业人员在选择产生会计诚信问题的主要原因时，"屈从领导压力，职业道德失范"选项综合排名第一，远高于非上市企业对该选项的选择，说明"屈从领导压力，职业道德失范"更容易导致上市企业产生会计诚信问题，且是最主要的原因，这说明对于上市公司的监管来说，上市公司的治理结构和实际控制人监管更应该引起监管者的关注和重视。具体情况见表4-11。

表4-11　　　　产生会计诚信问题的主要原因（划分上市与否的情况）

上市与否 项目	上市企业综合排名	非上市企业综合排名
会计制度不完善	3.36（No.5）	3（No.3）
会计职业道德观念淡薄	2.99（No.3）	2.79（No.2）
单位治理制度和内控机制不完善	2.77（No.2）	2.56（No.1）
会计人员职业环境差、会计监督弱化	3.3（No.4）	3.27（No.5）
屈从领导压力，职业道德失范	2.74（No.1）	3.19（No.4）
为私利违背职业道德、弄虚作假	4.93（No.7）	4.78（No.7）
监督处罚力度不到位	4.81（No.6）	4.51（No.6）

（4）划分单位规模的情况：

①小微企业人员在选择产生会计诚信问题的主要原因时，"会计制度不完善"选项的综合排名第一，而中型企业和大型企业"会计制度不完善"选项的排名为第三，特大型企业"会计制度不完善"选项的排名为第四，说明企业规模越小，越认为会计诚信出现问题的原因主要来自外部的影响；而企业规模越大，越认为内部因素更大。

②小微企业人员在选择产生会计诚信问题的主要原因时，"监督处罚力度不到位"也

是该群体认为的重要因素，与"会计制度不完善"并列第一，这说明在小微企业人员心中，监督处罚力度明显不够，这一点与另一题（在单位中发生不诚信行为是否会得到处罚）的调查结果相吻合，在小微企业的受调查者中，反馈单位对发生不诚信行为很少处罚的比例相对较高。具体情况见表4-12。

表4-12　　　　　　产生会计诚信问题的主要原因（划分单位规模的情况）

单位规模（营业收入） 项目	小微企业综合排名	中型企业综合排名	大型企业综合排名	特大型企业综合排名
会计制度不完善	2.45（No.1-2）	2.98（No.3）	2.93（No.3）	3.24（No.4）
会计职业道德观念淡薄	2.7（No.4）	2.86（No.2）	2.81（No.2）	2.88（No.2）
单位治理制度和内控机制不完善	2.56（No.3）	2.5（No.1）	2.51（No.1）	2.58（No.1）
会计人员职业环境差、会计监督弱化	3.34（No.5）	3.4（No.5）	3.44（No.5）	3.28（No.5）
屈从领导压力，职业道德失范	3.42（No.6）	3.15（No.4）	3.41（No.4）	3.18（No.3）
为私利违背职业道德、弄虚作假	4.81（No.7）	4.55（No.7）	4.93（No.6）	5.09（No.7）
监督处罚力度不到位	2.45（No.1-2）	4.5（No.6）	4.4（No.7）	4.61（No.6）

（5）划分受调查者职位的情况：

①普通会计人员在选择产生会计诚信问题的主要原因时，"会计制度不完善"选项综合排名第一，高于其他职位类型的人员对该选项的综合排名，普通会计人员认为会计制度不完善是会计诚信问题产生的主要原因；内部审计类人员在选择产生会计诚信问题的主要原因时，"会计制度不完善"选项综合排名第二，高于除普通会计人员以外的人员，内部审计类人员也将会计制度不完善看作会计诚信问题产生的主要原因。从问卷的结果可以看出，对于会计诚信问题的成因，管理层更倾向于从单位内部找原因，而基层从业人员更倾向于从外部找原因。

②普通会计人员在选择产生会计诚信问题的主要原因时，"屈从领导压力，职业道德失范"选项综合排名第五，低于其他职位类型的人员对该选项的综合排名，而非财务类高管和总会计师/财务总监对该选项综合排名较高；职位越高，该选项被选择的排名越高，说明该选项在高级管理人员中选择的比例更大。具体情况见表4-13。

表4-13　　　　　　产生会计诚信问题的主要原因（划分受调查者职位的情况）

受调查者职位 项目	总会计师/财务总监综合排名	财务部门经理综合排名	普通会计人员综合排名	内部审计类人员综合排名	非财务类中层管理人员综合排名	非财务类高管综合排名
会计制度不完善	3.19（No.4）	2.81（No.3）	2.55（No.1）	2.93（No.2）	3.49（No.5）	3.68（No.5）

续表

项目 \ 受调查者职位	总会计师/财务总监综合排名	财务部门经理综合排名	普通会计人员综合排名	内部审计类人员综合排名	非财务类中层管理人员综合排名	非财务类高管综合排名
会计职业道德观念淡薄	3.04(No.2)	2.72(No.2)	2.73(No.3)	2.98(No.3)	3.15(No.2)	3(No.3)
单位治理制度和内控机制不完善	2.33(No.1)	2.5(No.1)	2.69(No.2)	2.7(No.1)	2.23(No.1)	2.61(No.1)
会计人员职业环境差、会计监督弱化	3.31(No.5)	3.28(No.5)	3.46(No.4)	3.27(No.5)	3.29(No.4)	3.39(No.4)
屈从领导压力,职业道德失范	3.12(No.3)	3.18(No.4)	3.5(No.5)	3.18(No.4)	3.19(No.3)	2.99(No.2)
为私利违背职业道德、弄虚作假	4.89(No.7)	5.07(No.7)	5.12(No.7)	4.56(No.7)	4.82(No.7)	4.3(No.7)
监督处罚力度不到位	4.53(No.6)	4.46(No.6)	4.8(No.6)	4.4(No.6)	4.34(No.6)	4.15(No.6)

第二,对于"您认为通过统一的会计管理信息平台加强会计诚信监管的重要性如何",从问卷结果看,选择"非常重要"和"很重要"的人员比例达到87.77%,选择"不重要"和"没必要"的人员比例仅为1.29%,说明大多数人员认可通过统一的会计管理信息平台加强会计诚信监管。具体情况见表4-14。

表4-14　　通过统一的会计管理信息平台加强会计诚信监管的重要性

选项	小计	比例
非常重要	703	50.58%
很重要	517	37.19%
一般	152	10.94%
不重要	11	0.79%
没必要	7	0.5%
本题有效填写人次	1390	

第三,对于"您对贵单位会计人员当前的诚信和职业道德是否满意",从问卷结果看,选择"非常满意,普遍很好"和"基本满意,存在个别诚信失德现象"的人员比例之和达90.51%,这说明大多数受调查者对本单位会计人员当前的诚信和职业道德是比较满意的,这一调查结果明显好于另一题(整个会计行业诚信与职业道德水平)的调查结果,这说明大众对会计诚信和职业道德的对内、对外标准存在差异,会计诚信和职业道德的定义和标准界定有待进一步明确和厘清。具体情况见表4-15。

表 4 – 15　　　　　　对贵单位会计人员当前的诚信和职业道德是否满意

选项	小计	比例
非常满意，普遍很好	847	60.94%
基本满意，存在个别诚信失德现象	411	29.57%
一般	113	8.13%
不满意	14	1.01%
非常不满意，普遍较差	5	0.36%
本题有效填写人次	1390	

第四，对于"您对当前贵单位有关会计诚信的制度及相关机制是否满意"，调查结果如下：

（1）整体情况：从问卷结果看，选择"非常满意"和"比较满意"的人员比例之和为77.12%，说明大多数人员对所在单位有关会计诚信的制度及相关机制表示满意，但仍有超过20%的受调查者认为"一般"或"不满意"。"满意"的原因有可能是因为单位的确有合适的会计诚信机制，也有可能是受调查者对于单位会计诚信制度和机制建设的需求和标准不甚清楚，无法做出准确判断而选择积极态度，这从侧面也说明应加强单位会计诚信机制建设目标和标准的具化。具体情况见表4–16。

表 4 – 16　　对当前贵单位有关会计诚信的制度及相关机制是否满意（整体情况）

选项	小计	比例
非常满意	367	26.4%
比较满意	705	50.72%
一般	286	20.58%
不满意	29	2.09%
非常不满意	3	0.22%
本题有效填写人次	1390	

（2）划分上市与否的情况：从问卷结果看，非上市公司人员选择"非常满意"和"比较满意"的人员比例均高于上市公司，说明非上市公司员工对所在单位有关会计诚信的制度和相关机制更为满意，这可能与上市公司对会计诚信建设的要求更高有关，也可能源于上市公司的会计诚信和机制建设目标更清晰，更易于判断结果。具体情况见表4–17。

表 4 – 17　　对当前贵单位有关会计诚信的制度及相关机制是否满意（划分上市与否的情况）

上市与否	非常满意	比较满意	一般	不满意	非常不满意	小计
是	47（29.75%）	75（47.47%）	32（20.25%）	4（2.53%）	0（0.00%）	158
否	242（29.88%）	402（49.63%）	149（18.40%）	14（1.73%）	3（0.37%）	810

(3) 划分受调查者职位的情况：从问卷结果看，总会计师/财务总监、财务部门经理、普通会计人员、内部审计类人员、非财务类中层管理人员和非财务类高管选择"非常满意"和"比较满意"的人员比例之和依次为78.28%、73.85%、76.77%、67.19%、83.13%、90.53%，非财务类管理人员（非财务类中层管理人员和非财务类高管）对所在单位有关会计诚信制度和相关机制的满意度明显高于财务人员（总会计师/财务总监、财务部门经理、普通会计人员、内部审计类人员），这可能与非财务人员对会计诚信机制建设的了解程度弱于财务人员有关。从各类财务人员的反馈情况看，内部审计类人员对单位诚信机制的建设满意度最低，这与内部审计类人员的职业特点有关，同时也说明非审计监督类财务人员对单位的会计诚信建设的表现可能过于乐观。具体情况见表4-18。

表4-18 对当前贵单位有关会计诚信的制度及相关机制是否满意（划分受调查者职位的情况）

受调查者职位	非常满意	比较满意	一般	不满意	非常不满意	小计
总会计师/财务总监	49（20.08%）	142（58.20%）	45（18.44%）	8（3.28%）	0（0.00%）	244
财务部门经理	59（20.85%）	150（53.00%）	69（24.38%）	4（1.41%）	1（0.35%）	283
普通会计人员	114（33.53%）	147（43.24%）	69（20.29%）	9（2.65%）	1（0.29%）	340
内部审计类人员（包括一般审计人员和审计管理人员）	14（21.88%）	29（45.31%）	21（32.81%）	0（0.00%）	0（0.00%）	64
非财务类中层管理人员	19（22.89%）	50（60.24%）	12（14.46%）	2（2.41%）	0（0.00%）	83
非财务类高管	30（31.58%）	56（58.95%）	6（6.32%）	3（3.16%）	0（0.00%）	95
其他	82（29.18%）	131（46.62%）	64（22.78%）	3（1.07%）	1（0.36%）	281

第五，对于"贵单位是否在会计诚信建设方面开展过专项工作"，调查结果如下：

(1) 整体情况：

①调查问卷结果显示，47.48%的受调查者表示2021年所在单位在会计诚信建设方面开展过专项工作，说明会计诚信建设工作在部分单位得到了重视，并采取了一定的行动。但是这一比例相对于单位开展诚信价值观教育培训的比例（问卷另一题为67.77%）和诚信建设工作的比例（问卷另一题为64.6%）要低得多，说明会计诚信作为诚信的一类，在许多单位还没有纳入诚信建设的整体中去，受重视程度还有待提高。

②另外，47.48%的比例还不到一半，说明当前各单位对会计诚信的建设工作开展还是不足的，会计诚信建设和推广工作还任重而道远。

③47.48%的比例相对于超过71%的会计人员在2021年接受过会计诚信的专题教育和培训情况（问卷另一题）也低得多，说明目前会计人员了解和接受诚信教育主要来自外部，单位的内驱力不够。具体情况见表4-19。

表4-19　　　　　在会计诚信建设方面是否开展过专项工作（整体情况）

选项	小计	比例
是	660	47.48%
否	730	52.52%
本题有效填写人次	1390	

（2）划分单位性质的情况：从调查问卷的结果来看，各类单位开展会计诚信建设专项工作的比例都不高，相对来说，国有企业和其他机构较民营企业和事业单位高，民营企业较事业单位高。事业单位只有约1/3开展过会计诚信建设的专项工作，与前面对诚信建设和宣传工作的调查结果一致，说明事业单位对会计诚信的建设和宣传工作重视程度同对诚信建设和宣传的态度一样，均不够重视。具体情况见表4-20。

表4-20　　　　　在会计诚信建设方面是否开展过专项工作（划分单位性质的情况）

单位性质	是	否	小计
国有企业	209（52.25%）	191（47.75%）	400
中外合资企业	8（66.67%）	4（33.33%）	12
外商独资企业	8（61.54%）	5（38.46%）	13
集体企业	1（33.33%）	2（66.67%）	3
民营企业	176（49.16%）	182（50.84%）	358
事业单位	159（37.68%）	263（62.32%）	422
其他	99（54.40%）	83（45.60%）	182

（3）划分上市与否的情况：从问卷结果看，上市公司开展会计诚信建设专项工作明显高于非上市公司（高出近10个百分点），说明上市公司对会计诚信建设工作更为重视，这与上市公司作为公众公司的属性以及信息披露和受监管要求高的特性密不可分。具体情况见表4-21。

表4-21　　　　　在会计诚信建设方面是否开展过专项工作（划分上市与否的情况）

上市与否	是	否	小计
是	94（59.49%）	64（40.51%）	158
否	407（50.25%）	403（49.75%）	810

(4) 划分单位规模的情况：从问卷结果看，单位规模越大，开展会计诚信建设专项工作的比例越高，这说明规模越大的单位，对会计诚信的建设工作越重视。具体情况见表4－22。

表4－22　在会计诚信建设方面是否开展过专项工作（划分单位规模的情况）

单位规模（营业收入）	是	否	小计
小微企业（1000万元以下）	152（38.29%）	245（61.71%）	397
中型企业（1000万—1亿元）	98（46.45%）	113（53.55%）	211
大型企业（1亿—10亿元）	166（50.46%）	163（49.54%）	329
特大型企业（10亿元以上）	244（53.86%）	209（46.14%）	453

(5) 划分受调查者职位的情况：调查问卷的结果显示，非财务类人员认为单位开展过会计诚信专项工作的比例反而高于财务人员的反馈比例，这可能源于非财务类人员对会计诚信工作的不了解，从而在一定程度上混淆了会计诚信建设与诚信建设的工作，这也从侧面反映了会计诚信建设和宣传工作还有待加强，不仅对于财务人员，对于非财务人员，也应加强相关的会计诚信建设工作的宣传推广，以寻求更多的支持。具体情况见表4－23。

表4－23　在会计诚信建设方面是否开展过专项工作（划分受调查者职位的情况）

受调查者职位	是	否	小计
总会计师/财务总监	109（44.67%）	135（55.33%）	244
财务部门经理	118（41.70%）	165（58.30%）	283
普通会计人员	167（49.12%）	173（50.88%）	340
内部审计类人员（包括一般审计人员和审计管理人员）	23（35.94%）	41（64.06%）	64
非财务类中层管理人员	38（45.78%）	45（54.22%）	83
非财务类高管	53（55.79%）	42（44.21%）	95
其他	152（54.09%）	129（45.91%）	281

（二）会计诚信的奖罚监督

第一，对于"您对建立严重失信会计人员黑名单，纳入会计行业信用记录系统的态度"，从问卷结果看，选择"完全赞成"和"比较赞成"的比例达到91.01%，说明大多数认可建立严重失信会计人员"黑名单"举措，对将严重失信会计人员纳入会计行业信用记录系统持支持态度。具体情况见表4-24。

表4-24 对建立严重失信会计人员黑名单纳入会计行业信用记录系统的态度

选项	小计	比例
完全赞成	834	60%
比较赞成	431	31.01%
无所谓	50	3.6%
不太赞成	59	4.24%
不赞成	16	1.15%
本题有效填写人次	1390	

第二，对于"您认为对会计诚信的监督会对单位守信产生多大的作用"，从问卷结果看，选择"作用非常大"和"作用比较大"的比例达到83.31%，说明大多数人员认可会计诚信监督对于单位守信的正面作用，认为加强会计诚信监督有利于单位守信。具体情况见表4-25。

表4-25 对会计诚信的监督会对单位守信产生的作用

选项	小计	比例
作用非常大	597	42.95%
作用比较大	561	40.36%
作用一般	188	13.53%
没多大作用	37	2.66%
完全没作用	7	0.5%
本题有效填写人次	1390	

第三，对于"在贵单位，发生不诚信行为是否会得到处罚"，调查结果如下：

（1）**整体情况**：从问卷结果看，选择"一定会"的比例为53.74%，说明超半数单位对待不诚信行为的态度和手段比较坚决。但选择"多数情况下会"和"偶尔会"的比例分别为29.78%和9.86%，说明各单位对不诚信行为的处罚机制落实程度不一。此外，还有不少单位对不诚信行为几乎没有处罚，虽然数量不多，但却容易造成不良的影响，这也说明诚信的建设和监管工作还需进一步加强。具体情况见表4-26。

表 4-26　　　　　　　发生不诚信行为是否会得到处罚（整体情况）

选项	小计	比例
一定会	747	53.74%
多数情况下会	414	29.78%
偶尔会	137	9.86%
几乎没有	74	5.32%
完全没有	18	1.29%
本题有效填写人次	1390	

（2）划分受调查者职位的情况：内部审计类人员选择"一定会"的比例最低，选择"几乎没有"和"完全没有"的比例之和最高，这与内部审计类人员的职业特性有关，也说明现实中对不诚信行为的处罚情况比调查情况可能要糟糕一些。具体情况见表 4-27。

表 4-27　　　　发生不诚信行为是否会得到处罚（划分受调查者职位的情况）

受调查者职位	一定会	多数情况下会	偶尔会	几乎没有	完全没有	小计
总会计师/财务总监	131（53.69%）	71（29.10%）	29（11.89%）	12（4.92%）	1（0.41%）	244
财务部门经理	144（50.88%）	88（31.10%）	27（9.54%）	19（6.71%）	5（1.77%）	283
普通会计人员	192（56.47%）	95（27.94%）	35（10.29%）	13（3.82%）	5（1.47%）	340
内部审计类人员（包括一般审计人员和审计管理人员）	29（45.31%）	18（28.13%）	10（15.63%）	7（10.94%）	0（0.00%）	64
非财务类中层管理人员	43（51.81%）	29（34.94%）	6（7.23%）	5（6.02%）	0（0.00%）	83
非财务类高管	52（54.74%）	32（33.68%）	6（6.32%）	3（3.16%）	2（2.11%）	95
其他	156（55.52%）	81（28.83%）	24（8.54%）	15（5.34%）	5（1.78%）	281

（三）会计诚信的教育培训

第一，对于"您 2021 年是否接受过会计诚信相关的专题教育与培训"，调查结果如下：

（1）整体情况：在调查中，有 71.73% 的受调查者表示 2021 年接受过会计诚信的教育与培训，这一方面说明我国会计主管部门重视会计诚信和职业道德的教育，会计诚信培训教育已经成了常态；另一方面也与 2021 年颁布的《关于进一步规范财务审计秩序促进注册会计师行业健康发展的意见》（国办发〔2021〕30 号）有关，在这一年，财政部和中国注册会计师协会等都加强了会计从业人员的职业道德和诚信教育的培训。同时，也应看到，仍有 28.27% 的受调查者表示 2021 年并未接受过会计诚信相关的专题教育与培训，这里不乏会计从业人员，这与《纲要》中提到的将会计职业道德和诚信教育作为继续教育的重要内容还有一定的差距，说明应继续加强和加大会计从业人员的职业道德教育和诚信意识的培养。具体情况见表 4-28。

表 4-28　　　　　是否接受过会计诚信相关的专题教育与培训（整体情况）

选项	小计	比例
是	997	71.73%
否	393	28.27%
本题有效填写人次	1390	

（2）划分单位性质的情况：国有企业和其他单位（会计师事务所和政府部门等）的会计从业人员相对于民营企业和事业单位 2021 年接受过会计诚信教育的比例要高出约 10 个百分点，这说明国有企业和会计师事务所等单位人员在 2021 年接受职业道德和会计诚信教育更多，这也与其单位更为重视诚信教育有关。具体情况见表 4-29。

表 4-29　　　　　是否接受过会计诚信相关的专题教育与培训（划分单位性质的情况）

单位性质	是	否	小计
国有企业	310（77.5%）	90（22.5%）	400
中外合资企业	11（91.67%）	1（8.33%）	12
外商独资企业	4（30.77%）	9（69.23%）	13
集体企业	2（66.67%）	1（33.33%）	3
民营企业	241（67.32%）	117（32.68%）	358
事业单位	288（68.25%）	134（31.75%）	422
其他	141（77.47%）	41（22.53%）	182

（3）划分上市与否的情况：从问卷结果看，上市公司人员相对于非上市公司人员 2021 年接受过会计诚信教育的比例要高一些，这说明上市公司人员及其单位在这方面的需求和要求更高一些。具体情况见表 4-30。

表 4-30　　　　　是否接受过会计诚信相关的专题教育与培训（划分上市与否的情况）

上市与否	是	否	小计
是	118（74.68%）	40（25.32%）	158
否	591（72.96%）	219（27.04%）	810

(4) 划分单位规模的情况：从问卷结果看，单位规模越大，会计人员 2021 年接受过会计诚信教育的比例越高，这说明规模越大的单位，对会计诚信教育和培训越重视，会计人员接受该方面的教育机会越多。具体情况见表 4-31。

表 4-31　是否接受过会计诚信相关的专题教育与培训（划分单位规模的情况）

单位规模（营业收入）	是	否	小计
小微企业（1000 万元以下）	254（63.98%）	143（36.02%）	397
中型企业（1000 万—1 亿元）	149（70.62%）	62（29.38%）	211
大型企业（1 亿—10 亿元）	242（73.56%）	87（26.44%）	329
特大型企业（10 亿元以上）	352（77.70%）	101（22.30%）	453

(5) 划分受调查者职位的情况：从问卷结果看，受调查者职位越高，2021 年接受过会计诚信教育的比例越高，这一方面可能是由于职位越高，接受该方面的教育机会越多；另一方面也说明职位越高，对职业道德和诚信教育的需求越多；同时也说明会计诚信教育还需要更多向基层会计人员、审计人员和其他人员延伸。具体情况见表 4-32。

表 4-32　是否接受过会计诚信相关的专题教育与培训（划分受调查者职位的情况）

受调查者职位	是	否	小计
总会计师/财务总监	192（78.69%）	52（21.31%）	244
财务部门经理	214（75.62%）	69（24.38%）	283
普通会计人员	233（68.53%）	107（31.47%）	340
内部审计类人员（包括一般审计人员和审计管理人员）	41（64.06%）	23（35.94%）	64
非财务类中层管理人员	61（73.49%）	22（26.51%）	83
非财务类高管	72（75.79%）	23（24.21%）	95
其他	184（65.48%）	97（34.52%）	281

第二，对于"贵单位在 2021 年是否对员工进行过诚信价值观方面的培训"，调查结果如下：

(1) 整体情况：从问卷结果看，67.77% 的受调查者表示所在单位在 2021 年对员工进行过诚信价值观方面的培训，说明诚信教育在很多单位还是受到了重视，但仍有接近 1/3（32.23%）的受调查者表示所在单位并没有对员工开展诚信价值观方面的培训，说明单位诚信教育还需进一步加强和推广。具体情况见表 4-33。

表 4-33　是否对员工进行过诚信价值观方面的培训（整体情况）

选项	小计	比例
是	942	67.77%
否	448	32.23%
本题有效填写人次	1390	

(2) 划分单位性质的情况：从问卷结果来看，企业单位（主要为国有企业和民营企业）相对于事业单位在诚信价值观的培训和宣传方面开展得要多一些，这说明事业单位相对对于诚信价值观的培养重视程度偏弱一些，这与单位的性质和属性还是有比较密切的关联的。具体情况见表4-34。

表4-34　　是否对员工进行过诚信价值观方面的培训（划分单位性质的情况）

单位性质	是	否	小计
国有企业	68.75%	31.25%	400
中外合资企业	75%	25%	12
外商独资企业	84.62%	15.38%	13
集体企业	33.33%	66.67%	3
民营企业	70.39%	29.61%	358
事业单位	62.32%	37.68%	422
其他	71.98%	28.02%	182

(3) 划分上市与否的情况：从问卷结果来看，上市公司相对于非上市公司在诚信价值观培养和宣传方面更为重视，开展程度也更高。具体情况见表4-35。

表4-35　　是否对员工进行过诚信价值观方面的培训（划分上市与否的情况）

上市与否	是	否	小计
是	116（73.42%）	42（26.58%）	158
否	563（69.51%）	247（30.49%）	810

(4) 划分单位规模的情况：从问卷结果看，单位规模越大，单位开展诚信价值观的培训和宣传的比例越高，说明规模越大的单位，对诚信价值观的教育和培训越重视。具体情况见表4-36。

表4-36　　是否对员工进行过诚信价值观方面的培训（划分单位规模的情况）

单位规模（营业收入）	是	否	小计
小微企业（1000万元以下）	239（60.20%）	158（39.80%）	397
中型企业（1000万—1亿元）	137（64.93%）	74（35.07%）	211
大型企业（1亿—10亿元）	228（69.30%）	101（30.70%）	329
特大型企业（10亿元以上）	338（74.61%）	115（25.39%）	453

(5) 划分受调查者职位的情况：从问卷结果看，职位不同，反馈单位是否开展过诚信价值观教育和培训的问题表现的结果不同。职位较高的人认为单位2021年开展过诚信价

值观教育和培训的比例相对较高，而普通会计人员和内部审计类人员则反馈的比例相对低，这既可能是不同职位的人对诚信价值观教育培训的理解不同所导致的，也可能是一般从业人员对培训活动印象不深所导致的，还可能是教育培训的范围覆盖不够所导致的。这也从侧面反映了当前单位内部诚信价值观教育和培训的效果有待提高，培训的力度和深度有待加强。具体情况见表4-37。

表4-37　是否对员工进行过诚信价值观方面的培训（划分受调查者职位的情况）

受调查者职位	是	否	小计
总会计师/财务总监	182（74.59%）	62（25.41%）	244
财务部门经理	193（68.20%）	90（31.80%）	283
普通会计人员	207（60.88%）	133（39.12%）	340
内部审计类人员（包括一般审计人员和审计管理人员）	33（51.56%）	31（48.44%）	64
非财务类中层管理人员	60（72.29%）	23（27.71%）	83
非财务类高管	72（75.79%）	23（24.21%）	95
其他	195（69.40%）	86（30.60%）	281

（四）会计诚信的宣传推广

第一，对于"您对当前有关会计诚信的相关法规和制度了解吗"，调查结果如下：

（1）整体情况：从问卷结果看，71.73%的受调查者表示对当前有关会计诚信的相关法规和制度非常了解和基本了解，其中，15.9%的受调查者表示非常了解，55.83%的受调查者表示基本了解，这与另一题（2021年是否接受过会计诚信相关专题教育与培训）的比例相吻合，这也说明2021年我国会计诚信的教育和宣传活动起到了较好的作用。具体情况见表4-38。

表4-38　对当前有关会计诚信的相关法规和制度的了解（整体情况）

选项	小计	比例
非常了解	221	15.9%
基本了解	776	55.83%
了解一点	297	21.37%
不太了解	82	5.9%
不了解	14	1.01%
本题有效填写人次	1390	

（2）划分单位性质的情况：从问卷结果看，民营企业受调查者表示对当前有关会计诚

信的相关法规和制度"不太了解"和"不了解"的比例之和为11.74%，远高于国有企业和事业单位，这说明会计诚信相关法规和制度的培训和宣传工作还应多向民营企业倾斜，为民营企业提供更多的了解和学习会计诚信相关法规和制度的机会。具体情况见表4-39。

表4-39 对当前有关会计诚信的相关法规和制度的了解（划分单位性质的情况）

单位性质	非常了解	基本了解	了解一点	不太了解	不了解	小计
国有企业	62（15.5%）	240（60%）	83（20.75%）	14（3.5%）	1（0.25%）	400
中外合资企业	2（16.67%）	7（58.33%）	3（25%）	0（0.00%）	0（0.00%）	12
外商独资企业	2（15.38%）	5（38.46%）	5（38.46%）	0（0.00%）	1（7.69%）	13
集体企业	1（33.33%）	1（33.33%）	1（33.33%）	0（0.00%）	0（0.00%）	3
民营企业	67（18.72%）	176（49.16%）	73（20.39%）	35（9.78%）	7（1.96%）	358
事业单位	49（11.61%）	249（59.00%）	100（23.70%）	24（5.69%）	0（0.00%）	422
其他	38（20.88%）	98（53.85%）	32（17.58%）	9（4.95%）	5（2.75%）	182

（3）划分单位规模的情况：从问卷结果看，小微企业、中型企业、大型企业、特大型企业选择"非常了解"和"基本了解"的比例之和依次为58.44%、74.88%、76.9%、78.15%，单位规模越大，该比例越高，不仅说明相关人员对有关法规和制度了解越多，也说明会计诚信相关的教育和培训还需更深入到中小企业，拓展到基层。具体情况见表4-40。

表4-40 对当前有关会计诚信的相关法规和制度的了解（划分单位规模的情况）

单位规模（营业收入）	非常了解	基本了解	了解一点	不太了解	不了解	小计
小微企业（1000万元以下）	42（10.58%）	190（47.86%）	112（28.21%）	44（11.08%）	9（2.27%）	397
中型企业（1000万—1亿元）	36（17.06%）	122（57.82%）	40（18.96%）	11（5.21%）	2（0.95%）	211
大型企业（1亿—10亿元）	64（19.45%）	189（57.45%）	62（18.84%）	14（4.26%）	0（0%）	329
特大型企业（10亿元以上）	79（17.44%）	275（60.71%）	83（18.32%）	13（2.87%）	3（0.66%）	453

（4）划分受调查者职位的情况：从问卷结果看，总会计师/财务总监、财务部门经理、普通会计人员、内部审计类人员选择"非常了解"和"基本了解"的比例之和依次为79.51%、77.38%、67.06%、67.19%，总会计师/财务总监等高管对于当前有关会计诚信的相关法规和制度的了解情况较好，普通会计人员和内部审计类人员对于当前有关会计诚信的相关法规和制度的了解情况则相对差一些，这再次说明会计诚信相关法规和制度的

宣传应更深入到基层。具体情况见表 4-41。

表 4-41　对当前有关会计诚信的相关法规和制度的了解（划分受调查者职位的情况）

受调查者职位	非常了解	基本了解	了解一点	不太了解	不了解	小计
总会计师/财务总监	42（17.21%）	152（62.30%）	42（17.21%）	8（3.28%）	0（0.00%）	244
财务部门经理	40（14.13%）	179（63.25%）	53（18.73%）	10（3.53%）	1（0.35%）	283
普通会计人员	39（11.47%）	189（55.59%）	78（22.94%）	29（8.53%）	5（1.47%）	340
内部审计类人员（包括一般审计人员和审计管理人员）	6（9.38%）	37（57.81%）	13（20.31%）	7（10.94%）	1（1.56%）	64
非财务类中层管理人员	10（12.05%）	47（56.63%）	21（25.30%）	5（6.02%）	0（0.00%）	83
非财务类高管	22（23.16%）	50（52.63%）	19（20%）	2（2.11%）	2（2.11%）	95
其他	62（22.06%）	122（43.42%）	71（25.27%）	21（7.47%）	5（1.78%）	281

第二，对于"贵单位在 2021 年是否开展过诚信建设及宣传相关活动"，调查结果如下：

（1）整体情况：在调查中，虽然有 64.6% 的受调查者表示 2021 年单位开展过诚信建设及宣传活动，但是相对于前面开展诚信教育和培训活动的比例（67.77%）来说，还是略有下降，说明单位诚信建设及宣传的开展工作不及诚信教育和培训工作的组织。但同时，从单位开展诚信教育和诚信建设工作两项调查来看，有 2/3 左右的受调查者表示 2021 年单位组织过诚信价值观方面的教育和宣传的相关活动。这说明在当前，大部分单位对诚信建设和教育工作还是比较重视的。具体情况见表 4-42。

表 4-42　　是否开展过诚信建设及宣传相关活动（整体情况）

选项	小计	比例
是	898	64.6%
否	492	35.4%
本题有效填写人次	1390	

（2）划分单位性质的情况：从问卷结果看，国有企业和其他机构相对于民营企业和事业单位，在诚信建设和宣传方面，比例明显要高。事业单位在诚信建设和宣传方面，开展相对是较少的，说明事业单位对诚信建设和宣传工作重视程度相对偏低。具体情况见表 4-43。

表 4-43　是否开展过诚信建设及宣传相关活动（划分单位性质的情况）

单位性质	是	否	小计
国有企业	281（70.25%）	119（29.75%）	400
中外合资企业	10（83.33%）	2（16.67%）	12
外商独资企业	9（69.23%）	4（30.77%）	13
集体企业	1（33.33%）	2（66.67%）	3
民营企业	227（63.41%）	131（36.59%）	358
事业单位	242（57.35%）	180（42.65%）	422
其他	128（70.33%）	54（29.67%）	182

（3）划分上市与否的情况：从问卷结果看，上市公司开展诚信建设和宣传工作明显比非上市公司要高（高出近10个百分点），说明上市公司对诚信建设工作更为重视，这与上市公司作为公众公司的属性以及受监管程度高的性质是分不开的。具体情况见表4-44。

表 4-44　是否开展过诚信建设及宣传相关活动（划分上市与否的情况）

上市与否	是	否	小计
是	119（75.32%）	39（24.68%）	158
否	537（66.30%）	273（33.70%）	810

（4）划分单位规模的情况：从问卷结果看，单位规模越大，2021年开展诚信建设和宣传的比例越高，这说明规模越大的单位，对诚信建设工作越重视。具体情况见表4-45。

表 4-45　是否开展过诚信建设及宣传相关活动（划分单位规模的情况）

单位规模（营业收入）	是	否	小计
小微企业（1000万元以下）	215（54.16%）	182（45.84%）	397
中型企业（1000万—1亿元）	138（65.40%）	73（34.60%）	211
大型企业（1亿—10亿元）	216（65.65%）	113（34.35%）	329
特大型企业（10亿元以上）	329（72.63%）	124（27.37%）	453

（5）划分受调查者职位的情况：从问卷结果看，受调查者职位越高，反馈单位2021年开展过诚信建设和宣传工作的比例越高，这在一定程度上反映了单位诚信建设和宣传工作的效果还有待提高。具体情况见表4-46。

表 4-46　是否开展过诚信建设及宣传相关活动（划分受调查者职位的情况）

受调查者职位	是	否	小计
总会计师/财务总监	159（65.16%）	85（34.84%）	244
财务部门经理	179（63.25%）	104（36.75%）	283
普通会计人员	211（62.06%）	129（37.94%）	340
内部审计类人员（包括一般审计人员和审计管理人员）	34（53.13%）	30（46.88%）	64
非财务类中层管理人员	53（63.86%）	30（36.14%）	83
非财务类高管	70（73.68%）	25（26.32%）	95
其他	192（68.33%）	89（31.67%）	281

（五）会计诚信的文化建设

第一，对于"您认为当前会计行业诚信和职业道德水平如何"，调查结果如下：

（1）整体情况：从问卷结果看，选择"非常好"和"较好"的比例之和为57.77%，超半数受调查者对当前会计行业诚信和职业道德水平持积极和乐观态度，但仍有37.55%的受调查者认为"一般"，甚至还有少数受调查者认为"非常差"，这也说明会计行业诚信和职业道德水平还有很多需要提升的地方。具体情况见表4-47。

表 4-47　当前会计行业诚信和职业道德水平（整体情况）

选项	小计	比例
非常好	141	10.14%
较好	662	47.63%
一般	522	37.55%
较差	59	4.24%
非常差	6	0.43%
本题有效填写人次	1390	

（2）划分单位性质的情况：从问卷结果看，民营企业人员选择"非常好"和"较好"的比例之和为45.81%，国有企业和事业单位选择"非常好"和"较好"的比例之和分别为63.25%和64.46%，说明民营企业员工对当前会计行业诚信和职业道德水平的态度相较于国有企业和事业单位来说更为消极。具体情况见表4-48。

表4-48 当前会计行业诚信和职业道德水平（划分单位性质的情况）

单位性质	非常好	较好	一般	较差	非常差	小计
国有企业	38（9.5%）	215（53.75%）	134（33.5%）	12（3%）	1（0.25%）	400
中外合资企业	1（8.33%）	4（33.33%）	6（50%）	1（8.33%）	0（0.00%）	12
外商独资企业	2（15.38%）	5（38.46%）	6（46.15%）	0（0.00%）	0（0.00%）	13
集体企业	1（33.33%）	0（0.00%）	2（66.67%）	0（0.00%）	0（0.00%）	3
民营企业	30（8.38%）	134（37.43%）	172（48.04%）	19（5.31%）	3（0.84%）	358
事业单位	43（10.19%）	229（54.27%）	139（32.94%）	11（2.61%）	0（0.00%）	422
其他	26（14.29%）	75（41.21%）	63（34.62%）	16（8.79%）	2（1.10%）	182

（3）划分上市与否的情况：从问卷结果看，上市公司选择"非常好"和"较好"的人员比例高于非上市公司，说明上市公司人员对当前会计行业诚信和职业道德水平的态度相对更为积极和乐观。同时也看到上市公司受调查者中仍有超过1/3认为"一般"和"较差"。具体情况见表4-49。

表4-49 当前会计行业诚信和职业道德水平（划分上市与否的情况）

上市与否	非常好	较好	一般	较差	非常差	小计
是	20（12.66%）	81（51.27%）	52（32.91%）	5（3.16%）	0（0.00%）	158
否	78（9.63%）	352（43.46%）	331（40.86%）	43（5.31%）	6（0.74%）	810

（4）划分单位规模的情况：从问卷结果看，小微企业、中型企业、大型企业和特大型企业选择"非常好"和"较好"的比例之和依次为54.91%、54.98%、54.98%和60.93%，不同规模的单位对当前会计行业诚信和职业道德水平的认同度差异性并不大。具体情况见表4-50。

表4-50 当前会计行业诚信和职业道德水平（划分单位规模的情况）

单位规模（营业收入）	非常好	较好	一般	较差	非常差	小计
小微企业（1000万元以下）	58（14.61%）	160（40.30%）	156（39.29%）	20（5.04%）	3（0.76%）	397
中型企业（1000万—1亿元）	15（7.11%）	101（47.87%）	80（37.91%）	15（7.11%）	0（0%）	211
大型企业（1亿—10亿元）	33（10.03%）	160（48.63%）	124（37.69%）	10（3.04%）	2（0.61%）	329
特大型企业（10亿元以上）	35（7.73%）	241（53.20%）	162（35.76%）	14（3.09%）	1（0.22%）	453

（5）划分受调查者职位的情况：从问卷结果看，总会计师/财务总监、财务部门经理、普通会计人员、内部审计类人员、非财务类中层管理人员和非财务类高管选择"非常好"和"较好"的比例之和依次为59.43%、61.49%、64.41%、54.69%、48.19%、46.32%，说明非财务类管理人员（非财务类中层管理人员和非财务类高管）对当前会计行业诚信和职业道德水平的认可度要低于财务人员（总会计师/财务总监、财务部门经理、普通会计人员、内部审计类人员）。在财务人员中，内部审计类人员对当前会计行业诚信和职业道德水平的认可度最低，且内部审计类人员选择"较差"和"非常差"的比例之和为10.94%，远高于其他财务类人员选择此两项的比例。具体情况见表4-51。

表4-51　　当前会计行业诚信和职业道德水平（划分受调查者职位的情况）

受调查者职位	非常好	较好	一般	较差	非常差	小计
总会计师/财务总监	16（6.56%）	129（52.87%）	93（38.11%）	6（2.46%）	0（0.00%）	244
财务部门经理	26（9.19%）	148（52.30%）	99（34.98%）	10（3.53%）	0（0.00%）	283
普通会计人员	52（15.29%）	167（49.12%）	110（32.35%）	10（2.94%）	1（0.29%）	340
内部审计类人员（包括一般审计人员和审计管理人员）	7（10.94%）	28（43.75%）	22（34.38%）	6（9.38%）	1（1.56%）	64
非财务类中层管理人员	4（4.82%）	36（43.37%）	40（48.19%）	2（2.41%）	1（1.20%）	83
非财务类高管	6（6.32%）	38（40%）	46（48.42%）	4（4.21%）	1（1.05%）	95
其他	30（10.68%）	116（41.28%）	112（39.86%）	21（7.47%）	2（0.71%）	281

第二，对于"您认为应如何加强当前会计诚信建设"，调查结果如下：

（1）整体情况：

第一，加强当前会计诚信建设的手段按综合排名依次是：①开展诚信教育，增强自律，提高职业道德水平；②加强单位内部诚信制度建设和内控机制建设；③建立健全法律约束机制；④加强舆论监督；⑤加大惩处力度。

第二，除调查题目给出的选项答案外，许多被调查者对加强会计诚信建设的举措提出了自己的看法和建议，综合起来，主要包含五个方面（按回答频次从高到低排序）：①会计诚信问题权责划分要清晰（尤其是要强化领导层在会计诚信问题上的责任）；②加强会计诚信环境建设；③建立诚信"黑白"名单；④建立信用管理机构和第三方财税服务机构等；⑤改善企业经营状况。

第三，从调查的结果来看，诚信教育和内控建设是大家首肯的两大举措，这也与会计行业"十四五"规划的会计诚信建设任务不谋而合,也说明诚信建设首先要从教育和培训做起,提升会计人员的职业道德水平和职业素养。具体情况见表4-52。

表4-52　　　　　如何加强当前会计诚信建设(整体情况)

选项	小计	排名
开展诚信教育,增强自律,提高职业道德水平	1240	2.06
加强舆论监督	980	3.2
加强单位内部诚信制度建设和内控机制建设	1257	2.3
建立健全法律约束机制	1152	2.66
加大惩处力度	1013	3.8
其他,请注明:	108	4.71

(2)划分受调查者职位的情况:从问卷结果看,职位不同的人员对会计诚信建设措施的优先级选择基本相同,说明大家在会计诚信建设的举措上具有很强的一致性,这也为会计诚信建设的开展奠定了很好的基础。具体情况见表4-53。

表4-53　　　　　如何加强当前会计诚信建设(划分受调查者职位的情况)

项目 \ 受调查者职位	总会计师/财务总监综合排名	财务部门经理综合排名	普通会计人员综合排名	内部审计类人员综合排名	非财务类中层管理人员综合排名	非财务类高管综合排名
开展诚信教育,增强自律,提高职业道德水平	2.27(No.2)	1.97(No.1)	1.92(No.1)	2.35(No.2)	2.5(No.2)	2.11(No.1)
加强舆论监督	3.27(No.4)	3.35(No.4)	3.12(No.4)	3.41(No.4)	3.17(No.4)	3.23(No.4)
加强单位内部诚信制度建设和内控机制建设	2.24(No.1)	2.21(No.2)	2.32(No.2)	2.16(No.1)	2.22(No.1)	2.4(No.2)
建立健全法律约束机制	2.5(No.3)	2.6(No.3)	2.86(No.3)	2.82(No.3)	2.54(No.3)	2.43(No.3)
加大惩处力度	3.73(No.5)	3.87(No.5)	3.98(No.5)	3.51(No.5)	3.54(No.5)	3.53(No.5)
其他,请注明:	4.74(No.6)	4.7(No.6)	4.5(No.6)	4.33(No.6)	5.54(No.6)	4.75(No.6)

第三,对于"贵单位2021年是否发生过会计信息失真的相关问题",调查结果如下:

(1)整体情况:从问卷结果看,只有6.04%的人员表示所在单位2021年发生过会计信息失真的问题,这一问卷调查结果与人们通常的普遍认知存在一定的偏差,是否真实有待进一步分析和考证和分析,产生这一结果的原因也可能是由于不同受调查者对会计信息失真的理解不同(有人认为只有被查处和曝光才算会计信息有问题)。总体来说,这一调查结果也说明会计失真的问题是真实存在的。具体情况见表4-54。

表4-54　　　　　　　　是否发生过会计信息失真（整体情况）

选项	小计	比例
是	84	6.04%
否	1306	93.96%
本题有效填写人次	1390	

（2）划分单位性质的情况：从问卷结果看，国有企业的受调查者认为2021年本单位发生过会计信息失真的比例（9%）高于民营企业和事业单位，结合前面国有企业单位会计诚信教育和建设意识优于民营企业和事业单位的调查结果，说明国有企业对会计信息的质量要求更高，而民营企业和事业单位对会计信息质量的重视程度以及理解要弱于国有企业。具体情况见表4-55。

表4-55　　　　　　是否发生过会计信息失真（划分单位性质的情况）

单位性质	是	否	小计
国有企业	36（9%）	364（91%）	400
中外合资企业	1（8.33%）	11（91.67%）	12
外商独资企业	0（0.00%）	13（100%）	13
集体企业	0（0.00%）	3（100%）	3
民营企业	12（3.35%）	346（96.65%）	358
事业单位	25（5.92%）	397（94.08%）	422
其他	10（5.49%）	172（94.51%）	182

（3）划分上市与否的情况：从问卷结果看，上市公司受调查者认为其单位2021年发生过会计信息失真的比例要明显高于非上市公司。无论是从公众角度，还是从上市公司本身，对上市公司会计信息的质量要求都会更高，这也恰恰说明我国非上市公司对会计信息质量的要求和关注度还远远不够，会计诚信的教育和宣传，会计信息质量的监管等亟需加强，会计诚信体系建设任重而道远，财政部将会计诚信建设列为"十四五"规划的重要任务的确是顺应当前我国会计行业发展的需要。具体情况见表4-56。

表4-56　　　　　　是否发生过会计信息失真（划分上市与否的情况）

上市与否	是	否	小计
是	16（10.13%）	142（89.87%）	158
否	43（5.31%）	767（94.69%）	810

（4）划分行业背景的情况：从问卷结果看，农林牧渔业反馈的会计信息失真问题最为严重，这也与近几年农林牧渔业上市公司财务信息披露质量偏低相吻合。这也说明农林牧渔行业的会计诚信教育和会计执业能力教育更需要加强。具体情况见表4-57。

表4-57 是否发生过会计信息失真（划分行业背景的情况）

单位所属行业	是	否	小计
农林牧渔业	7（19.44%）	29（80.56%）	36
采掘业	2（9.52%）	19（90.48%）	21
制造业	5（6.33%）	74（93.67%）	79
电力、热力、燃气及水的生产和供应业	4（10.53%）	34（89.47%）	38
建筑业	11（8.59%）	117（91.41%）	128
批发和零售	4（6.06%）	62（93.94%）	66
交通运输、仓储和邮政	3（8.33%）	33（91.67%）	36
住宿和餐饮业	0（0.00%）	9（100%）	9
信息技术	2（4.26%）	45（95.74%）	47
金融业	3（4.55%）	63（95.45%）	66
房地产业	1（4.35%）	22（95.65%）	23
租赁和商务服务	2（2.02%）	97（97.98%）	99
科学研究和技术服务	3（6.82%）	41（93.18%）	44
水利、环境和公共设施管理	1（7.14%）	13（92.86%）	14
教科文体	12（6.35%）	177（93.65%）	189
卫生和医疗	10（5.43%）	174（94.57%）	184
其他	14（4.50%）	297（95.50%）	311

（5）划分单位规模的情况：从问卷结果看，规模越大的单位反映2021年存在会计信息失真的情况比例越高，这一方面与企业越大，会计工作越复杂和烦琐，出现会计信息失真的可能性越大有关；另一方面也可能与规模越大的单位对会计信息质量的要求越高，会计诚信和职业道德的意识越强有关。具体情况见表4-58。

表4-58 是否发生过会计信息失真（划分单位规模的情况）

单位规模（营业收入）	是	否	小计
小微企业（1000万以下）	16（4.03%）	381（95.97%）	397
中型企业（1000万—1亿元）	10（4.74%）	201（95.26%）	211
大型企业（1亿—10亿元）	21（6.38%）	308（93.62%）	329
特大型企业（10亿元以上）	37（8.17%）	416（91.83%）	453

(6) 划分受调查者职位的情况：

①从问卷结果看，内部审计类人员反映企业存在会计信息失真的比例最高，这与内部审计类人员的职业特点有关，内部审计类人员更容易观察和接触到单位会计信息失真的情况。

②问卷的结果也表明，财务人员尤其是财务高管人员反映单位出现会计失真现象的比例比其他非财务人员的比例要高，这是因为财务人员更了解单位的财务，更清楚会计信息失真的内涵和表现。

③问卷的结果从另一侧面也说明在现实中，会计信息失真的比例应该比调查的结果更高。会计诚信的建设、会计信息真实性的清晰定义和界定等更需要加强。具体情况见表4-59。

表4-59　　　　　　是否发生过会计信息失真（划分受调查者职位的情况）

受调查者职位	是	否	小计
总会计师/财务总监	21（8.61%）	223（91.39%）	244
财务部门经理	18（6.36%）	265（93.64%）	283
普通会计人员	21（6.18%）	319（93.82%）	340
内部审计类人员（包括一般审计人员和审计管理人员）	8（12.5%）	56（87.5%）	64
非财务类中层管理人员	3（3.61%）	80（96.39%）	83
非财务类高管	4（4.21%）	91（95.79%）	95
其他	9（3.20%）	272（96.80%）	281

第四，对于"如贵单位2021年发生过会计信息失真的相关问题，主要原因是"，调查结果如下：虽然在会计信息是否失真的调查中，反映存在失真的比例不高，但对反映存在失真现象的受调查者反馈的原因进行总结可以发现：反映导致会计信息失真的主要原因是"内部控制不到位""会计政策把握不准确""会计政策理解不深入""专业能力不足"等。其中，反映"会计人员对相关法律法规和政策准则理解不到位"的人数最多，这也说明会计相关政策准则的培训工作等仍然是会计管理工作的重要环节，需继续加强和深入。具体情况见图4-1。

第五，对于"您认为一般情况下，单位会计诚信建设工作难以落实的原因主要有"，调查结果如下：

（1）整体情况：

第一，单位会计诚信建设工作难以落实的原因按综合排名依次为：①单位法人代表及高管不够重视；②内部监督和奖惩机制流于形式；③诚信标准难以量化，是否诚信难以评

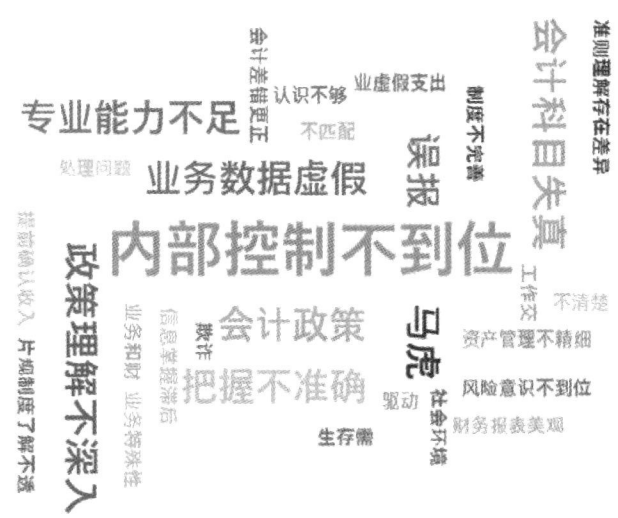

图 4-1 发生会计信息失真的主要原因

判;④守信激励难以实现。

第二,除调查题目给出的选项外,许多被调查者也补充了其他一些导致单位会计诚信建设工作难以落实的原因。综合起来,主要包括(按回答频次从高到低排序):①财务人员专业素质较低;②财务人员缺乏独立性;③业务人员诚信意识淡薄;④单位经营情况较差;⑤缺乏制度约束。

第三,从调查的结果来看,"单位法人代表及高管不够重视"排在首位,这也说明单位会计诚信建设成功与否的关键因素在于"一把手","一把手"的重视和以身作则是会计诚信建设的首要任务。具体情况见表4-60。

表 4-60　　　　　单位会计诚信建设工作难以落实的原因(整体情况)

选项	小计	综合排名
单位法人代表及高管不够重视	1162	1.59
内部监督和奖惩机制流于形式	1177	2.01
守信激励难以实现	1067	2.83
诚信标准难以量化,是否诚信难以评判	1081	2.82
其他,请注明:	81	3.95

(2)划分单位性质的情况:从问卷结果看,国有企业、民营企业和事业单位都将"单位法人代表及高管不够重视"和"内部监督和奖励机制流于形式"列为导致单位会计诚信工作难以落实的前两大原因。而对于第三名的选择,国有企业人员选择了"守信激励

难以实现",民营企业和事业单位则选择了"诚信标准难以量化,是否诚信难以评判",说明国有企业将难以落地的原因更多归于执行上,而民营企业和事业单位则更多归于方法和标准上。具体情况见表 4-61。

表 4-61　单位会计诚信建设工作难以落实的原因(划分单位性质的情况)

单位性质	国有企业综合排名	民营企业综合排名	事业单位综合排名
单位法人代表及高管不够重视	1.6 (No.1)	1.59 (No.1)	1.64 (No.1)
内部监督和奖惩机制流于形式	2.06 (No.2)	1.98 (No.2)	1.97 (No.2)
守信激励难以实现	2.67 (No.3)	2.89 (No.4-5)	2.88 (No.4)
诚信标准难以量化,是否诚信难以评判	2.85 (No.4)	2.78 (No.3)	2.83 (No.3)
其他,请注明:	4.07 (No.5)	2.89 (No.4-5)	4.48 (No.5s)

(3)划分受调查者职位的情况:从问卷结果看,普通会计人员和内部审计类人员对于"守信激励难以实现"选项的综合排名要高于"诚信标准难以量化,是否诚信难以评判"选项,说明普通会计人员和内部审计类人员认为"守信激励难以实现"相较于"诚信标准难以量化,是否诚信难以评判"是单位会计诚信建设工作难以落实更为重要的原因。具体情况见表 4-62。

表 4-62　单位会计诚信建设工作难以落实的原因(划分受调查者职位的情况)

项目＼受调查者职位	总会计师/财务总监综合排名	财务部门经理综合排名	普通会计人员综合排名	内部审计类人员综合排名	非财务类中层管理人员综合排名	非财务类高管综合排名
单位法人代表及高管不够重视	1.6 (No.1)	1.6 (No.1)	1.61 (No.1)	1.63 (No.1)	1.65 (No.1)	1.58 (No.1)
内部监督和奖惩机制流于形式	2.02 (No.2)	2.02 (No.2)	1.98 (No.2)	1.96 (No.2)	1.89 (No.2)	2.12 (No.2)
守信激励难以实现	2.86 (No.4)	2.86 (No.4)	2.8 (No.3)	2.9 (No.3)	2.94 (No.4)	2.79 (No.4)
诚信标准难以量化,是否诚信难以评判	2.74 (No.3)	2.74 (No.3)	2.89 (No.4)	2.98 (No.4)	2.74 (No.3)	2.78 (No.3)
其他,请注明:	3.87 (No.5)	3.87 (No.5)	3.87 (No.5)	4.2 (No.5)	4.8 (No.5)	4 (No.5)

五、结论

综上所述,通过对 1390 份调查问卷的分析,可以得出如下结论:

第一，2021年会计诚信教育和培训工作开展良好，并取得了一定的成效。超过70%的人员在2021年接受过会计诚信专题教育并对会计诚信相关政策法规和制度有了进一步的了解。

第二，各社会主体对诚信价值观日益重视，约2/3的单位在2021年开展过诚信价值观教育和宣传活动。会计诚信建设作为诚信建设的一项，也越来越受到更多单位的重视，在2021年，有近半数的单位在会计诚信建设方面开展过专项工作。

第三，绝大多数人员对本单位的会计诚信建设、会计人员的职业道德、会计信息的质量进行了肯定，表达了对单位会计守信的信心，也认为应加强会计诚信的监督，监督有助于单位的守信。虽然仍有超过40%的人员对当前行业诚信和职业道德水平的评价一般或较差，但整体上来看是积极和乐观的。

第四，绝大多数人支持加强会计诚信建设、建立会计人员黑白名单制度、构建统一的会计管理信息平台以加强会计诚信监管，并表达了对不诚信行为的"零容忍"和较低的容忍度。

第五，对于引发会计诚信问题的原因，受调查者普遍认为"单位治理制度和内控机制的不完善"以及"会计职业道德观念淡薄"是主要的两个原因，并纷纷对如何加强会计诚信的建设发表了自己的看法和思考，大家普遍认为"开展诚信教育""加强单位内部诚信制度建设和内控机制建设"是应该牢牢把握的两项重要举措，同时应该改善会计诚信环境建设，提升单位法人和高管的诚信道德水平和重视程度，将会计诚信建设视为"一把手"工程，而非会计部门内部事宜。

第六，整体上来看，国有企业相对于民营企业、事业单位对会计诚信建设的重视程度要高，开展教育和宣传也较好，建设成效也相对更好些；大型企业相对于中型企业、中型企业相对于小型企业会计诚信的建设和重视程度更好，参与培训和宣传也更多；上市企业相对于非上市企业会计诚信建设更好，对会计诚信的重视和认知也更好；财务人员相对于非财务人员、财务高管相对于一般会计人员对会计诚信的认识更深，接触相关法规制度和教育培训更多。

总之，根据调查可以看出，通过教育和培训以及相关的监管手段，社会主体相关人员对会计诚信有了更深的认知，会计诚信建设工作取得了一定的成效；然而，总体而言，会计诚信的建设还有待提高和加强，尤其对于会计诚信政策的深入宣传、会计准则和制度的深入培训、会计人员职业道德的深入培养、会计信息的真实有效等特征的定义和界定等，都需进一步提升。

（本专题执笔人：北京国家会计学院 张玉琳、敖小波、贺颖奇、张静）

专题二 新时代会计诚信教育发展情况调查研究

【摘要】为进一步了解当前会计诚信状况与会计诚信教育效果,北京国家会计学院课题组开展了"会计诚信教育发展情况"调研活动,共收回有效问卷 1634 份。问卷数据分析表明,随着我国会计诚信建设的持续推进,会计专业人员能够认识到会计诚信的重要性,但全社会的会计诚信现状仍需要进一步改善;现阶段会计诚信教育的普及度较高,但在不同教育阶段的覆盖面和教育效果存在提升空间;高等财经院校等会计人才培养机构需要提升对会计诚信教育的重视程度、改进教学内容、丰富教学方式,从而建设更高质量的、覆盖会计人员培养全过程的会计诚信教育体系。

【关键词】会计诚信调查;会计诚信教育;会计诚信发展

一、研究背景与调研总体情况

随着我国会计人才培养逐渐体系化、科学化,会计人员的诚信教育已经成为教育环节中的重要内容。《会计改革与发展"十四五"规划纲要》中明确强调,要"深入开展会计诚信教育,将会计职业道德作为会计人才培养、评价、继续教育的重要内容,推动财会类专业教育加强职业道德课程建设,不断提升会计人员诚信素养"。提升会计诚信教育质量不仅是加强会计人才队伍建设的必要之举,更是高等教育内涵式发展的应有之义。为进一步了解当前会计诚信状况与会计诚信教育效果,为新时代会计诚信教育发展提供参考,北京国家会计学院组织实施了有关会计诚信教育发展情况的调查研究工作。

本次调研共回收有效问卷 1634 份[①]。调查样本主要来自 8 所财经类专业院校、3 家国家会计学院、部分综合院校的会计学院/会计系以及其他机构,占样本的比重分别为:76.68%、11.63%、7.1%、4.59%。8 所财经类专业院校包括中央财经大学、东北财经大学、中南财经政法大学、江西财经大学、山东财经大学、山西财经大学、上海财经大学、天津财经大学。3 家国家会计学院为北京国家会计学院、上海国家会计学院、厦门国家会

---

① 所有计算得到的问卷比例数据均四舍五入保留两位小数。

计学院。部分综合院校包括浙江大学、厦门大学、四川大学、北京交通大学等。从填写者的身份看，学生占82.37%，教师占12.73%，会计工作者占3%，其他占1.9%；从填写者的学历看，本科生、专业型硕士研究生（全日制）、专业型硕士研究生（非全日制）、学术型硕士研究生、博士研究生分别占学生样本的49.26%、47.85%、1.56%、0.44%、0.89%。从填写者的性别看，女性样本占74.6%，男性样本占25.4%。

二、关于会计诚信现状的调研结果

本部分重点了解受访者对会计诚信重要性的认识以及对当前会计诚信状况的看法。调查结论如下：

（一）受访者对会计诚信重视程度较高

如图4-2所示，调查结果显示，有57.16%的受访者将"良好的职业道德"排在了会计人员应当具备的品质/能力之首，30.48%的受访者将其排在了第二位，说明大部分受访者能够充分认识到会计诚信在会计人才能力体系中的基础性地位。这也与王化成等（2019）在《会计专业学位研究生教育综合改革的探索与实践》中展示的调研结果类似，书中根据调研结果初步确定了"9+1"的会计人员能力框架①，其中，"1"指的是良好的职业道德，意在强调职业道德的基础性位置。

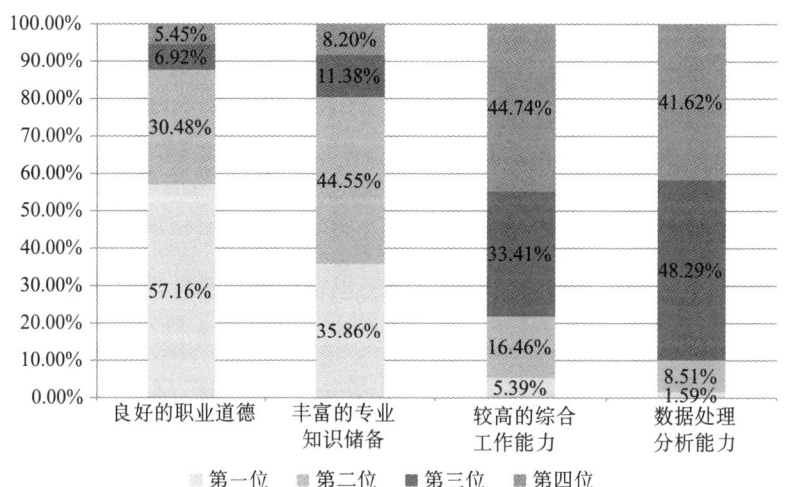

图4-2 会计人员应当具备的品质/能力排序

---

① 其他9项能力包括理论分析能力、数据处理能力、文字表达能力、交流沟通能力、合作协调能力、团队领导能力、学习领悟能力、知识整合能力、探索创新能力。

在本次调研中，同样受重视程度较高的还有"丰富的专业知识储备"，分别有35.86%的受访者和44.55%的受访者将其排在了第一位和第二位。受访者对会计人员能力的排序与目前会计人才培养的导向基本一致，强调兼顾职业道德素质的培养和会计专业知识的学习。

如图4-3所示，在整体排序上，教师和学生的选择较为一致，但二者对不同能力的重视程度存在一定差异。教师样本中，将"良好的职业道德"和"丰富的专业知识储备"排在首位的分别为61.06%、33.65%。学生样本中，将"良好的职业道德"和"丰富的专业知识储备"排在首位的分别为56.84%、36.4%。可以发现，教师对职业道德相对更为重视。

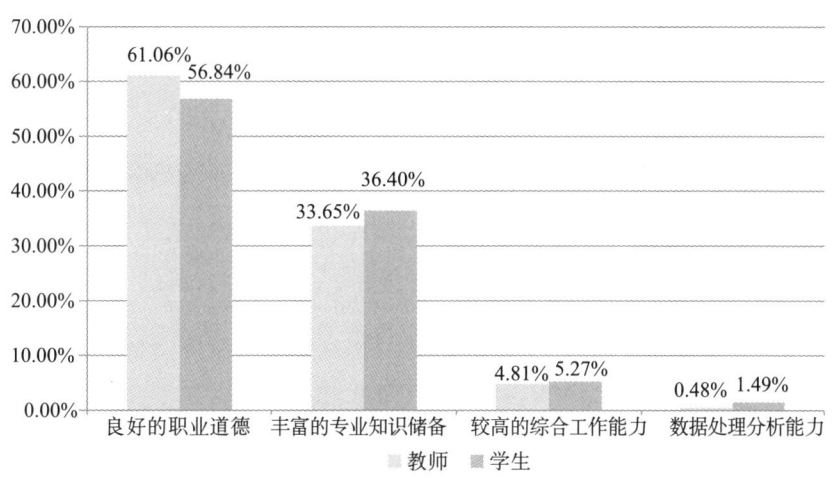

图4-3 教师、学生认为会计人员最应当具备的品质/能力排序

（二）受访者对会计诚信现状认可度有限

关于"对我国会计诚信现状的评价"，如图4-4所示，调查结果显示，持肯定态度的受访者仅占样本总数的50.92%。具体而言，14.14%选择了"非常好"，36.78%选择了"好"，42.23%选择了"不确定"，5.57%选择了"差"，1.28%选择了"非常差"。调查结果反映，虽然我国会计诚信建设取得了一定成就，但构建风清气正的会计诚信环境仍然任重道远。

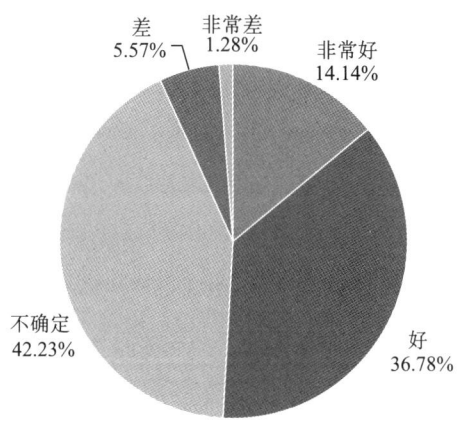

图 4-4 对我国会计诚信现状的评价

(三)"受单位环境压力影响,职业道德失范"被认为是产生会计诚信问题的主要原因

关于"可能造成会计不诚信问题的原因",如表 4-63 所示,调查结果显示,与会计人员相关的因素综合得分[1]整体较高。综合得分最高的一项是"受单位环境压力影响,职业道德失范"(综合得分 4.58 分),综合得分排在 2—4 名的分别是"会计人员职业环境差、会计监督弱化"(综合得分 4.34 分)、"单位治理制度和内控机制不完善"(综合得分 4.33 分)、"会计职业道德观念淡薄"(综合得分 4.26 分)。

表 4-63 可能造成会计不诚信问题的原因排序

选项	综合得分	第1位	第2位	第3位	第4位	第5位	第6位	第7位	小计
受单位环境压力影响,职业道德失范	4.58	20.81%	16.77%	16.03%	12.61%	19.28%	9.06%	5.45%	1634
会计人员职业环境差、会计监督弱化	4.34	9.73%	16.52%	20.2%	25.28%	13.83%	8.38%	6.06%	1634
单位治理制度和内控机制不完善	4.33	8.81%	16.71%	27.11%	16.34%	14.2%	11.08%	5.75%	1634
会计职业道德观念淡薄	4.26	19.83%	20.44%	8.26%	9.3%	13.04%	17.32%	11.81%	1634
会计制度不完善	3.84	25.95%	8.45%	6.06%	10.1%	9.36%	12.73%	27.36%	1634
为私利违背职业道德、弄虚作假	3.59	8.32%	12.55%	11.81%	14.75%	14.57%	25.83%	12.18%	1634
监督处罚力度不到位	3.06	6.55%	8.57%	10.53%	11.63%	15.73%	15.61%	31.4%	1634

---

[1] 选项综合得分 = (Σ 频数 × 权值)/本题填写人次,得分越高表示综合排序越靠前。

另外，比较值得关注的是，虽然"会计制度不完善"综合得分不高（3.84 分），但却被 25.95% 的受访者排在了原因首位，在所有选项中排名第一。这反映出会计专业人员需要更为明确和完善的会计制度来指导会计行为，新时代会计诚信体系建设需要加强对会计制度的关注，为会计人员提供合理的指导。

三、关于会计诚信教育现状与评价的调研结果

本部分重点了解受访者对会计诚信教育现状的看法与评价。调查结论如下：

（一）会计诚信教育的重要性被广泛认识

会计诚信体系建设需要多方共同发力。高等财经院校以及综合院校的会计学院/会计系作为会计人才培养的第一站，应当充分发挥"育人"作用，帮助受教育者树立正确的价值观和职业观。课题组针对"会计人员培养过程中，诚信教育的重要程度如何"这一问题对受访者展开了调研。绝大多数的受访者充分肯定了诚信教育在人才培养中的重要性。如图 4-5 所示，86.17% 的受访者认为诚信教育"非常重要"，10.4% 的受访者认为诚信教育"重要"，仅有 3.43% 的受访者没有明确肯定会计诚信教育的重要性。调查结果表明，会计诚信教育是会计人才培养的必要内容，也是会计专业人员能力提升的重要诉求。

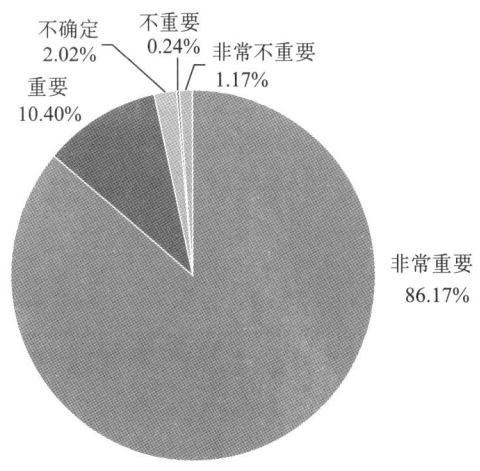

图 4-5 诚信教育在会计人才培养过程中的重要程度

（二）会计诚信教育普及度高，效果仍存在提升空间

目前，会计诚信教育已经被部分高校纳入会计学本科课程体系中，会计学专业型硕士研究生（MPAcc）的培养方案也明确规定需要设置 2 学分的《公司治理与商业伦理》课程，这使会计诚信教育的普及程度得到提高。如图 4-6 所示，89.29% 的受访者接受过会计诚信教育。作为会计人才能力/素质培养的重要组成部分，会计诚信教育应当完整贯穿于会计人才的培养过程中。但是在调查中，10.71% 的受访者并未接受过会计诚信教育，这反映出对会计诚信教育的重视程度和会计诚信教育的覆盖面仍然不够。

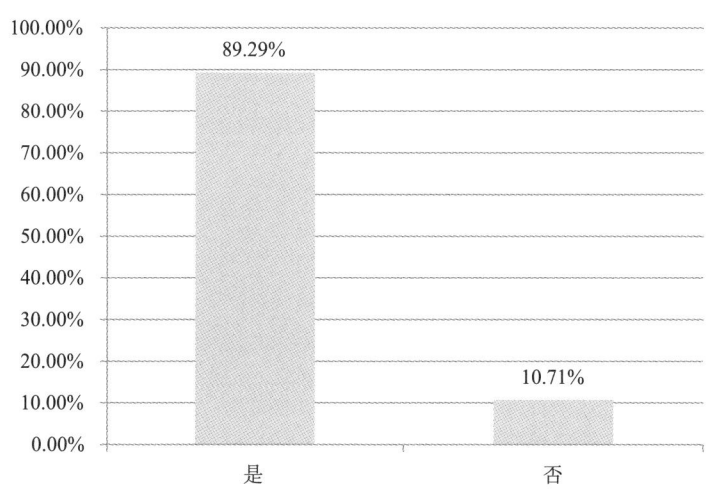

图 4-6　是否接受过会计诚信教育

就本科生而言，财经类院校的本科生中有 90.73% 接受过会计诚信教育，综合院校会计学院/会计系的本科生中接受过会计诚信教育的比例为 86.36%，这反映出财经类院校相对更重视学生的会计诚信教育。同时，课题组还单独整理了来自三家国家会计学院学生的问卷结果。分析显示，接受过会计诚信教育的比例为 92.63%，高于财经类院校和综合类院校中的比重，体现了国家会计学院"诚信为本"的教育理念。

课题组进一步调查了接受过会计诚信教育的受访者对所接受的会计诚信教育效果的评价。如图 4-7 所示，有 31.67% 的样本认为效果"非常好"，47.84% 的样本认为效果"好"，18.44% 的样本认为效果"一般"，2.06% 认为效果"差"或者"非常差"。可以看出，当前的会计诚信教育与满足受教育者的教育需求、充分发挥"育人"功效之间仍然存在一定距离，远没有达到令大部分受教育者非常满意的程度。

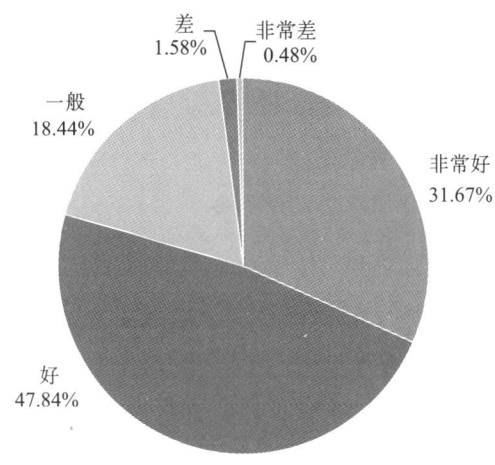

图 4-7 接受的会计诚信教育效果如何

(三) 受访者对会计诚信教育能发挥作用的信心较足

如图 4-8 所示,针对"加强会计诚信教育能否有效改善我国会计诚信现状"这一问题,22.09%的受访者认为"完全能",52.88%的受访者认为"能",19.89%的受访者认为"不确定",认为"不能"和"完全不能"的所占比例为5.14%。整体而言,绝大多数受访者对会计诚信教育在现实中发挥的作用抱有期待,认为加强会计诚信教育能够有效改善会计不诚信的现状。

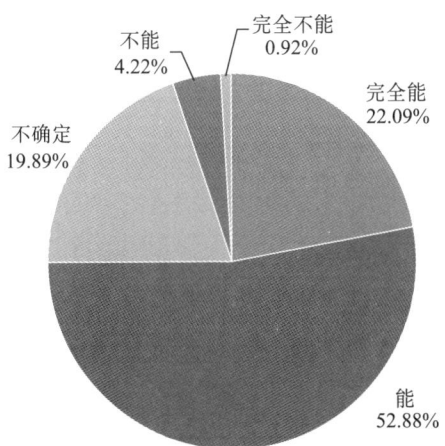

图 4-8 加强会计诚信教育能否有效改善我国会计诚信现状

（四）专业课教师、导师也是会计诚信教育的重要教学主体

良好的职业道德是会计人才能力培养的重要方面。不仅是专门的职业道德课程，相关专业课和导师指导也通常会涉及会计诚信的内容。针对"除专门的会计诚信教育课程之外，专业课、导师指导过程中涉及会计诚信内容的程度如何"，调查结果显示，27.42%的受访者选择了"非常多"，44.8%选择了"多"，23.07%选择了"一般"，3.79%选择了"少"，仅有0.92%选择了"非常少"。结果表明，专业课的教师、负责导师也承担了向受教育者传递会计诚信观念的责任，后续也可以通过完善相关专业课程设计和导师培养方式来提升会计诚信教育效果。

但相较于本科生的培养过程，研究生及以上的专业课程设计以及导师指导内容对会计诚信的涉及程度不够。如图4-9所示，根据教育阶段划分，在本科生中，分别有34.09%、46.91%、16.89%、1.66%和0.45%的人选择了"非常多""多""一般""少"和"非常少"。在研究生及以上的学历中，对应的比例则分别为26.50%、47.29%、22.11%、3.22%和0.88%。通过对比可以发现，研究生及以上阶段的专业课、导师指导过程对会计诚信的重视程度要低于本科生阶段。

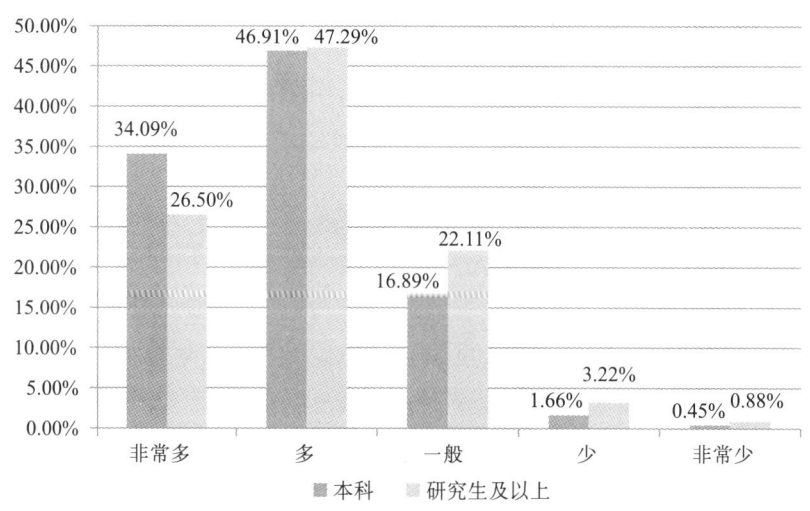

图4-9 本科生、研究生及以上教育阶段专业课、导师指导
过程中涉及会计诚信内容的程度

（五）会计诚信教育中国化程度仍需提高

会计诚信教育是会计人员道德教育的关键环节，而道德教育的固有功能属性之一是意

识形态性，这要求会计诚信教育的内容要以中国国情为观照，体现中国实践特色。为了解当前会计诚信教育与中国具体情境的结合情况，问卷分别设置了"对我国传统会计诚信文化了解多少"以及"当前接受的会计诚信教育是否能够体现具有中国特色的会计职业道德概念框架"两个问题。

关于"对我国传统会计诚信文化了解多少"，相关调查结果显示，受访者选择"非常了解"和"了解"的比例分别为11.87%、44.86%。与之类似，分别有16.34%和47.67%的受访者在被问到"当前接受的会计诚信教育是否能够体现具有中国特色的会计职业道德概念框架"时选择了"完全能"和"能"。这反映出我国目前会计诚信教育能够有意识地挖掘传统诚信文化的内涵，并融入中国特色社会主义核心价值观。但是仍有近一半的受访者表达了"不确定"甚至否定的态度，这说明会计诚信教育内容与我国具体情境结合得仍然不够紧密，需要进一步优化。

分组来看，学生群体"非常了解"和"了解"中国传统诚信文化的比例分别为11.44%和43.76%，均高于会计工作者的10.2%和36.73%。学生群体认为会计诚信教育"完全能"和"能"体现具有中国特色的职业道德概念框架的比例为17.46%和49.33%，也高于会计工作者的8.16%和30.61%，见图4-10。

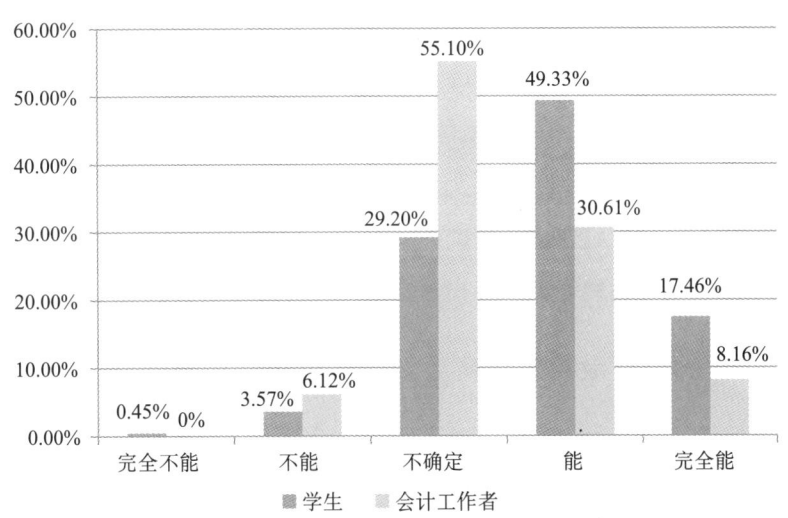

图4-10 会计诚信教育是否能够体现具有中国特色的职业道德概念框架

（六）培养单位重视程度、教学内容与方式是影响会计诚信教育效果的主要原因

如表4-64所示，针对"影响会计诚信教育效果的原因"，42.84%的受访者将"培养

单位不够重视"排在了首位,远超"教学内容不够贴近实际"(26.99%)、"教学方式较为单一"(18.79%)、"学习课时短、考核压力小"(7.77%)以及"没有使用教材或者教材质量低"(3.61%)等因素。从综合得分来看,"教学内容不够贴近实际"得分最高(3.6分),相近的还有"培养单位不够重视"(3.56分)以及"教学方式较为单一"(3.54分)。综合来看,培养单位的重视程度是影响教育效果的首要因素,而教学内容和教学方式则是直接影响知识传递效果的重要环节。

表 4-64　　　　　　　　　影响会计诚信教育效果的原因排序

选项	综合得分	第1位	第2位	第3位	第4位	第5位	小计
教学内容不够贴近实际	3.6	26.99%	26.68%	30.23%	11.87%	4.22%	1634
培养单位不够重视	3.56	42.84%	13.04%	16.83%	11.57%	15.73%	1634
教学方式较为单一	3.54	18.79%	40.76%	21.91%	13.1%	5.45%	1634
没有使用教材或者教材质量低	2.18	3.61%	9.36%	16.65%	42.35%	28.03%	1634
学习课时短、考核压力小	2.11	7.77%	10.16%	14.38%	21.11%	46.57%	1634

(七)会计诚信教育以学历教育为主,继续教育阶段存在缺失

针对"目前接受到的会计诚信教育主要来源于下列哪些途径"这一问题,在身份为会计工作者的样本中,83.67%的受访者从学校学历教育中接受过会计诚信教育,69.39%的受访者在继续教育中接受过会计诚信教育。而分别有46.94%和38.78%的会计工作者认为会计诚信教育"完全有"和"有"必要纳入在职人员的继续教育体系。学历教育与继续教育对会计诚信教育的重视程度之间的差异、会计诚信教育在继续教育阶段的开展情况与会计专业人员需求之间的差异,体现出目前继续教育阶段的会计诚信教育存在不足。

(八)提升会计诚信教育效果需要更加注重实务导向

如表4-65所示,关于"会计诚信教育采用哪种学习方式效果更好"的调查显示,受访者更倾向于"加强对典型失信案例的警示教育"(综合得分3.63分)与"请实务界的人员参与课堂讲授"(综合得分3.5分),这充分反映了受访者对课堂中加入更多实务内容的诉求。

分组结果显示,教师群体、学生以及会计从业者对"加强对典型失信案例的警示教育"的重视程度略有不同。具体而言,会计从业者与教师样本中的分数明显高于学生样本,三者的综合得分依次为4.06分、3.91分、3.56分,这反映出有实务经验的人对教学

表 4-65　　　　　会计诚信教育采用哪种学习方式效果更好排序

选项	综合得分	第1位	第2位	第3位	第4位	第5位	小计
加强对典型失信案例的警示教育	3.63	25.52%	38.74%	14.99%	14.32%	6.43%	1634
请实务界的人员参与课堂讲授	3.5	38.37%	15.61%	17.26%	14.87%	13.89%	1634
相关专业课程融入会计诚信内容	2.78	10.77%	17.81%	20.32%	40.82%	10.28%	1634
与实践基地合作，开展符合实务导向的课外综合素质活动	2.67	17.2%	15.48%	18.18%	14.93%	34.21%	1634
提高会计诚信课程的学分	2.43	8.14%	12.36%	29.25%	15.06%	35.19%	1634

内容的需求不同于在校学生。不同群体结果间的差异也再次印证了将会计诚信教育纳入继续教育阶段的学习是有必要的。

四、完善会计诚信教育的建议

本部分根据前文对调查问卷结果的整理分析，提出后续完善会计诚信教育的建议。

（一）会计诚信教育应当覆盖会计人员培养的全阶段

当前的会计诚信教育仍以学历教育为主，而学历教育中部分高校、部分教育阶段的会计诚信教育仍然存在空白，难以满足培养高质量会计人才的需要。因此，高校要充分发挥育人"主阵地"的作用，在本科、硕士研究生及博士研究生的课程中，加入会计诚信教育课程，落实价值塑造、知识传授、能力培养"三位一体"的人才培养目标。同时，教育机构也要不断完善继续教育课程体系，将会计诚信教育贯穿于会计人员职业生涯。

（二）将诚信教育融入其他相关课程以及导师指导中，实现"润物无声"

高校要提升对会计人才职业道德培养的重视程度，实现"显性"会计诚信教育与"隐性"会计诚信教育的有机结合。设置专门的会计诚信课程属于"显性"教育，能够在系统讲解中增强受教育者的诚信观念，实现价值观引领。诚信教育同时也属于思想教育的范畴，因此还应当通过"隐性"教育的方式，在潜移默化中深化受教育者的会计诚信理念。例如，在相关专业课程的案例背景和操作方案中融入会计诚信思想，提升导师指导过程中会计诚信教育内容的比重等，从而实现不同知识传授中价值观的同频共振。

（三）注重中国情境下的会计诚信教育

会计诚信教育应与一国独特的政治、经济、文化背景紧密相关，而目前的会计诚信教育内容针对中国特殊情境的讲解较少。在后续的会计诚信教育中，要加入中国传统会计诚信文化的内容，系统梳理会计诚信文化的发展脉络。这样既有助于受教育者在现代经济制度中保持对我国传统伦理观的坚守，也有助于推动国家会计文化体系建设。同时，也要加强会计诚信教育内容与我国社会主义核心价值观等思政内容的联结，实现对学生的"价值塑造"。

（四）会计诚信教育内容要更加注重实务导向

在问卷调查中，"教学内容不够贴近实际"在影响会计诚信教育效果的因素中综合得分排名第一，"加强对典型失信案例的警示教育"与"请实务界的人员参与课堂讲授"分列会计诚信教育学习效果比较好的方式中第一、第二位，表现出了会计诚信教育与会计实务结合的重要性和必要性。会计具有实践性强、复杂性高的特点，因此课程案例不仅要提供给受教育者将理论知识付诸实践的能力，也要提供面对道德困境与个人利益结合时的妥善应对之法。后续的会计诚信教育要在课程中引入更多典型的、最新的案例，并且带领受教育者到实践基地中参与更多符合实务导向的综合素质活动，来提升受教育者解决实际问题的能力。

五、结论及局限性

加强会计诚信建设是我国实现高质量发展的必要之举，提升会计诚信水平有助于提高会计信息质量，推动经济质量变革、效率变革、动力变革。通过对有关会计诚信教育发展情况的调查问卷进行分析，课题组认为当前我国会计诚信建设和会计诚信教育都取得了显著成果，但会计诚信教育仍然存在覆盖面不全、教育效果有待提升等问题。高校作为育人"主阵地"，要将"立德树人"作为会计人才培养的根本任务，打造"德才兼备、以德为先"的会计人才队伍，通过提高对会计诚信教育的重视程度、完善会计诚信教育内容、优化教育方式等途径，为社会培养更多高素质的会计人才。

开展此次调研的目的是更好地掌握会计诚信教育现状，因此在样本选取时，课题组聚焦实施会计诚信教育和接受会计诚信教育两类主体，选定了8所财经类专业院校、3家国家会计学院以及部分综合院校的会计学院/会计系的师生等作为主要调研对象。问卷结果为我们了解当前会计诚信教育实践提供了独特的视角，并为会计诚信教育的后续优化提供了参考。但囿于受访者主要来源于会计专业，本报告的结论存在一定的局限性，这也为课题组下一阶段的研究提供了方向。在未来,课题组将会面向非会计专业人员等其他主体开展进一步调研,以充分了解不同群体对会计诚信教育现状的看法,为会计诚信教育实践提供更翔实的数据支撑。

(本专题执笔人:北京国家会计学院 张凤玲、薛敏、赵梦莹)

专题三　企业会计诚信能力建设研究

【摘要】 会计是社会经济发展和微观市场主体有序运营的基础和保障，是一支重要的专业力量。胜任能力是会计行业职业型、专业型发展的核心内容，是执业质量的重要基础，会计诚信是提升会计胜任能力所追求的重要目标。践行会计诚信还需要客观上的诚信能力支持。本专题从会计诚信能力建设出发，结合从问卷调查和专家座谈中收集的建议，讨论了会计诚信能力建设的基本内涵、构成要素和企业会计诚信能力建设体系的主要内容等。

【关键词】 会计诚信；会计诚信能力；会计诚信能力建设

一、会计诚信能力的界定

（一）会计诚信能力的含义

会计是社会经济发展和微观市场主体有序运营的基础和保障，是一支重要的专业力量。胜任能力是会计行业职业型、专业型发展的核心内容，是执业质量的重要基础。有专家提出，践行会计诚信不仅要求具备主观上的道德品质，还需要客观上的诚信能力支持。

部分学者将会计诚信能力概括为会计诚信的内在能力和社会能力。从企业角度来看，会计诚信既需要企业的经营水平和盈利能力来支持，也需要会计人员的专业能力。会计造假的主因是利益驱动，在经营状况不佳、通过正当途径难以实现其利益的情况下，企业可能萌生会计造假的动机。相对来说，一个经营状况不佳的企业粉饰会计报表的动机一般来说要强一些，它们在自身实力欠佳的情况下，很可能为了获取上市、贷款等的资格或是为了保持、提升其经营业绩以达到某种目的而进行会计造假活动，会计诚信就可能出现问题。而一个企业，如果价值创造活动顺利高效，盈利能力以及现金流入都比较稳定，企业人力资源管理卓有成效，从基层员工到各级管理人员再到会计人员的工作能力都较强，这样的企业自然更有能力做到会计诚信。单从企业会计人员的角度来讲，诚信要求会计人员具备精湛的会计技术和技能。市场经济中的会计诚信,不仅是指社会对会计人员人品的信任,更重要的是对会计人员业务能力、职业能力的信任。所以会计人员既要具有诚信的品质,还要有实现自己道德承诺的会计执业能力。如果会计人员的专业能力上不去,综合素质差,政策理论水平低,就不敢对领导人伪造、篡改会计数据的不当要求发表正确意见,也不能找出有效的解决办法,一味地简单造假,致使会计信息严重失真,影响企业会计诚信的社会评价。反过来讲,如果会计人员专业水平高、综合素质过硬,就可以积极主动地为领导提供决策有用的信息,为促进企业价值创造活动的顺利高效运行献计献策,灵活运用会计政策的选择客观地提供会计信息。

从社会角度来看,会计诚信还是一个社会能力的问题。整个社会经济运行高效稳定,社会整体税负不高,会计诚信的建设就是一个水到渠成的过程。如果社会经济运行出现问题,企业的生存发展受到威胁,会计造假的动机凸显,那么会计诚信出现问题就很难避免了。比如在1929年至1933年的世界性经济危机中,许多企业的管理当局为了追求高额利润,不惜牺牲会计信息的真实性而向使用者提供失真的会计信息,这种状况下会计诚信危机的出现就是社会大环境出现波动后引致的诸多问题之一了。会计诚信的社会能力除了社会的经济运作能力外,还涉及政府的监管能力、教育能力、执法能力等[①]。

(二) 企业会计诚信能力的影响因素

影响企业会计诚信能力的因素包括诚信意愿、会计诚信表现、企业经营环境和监督与管理等方面,如图4-11所示。诚信意愿是主观因素,会计诚信表现、企业经营环境和监督和管理属于客观因素,包括公司治理结构、内外部审计、企业会计制度、内部控制水平、基础财务工作规范化水平、会计人员和管理团队综合素质、地区经济发展水平、地区营商环境、市场化程度、信息披露质量等。具体来看,企业股权集中度、轮岗次数、不相容岗位、会计人员学历构成、培训次数、获得奖励或荣誉、公司被处罚或诉讼次数、高管被起诉或公开谴责次数等都对企业会计诚信能力具有直接或间接影响。

二、企业会计诚信能力建设的意义与重点

随着社会主义市场经济的深入发展,诚信作为企业竞争的无形力量,已经成为提高企

---

① 李涛,徐国君. 会计诚信既是一种品质,更是一种能力 [J]. 齐鲁珠坛,2007 (05).

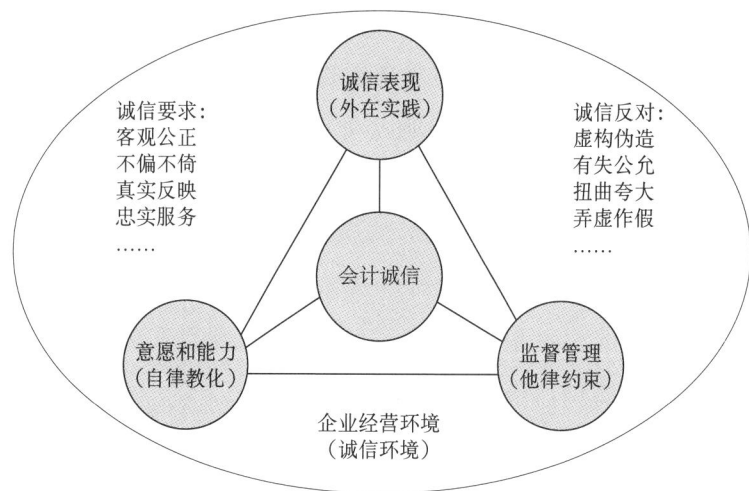

图 4-11　会计诚信能力的影响因素

业竞争实力以及实现其发展和壮大的重要保障。诚信文化已经成为企业在激烈的市场竞争中取得先机，保持市场占有率的有效手段之一。加强诚信能力建设，培育诚信文化对于树立企业形象以及提高社会影响力意义不言而喻。

《财经法规与会计职业道德》一书中提出会计职业道德规范8项内容，包括：爱岗敬业、诚实守信、廉洁自律、坚持准则、客观公正、提高技能、参与管理、强化服务。在新时期新阶段，企业加强会计诚信建设，应重点做好以下工作：

第一，以引导会计人员自觉履行法定义务为内容的核心价值，主要包括诚实守信、廉洁自律。

诚实守信既是做人的基本准则，也是会计职业道德的精髓，关系到会计信息质量和会计行业的社会声誉。诚实守信要求会计人员把国家和社会公众利益放在首位，说老实话，办老实事，做老实人，堂堂正正，光明磊落。

廉洁自律要求会计人员应树立正确的人生观和价值观，加强自身修养和自我约束，经得起"金钱"的诱惑，公私分明，不贪不占，警钟长鸣。

第二，以引导会计人员自觉履行会计职业社会责任为内容的核心价值，主要包括客观公正、坚持准则。

客观公正是会计职业道德追求的目标。会计人员应根据实际发生的经济业务或者事项，以会计法律和国家统一的会计制度为准绳，对经济业务事项进行客观、公允的职业判断，充分、客观披露单位会计信息，如单位提供的担保、未决诉讼等或有事项。坚持准则是会计职业道德的核心。坚持准则，首先要求会计人员认真学习，熟悉准则；其次要求会计人员在实际会计工作中遵循准则；最后，在遇到道德冲突、进退两难时，能够坚持《会计法》，维护国家和社会公众利益，保证会计信息的真实性和完整性。

第三，以引导会计人员开拓创新、提高胜任能力、奉献社会为内容的核心价值，主要包括提高技能、参与管理、强化服务。

会计人员应具备并持续保持较高的专业胜任能力，才能保证对经济业务或者事项进行客观、公正的职业判断。

参与管理是会计核算职能的延伸。会计人员不仅应对单位经济业务或者事项进行确认、计量和报告，而且还应参与管理，为单位经营决策、战略发展提出意见和建议。

强化服务是会计职业道德的外在表现，也是会计职业道德的出发点和最终归宿。会计人员应树立服务意识，运用所掌握的专业知识、业务技能以及悉知的经营信息，认真扎实工作，积极提出建议，为提升单位经营管理水平服务①。

为了减弱会计虚假信息的影响，杜绝会计不诚信行为的发生，企业可以适当引入会计信息网络管理系统并加密保护。会计信息网络管理系统可由企业领导设置不同层次的权限，无权限者不能对系统进行任何操作，以防止无权限人员的违规违法操作。会计信息网络管理系统以银企平台为支撑，通过分析企业的基础数据、当日明细、历史明细等进行账户管理，自动对销售数据、现金数据、转账数据等资金往来进行校对核算，并且根据银行交易等凭证进行数据整理，最后做出预警分析、图形分析、趋势分析等敏感性分析。管理系统可以将相关信息上传至管理平台，用户便可以根据自己的权限查找相关资料。企业通过引入会计信息网络管理系统，可以在大幅提高会计工作效率的同时，保证会计数据的真实性和私密性，一旦会计数据出现泄露，相关领导就可以根据用户权限进行人员调查，在降低管理成本的同时提高了调查的针对性和工作的有效性②。

第四，进一步建立和完善企业诚信制度。

除进一步健全与完善企业诚信的正式制度和非正式制度外，更重要的是在诚信体系中确立完整、高效、动态的实施机制。目前我国企业多采取以约束为主的惩罚机制，忽略以奖励为主的激励机制，员工难以获得肯定或正向激励。在现代企业管理中，激励制度应发挥实际作用，确保员工在晋升、得到各种奖励和福利待遇中寻求自我价值，将企业的兴衰与自身发展紧密相连，激发自身潜能，更好地为企业服务。诚信激励机制亦是如此，企业

---

① 冯卫东. 试论构建会计诚信体系若干问题 [J]. 会计研究，2009.
② 周婉倩. "互联网+"背景下会计诚信体系的建设 [J]. 纳税，2020，14（05）：122.

用激励式的实施机制启发员工诚信意识，鼓励员工将诚信为本的观念融入到每个产品、每项服务、每个工作日中。企业只有加强诚信激励机制的建设，提高诚信机制实施的效率，才能保证诚信制度的顺利贯彻和实施。

有了刚性的正式制度为准则，柔性的非正式制度为补充，奖惩并重的实施机制为保证，我国企业的诚信能力就有了最根本的依托。由此可见，不断建立和完善企业诚信制度，为企业的诚信能力打造坚实的地基，是其提升的基础和根本前提。

第五，提升经营管理质量，培育企业诚信文化。

提升财务工作的规范性，完善财务人员综合素质和管理层综合素质等方面的评价机制，建立健全财务会计制度，规范内部控制制度、轮岗制度，优化学历构成，提升中高级职称比例和培训次数等。

企业诚信文化作为先进企业文化的重要组成部分，强调诚信为本、有序竞争和双赢理念，讲求效益意识、责任意识和道德意识，把诚信经营纳入企业长远可持续发展的核心领域，这些都与市场经济的客观规律和要求相吻合。市场经济是诚信经济，先进企业文化所蕴含的诚信文化与市场经济伦理相吻合，其指导下的企业行为被判定为诚信行为。企业在诚信文化的感召和引领下不断地履行诚信行为，按照市场经济伦理和道德的要求办事，无形中自觉地提高了企业诚信能力。因此，企业诚信文化的培育势必会促进企业诚信能力的提升，促进企业诚信建设。每一个员工的改变，必然孕育在企业整体文化之中，同时又催生和激发着企业整体文化的演变。

三、企业会计诚信能力建设体系的主要内容

（一）会计诚信教育与职业道德培养

会计诚信教育和职业道德培养是培养和塑造会计人员诚信品质的系统工程，教育对象主要包括企业管理者和从事财务会计具体工作的人员，随着业财融合的深度推进，对企业所有提供经营数据的业务条线工作人员也需要进行会计诚信教育，在全单位形成诚信文化。教育内容首先是引领树立正确的价值观，这样才能减少会计人员和管理者产生损害公共利益的个体理性，减少会计失信主观动因的产生。教育内容还包括法治理念、依法办事、忠于职守、爱岗敬业、客观公正、廉洁守信的培育，教育相关主体自觉抵制失信行为，运用合理方式披露或谴责失信行为。

（二）会计诚信制度体系

在会计人员管理办法、财务管理评价办法以及企业考核管理办法中增加会计诚信相关内容。在企业股权激励和薪酬设计中，纳入诚信因素的考虑，让会计诚信能力建设工作有章可循。将会计诚信评价结果与考核和奖惩等挂钩，使诚信评价结果成为一种"无形资产"。同时，严格执行有关财经法规，防止个体在利益驱动下做出损害企业和社会的失信行为，对失信行为进行合理处罚，维护法律法规的严肃性。

（三）职业能力提升与培训教育体系

会计诚信能力与职业责任、职业能力具有密切联系，会计信息质量很大程度上取决于会计人员的职业素养和能力。具体来看，会计人员职业判断能力主要包括专业知识、有效经验和专业技能等方面；管理者职业判断能力则受到综合能力和品德修养等多方面影响。企业应制定明确的培训计划，突出职业责任和职业能力的提升，在会计人员、企业管理人员、后备人才和专业机构从业人员继续教育中，应分别开展针对性的培训教育，包括最新财经政策解读、会计准则理论与实务学习、资本市场典型案例研讨以及实地学习。通过岗位交流、竞赛、评比等形式，促进会计人员职业能力提升。

（四）内部控制与公司治理体系

企业是会计信息产出和发布的主要会计主体，其内部控制建设和执行的好坏、公司治理是否科学规范，直接影响到会计诚信问题。加强企业内部控制建设，第一，要完善公司治理结构。通过改善法人的治理结构来加强内部管理，这实际上就是加强董事会监管职能执行的独立性，董事会成员通过相关工作的经验总结以及专业知识与技能的专项培训，从而能够在监管过程中发现存在的根源性问题，保证内部控制制度的深度和广度。第二，要增强风险意识，建立会计舞弊预警体系。有效的预警系统要基于企业以前的财务问题，并及时寻找导致会计舞弊发生的原因，促使企业管理者制定有效措施，减少舞弊及会计造假问题的发生。第三，要根据企业自身特点制定完善的内部控制体系。通过法律法规以及会计准则规范的规定与要求，制定符合企业实际管理过程中对于企业行为的具体规范和要求。第四，要建立健全企业内部控制框架，及时调整公司治理结构以及公司的管理战略，以求根据企业的情况制定动态内部管理控制制度。第五，要在公司内部设立明确的奖励机制,在实际工作中明确权责。第六,对于产生的问题,要快速找到解决对策并及时修正①。

(五) 全面信用管理能力与信用管理体系

除了一般人所熟悉的财务管理能力、生产能力、营销能力、人力资源管理能力、战略管理能力以外,在加强诚信能力建设方面,企业还应加强信用管理能力提升,建立全面信用管理体系。信用管理能力能够直接对企业的诚信经营提供事前、事中和事后的控制。具体包括:一是普遍意义上的基于客户信用管理的能力,建立并实行客户资信管理制度、内部授信制度等;二是履行一种自省功能,事前对自身实行资信管理,从源头防范风险;事中严格按照合同办事,随时根据自身经济环境的变化调整策略;事后及时完成履约义务,使企业成为全社会诚信的表率。信用管理体系有力地支撑起企业诚信能力,对其更有效率更有针对性地开展工作具有显著的辅助作用。

(六) 保障措施

会计诚信建设是一项系统性、长期性和持续性的工作,各项规范的实施还需要具体保障措施支持。一是组织保障,明确各部门和企业内部会计诚信规范的责任主体;二是完善沟通机制,为会计部门提供业务流程设计、经营数据生成标准制定、经营结果报告与分析等过程反馈沟通的渠道;三是优化会计人员管理制度,保护会计人员独立性,从而保障会计信息生成的客观公正,不受利益相关方影响和干扰;四是完善业财融合的会计信息系统,以信息化手段监督和防范虚构造假等会计失信行为,为会计信息的真实性和准确性提供外部技术保障,实现信息有效传递共享,为监管部门、行业自律组织进行会计诚信协同管理和市场主体有效参与会计诚信建设提供技术支持与保障②。

(本专题执笔人:北京国家会计学院 王亚星、贺颖奇)

---

① 张洪. 国有企业会计诚信建设 [J]. 财会月刊, 2019 (10): 116 – 119.
② 王亚星. 会计诚信规范与评价体系构建 [N]. 中国会计报. 2021 – 12 – 10.

专题四　企业诚信体系的理论框架及评价
——基于利益相关者保护视角的分析

【摘要】 企业诚信程度的高低，对解决代理问题和代理成本，进而实现利益相关者保护会产生重要影响。评价一家企业诚信程度的高低，具体可以设立五个方面的指标体系，以评价企业诚信能力水平，包括会计信息与透明度、治理与内控、企业社会责任、财务与创新、行业与社会监督。根据所建立的企业诚信评价指标体系，本专题对2017年度我国上市公司的诚信水平进行了试评价，发现该指标体系具有较强的可行性，能够全面取得所需要的指标数据。进一步的信度和效度检验发现，企业诚信指数（CII）具有很强的信度和效度，所有证据证实了本评价体系具有很强的科学性和可行性，可以进一步推广，开展更广范围的企业诚信水平评价，并作为企业诚信能力建设的重要标杆和诚信水平评估的重要依据。

【关键词】 利益相关者；投资者保护；诚信评价；诚信指数

一、引言

企业诚信在一国产品市场、资本市场、社会经济发展、环境生态发展中都具有重要作用，而企业是一国经济的细胞，其诚信程度的高低不但影响其自身的投资、融资、运营、客户关系、社会关系，而且影响宏观层面的社会信用水平、资源配置效率、信息传递效率及社会经济的有效运行。市场经济又是诚信经济，社会诚信体系建设的基础和核心就是企业诚信。在市场经济的运行过程中，企业作为市场价格、供求、竞争等一系列关系的主体以及资本市场中信用信息的主要需求者和供应者，其行为的合法化、规范化对于维护市场经济秩序起着至关重要的作用。但就目前来看，失信问题突出是我国经济运行中出现的关键问题，企业诚信建设刻不容缓。我国在企业诚信建设方面还不甚完善，部分企业诚信观念淡薄，信用形象不佳，导致市场经济中的资源配置效率低下，严重影响市场经济发展。为此，有必要及时引入企业诚信评价，在深化改革的同时加快企业诚信标准体系建设，逐步形成企业诚信标准及企业诚信评价体系。

从传统公司治理来看，其目标是降低代理问题，防止由于所有权与经营权的分离而带来的对股东利益的保护，因此，其核心是投资者保护。然而，过度强调投资者保护或股东至上会损害企业利益相关者的利益，如债权人、供应商、客户、员工、政府、社区乃至社会公众，因此利益相关者理论认为，企业不但是一个盈利主体，同时也具有相应的社会责任，是一个社会责任主体，公司的目标不但要保护股东，还要保护（至少不能损害）利益相关者的利益。

我们认为，在市场经济条件下，企业与利益相关者之间的关系已经转化为一种信用或信托关系，主要原因是：（1）诚信是企业可持续发展的基础，良好的诚信体系和诚信文化是企业成长的重要推动力和企业重要的无形资产。人无信不立、企无信不活。在市场经济机制不发达的奴隶和封建时代，企业发展的动力是有形资源，在市场经济条件下，企业发展的动力是无形的资源（如人力资本、技术、垄断、商誉），而在当前市场经济比较发达、资源充分流动、信息获取成本较低、技术创新不穷、垄断日益消除情况下，企业竞争越来越转向对诚信等无形资源的依赖；（2）诚信是企业保护自身权益的方式。企业的发展需要保护，既需要有法律等的国家保护，也需要有企业的自我保护，自我保护更多体现在市场保护，诚信即是一种自我保护的方式，资源可以枯竭、技术可以模仿、垄断可以消除，但诚信无法复制，它是印刻在企业身上的一张名片，是企业参与市场竞争的盔甲，保护着企业的成长能力与获利能力；（3）企业的诚信能力依赖于对利益相关者的保护，维护与利益相关者的关系，如企业受股东委托进行资本管理和运营，负有资本保值增值的信托责任；接受债权人资金，有保证资金安全、按时还本付息的信托责任；与供应商和客户发生往来，有责任按时付款或保证产品质量和客户使用体验（全生命周期意义上）；有义务善待员工，让员工具有更大的企业成长分享权、身心受保护权、学习成长权和安定归属感；有责任遵守政府规章和政策，促进社会进步；有责任保护环境和善待社会，拥有对社区的爱心和社会关爱，这一切都有赖于企业所具有的诚信。没有诚信，这些责任、义务或受托责任就无法完成，或者无法实质上完成。

二、诚信与利益相关者保护

（一）诚信与投资者价值

在公司治理与投资者保护中面临两大古老而现实的问题：逆向选择与道德风险。这主要基于外部投资者与企业之间信息不对称的客观存在。哈耶克（1945）指出："在实践中，每一个个人都对其他人有着信息上的优势，因为他掌握着某种独有的信息，要利用这种信息，就必须二者择一，或者将依据这种信息做出的决策留给掌握信息的人来做，或者得到他的积极合作"，而要得到掌握私人信息的代理人的积极合作，委托人一般需要向代理人支付一种"信息租金"（Baron，1989）。"信息租金"相当于企业的制度运行费用，这个费用的高低取决于制度、文化和诚信体系的运行状况。

对这种代理问题和"信息租金"的认识最早可以追溯到亚当·斯密，他在《国富论》中对企业内部取薪经理人员能否以股东利益为决策的出发点深表怀疑："在钱财的处理上，合股公司的董事为他人尽力，而私人合伙的合伙人，则纯为自己打算。所以，要想合股公司的董事们监视钱财的用途，像私人合伙的合伙人那样用意周到，那是很难做到的。……疏忽和浪费，常成为合股公司业务经营上多少难免的弊端。"

古典经济之父亚当·斯密在1759年发表《道德情操论》，先于在1776年发表的《国富论》，在《道德情操论》中，他从人类基本道德情感——同情心和正义感出发，论证了良心、同情、博爱、感恩、责任、正义等基本的德性。这些论证暗示人们：人类社会的和谐、市场和企业的健康运行都离不开人的良心和同情心等人类基本道德情感的支撑。而人类的良心、同情心、正义之心恰恰是市场主体之所以要讲诚信且有可能讲诚信的心理和道德依据。

由于信息不对称、契约的不完备性、面临的不确定性等原因，企业投资者与经理层之间存在信息租金和代理成本，经理层由于掌握私有信息，存在信息"寻租"行为，这是一种交易费用，会增大企业运行的摩擦，降低投资者投资价值，但不会影响企业的价值，信息寻租会使企业价值的蛋糕更倾向于经理层一方。代理成本是降低投资者投资价值乃至企业整体价值的更主要的企业运行摩擦，它源于经理层的自我私利倾向以及经理层与投资者的目标函数与利益函数的不一致。降低信息租金的方式有增强信息披露、完备契约制订和审计，降低代理成本的方式有信息披露、审计、激励改进，而如果没有诚信作为基础，无论信息披露、审计还是激励改进，都会面临治理失败，信息披露通过管理层操纵增加信息不对称，外部审计无法解决经理层的决策效率问题，激励可以解决决策效率问题，但由于管理层的信息操纵和激励安排，会使激励效果弱化。因此，解决代理问题的唯一出路是植入诚信基因，倡导企业的诚信体系和诚信文化建设，提升企业的诚信水平，这也是亚当·斯密强调道德情操的原因。投资者、经理层诚信的结构框架如图4-12所示。

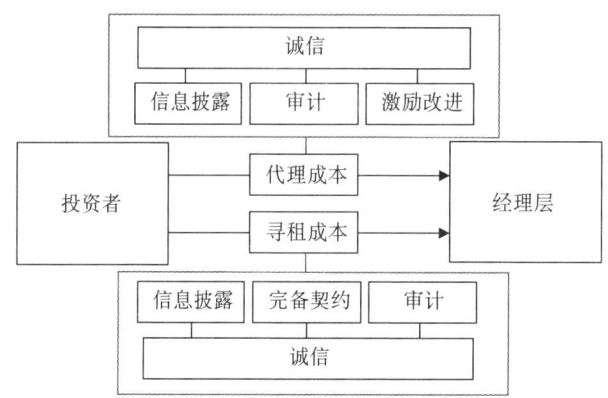

图 4-12 投资者—经理层诚信的结构框架

（二）诚信与利益相关者价值

企业的最主要利益相关者是股东，除了股东之外，客户、供应商、职工、社会、社区、政府等也是企业重要的利益相关者，企业除了承担对股东的经济责任之外，还要承担这些股东之外利益相关者的社会责任。

1924年，美国学者谢尔顿（Oliver Sheldon）在其著作"The Philosophy of Management"中就提出了"公司社会责任"的概念，他把公司社会责任与公司经营者满足产业内外各种人类需要的责任联系起来，并认为公司社会责任含有道德因素。20世纪30年代，在美国学界又产生了著名的多德—贝利论战，两位学者就"公司的经理人员是谁的受托人"展开了大讨论。多德（Dodd）教授率先指出：公司对雇员、消费者和公众负有社会责任，尽管这些社会责任未必见诸法律而成为公司的法定义务，但应当成为公司管理人恪守的职业道德。随后，贝利（Berle）教授立即发表异议：商业公司存在的唯一目的就是为股东营利，公司管理人唯对股东有相当于受托人的责任。直到1953年，被称为"企业社会责任之父"的伯文（Howard R. Bowen）发表了《商人的社会责任》一书，关于企业社会责任的现代辩论才真正开启。伯文在书中对企业社会责任定义为：商人按照社会的目标和价值，向有关政策靠拢、做出相应的决策、采取理想的具体行动的义务。1961年，厄尔斯（Eells）和沃尔顿（Walton）进一步发展了企业社会责任的观念，他们认为"当人们谈论有关企业社会责任时，他们正在考虑的是企业给社会带来的负面影响，以及在处理企业与社会之间关系时应当遵循的伦理准则"。1975年，戴维斯（Davis）和布罗姆斯特罗姆（Blomstrom）在《经济与社会：环境与责任》一书中，给社会责任下了一个更为明确的定义，他们声称"社会责任是指决策制定者在促进自身利益的同时，采取措施保护和增进社会整体利益的义务"。将企业社会责任纳入经济、法律义务环境中去理解的是麦奎尔（McGuire），他在1963年提出了一种新观点："社会责任的思想认为企业不仅具有经济和法律的义务，而且还具有超出这些义务之上的对社会的义务"，然而，这个定义并没有明确说明超出经济和法律以外的义务是什么。赛西（Sethi）（1975）关于社会责任的定义则对此是一个补充，他认为社会责任"指的是与社会主流规范价值期望相一致时的企业行为层次"。

时至今日，企业应当具有社会责任意识，需要履行社会责任，保护利益相关者价值已经成为共识，也因此，企业诚信不但可以保护投资者价值，而且能保护利益相关者价值，在企业诚信评价中，不光要看其是否履行对股东责任时诚信，也要看其履行社会责任时是否诚信，在履行社会责任中的诚信意识、诚信观念、诚信行为和诚信结果，是对企业诚信评估的重要方面。利益相关者—企业诚信框架如图4-13所示。

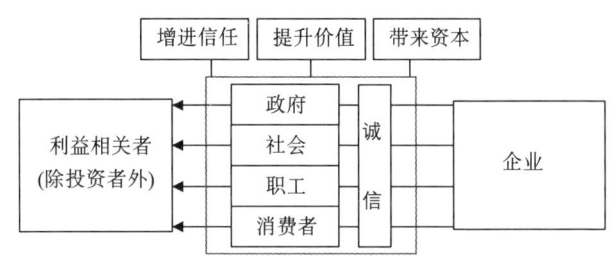

图4-13 利益相关者—企业诚信框架

（三）诚信与利益相关者保护：作用机制

诚信可以通过降低交易成本、代理成本、强化信任关系而保护利益相关者利益，而交易成本、代理成本的降低和信任关系的强化也会带来社会资本，促进企业价值最大化，从而正反馈于企业的投资者、消费者、职工、社会和政府等利益相关者，形成一种正反馈循环和正反馈机制。

1. 交易成本降低机制

科斯（1937）在《企业的性质》一文中提出了交易成本（Transaction Costs）的概念，并认为是"通过价格机制组织生产的、最明显的成本，就是所有发现相对价格的成本""市场上发生的每一笔交易的谈判和签约的费用"及"利用价格机制存在的其他方面的成本"。

交易成本可以分为：（1）搜寻成本，即进行商品信息与交易对象信息收集所发生的成本；（2）信息成本，即取得交易对象信息以及与交易对象进行信息交换所需的成本；（3）议价成本，即针对契约、价格、品质讨价还价的成本；（4）决策成本，即进行相关决策与签订契约所需的内部成本；（5）监督成本，即监督交易对象是否依照契约内容进行交易的成本，例如追踪产品、监督、验货等；（6）违约成本，即违约时所需付出的事后成本（Williamson，1975）。

从发生原因来看，主要有六个方面，包括：（1）有限理性（Bounded Rationality），指参与交易的人，因为身心、智能、情绪等限制，在追求效益极大化时所产生的限制约束；（2）投机主义（Opportunism），指参与交易的各方，为寻求自身利益而采取的欺诈手法，同时增加彼此不信任与怀疑，因而导致交易过程监督成本的增加而降低经济效率；（3）不确定性与复杂性（Uncertainty and Complexity），由于环境因素中充满不可预期性和各种变化，交易双方均将未来的不确定性及复杂性纳入契约中，使交易过程增加不少签定契约时产生的议价成本，并使交易困难度上升；（4）少数交易（Small Numbers），某些交易过程过于专属性（Proprietary），或因为异质性（Idiosyncratic）信息与资源无法流通，使交易对象减少及造成市场被少数人把持，导致市场运作失灵；（5）信息不对称（Information Asymmetric），因为环境的不确定性和自利行为产生的机会主义，交易双方往往握有不同程度的信息，使得市场的先占者（First Mover）拥有较多的有利信息而获益，并形成少数交易；（6）气氛（Atmosphere），指交易双方互不信任且又处于对立立场，无法营造一个令人满意的交易关系，使交易过程过于重视形式，徒增不必要的交易困难及成本。

表4-66　　　　　　　　　　企业利益相关者成本类别

	搜寻成本	定价成本	决策成本	监督成本	违约成本
投资者	√	√	√	√	√
消费者	√	√	√		√
职工	√		√		√
社会				√	√
政府			√	√	√

如表4-66所示，不同的利益相关面临不同的交易成本类型，这些成本中，搜寻成本和定价成本属于事前成本，决策成本属于机会成本，监督成本和违约成本属于事后成本，这些成本的发生和大小除搜寻成本外均与诚信存在密切关系。定价包括对公司的定价和对产品的定价，通过投资者或消费者的定价，以确定产品或资本的价值是否与投资者的预期定价相符，投资者或消费者对企业前期的信息查阅、走访、尽调都属于定价成本，定价成

本高低与企业信息披露的质量及投资者（消费者）对企业的信任程度成反比，诚信的企业，信息披露质量高、投资者（消费者）对它的信息信任程度高，会大大降低这种定价成本。决策成本是一种机会成本，它是在利益相关者决策失误时所付出的代价，企业诚信水平越高，提供的相关信息越可靠，则利益相关者做出失败决策的概率越低，交易成本越低；监督成本是一种事后成本，由于利益相关方对企业的怀疑和不信任，会导致利益相关方的监督，企业过往的诚信行为和诚信结果可以提升信任，降低监督成本。违约成本是所有利益相关者所面临的企业失信的成本，是一种不诚信的直接成本，违约成本的发生很大一部分是企业的非诚信行为和意识带来的，当然还有诚信能力问题，也就是企业是否具有履约能力，违约成本是结果导向的，既取决于诚信意识，也受制于诚信能力。

2. 社会资本提升机制

利益相关者理论被公认为是由多德在《公司管理者是谁的受托人》一书中提出的。多德认为，企业仅代表股东的利益是不够的，还需要代表其他相关者的利益。弗里曼进一步给出了定义，认为"一个组织中的利益相关者是可以影响组织目标的实现或受其实现影响的团体或个人"（Freeman，1984）。主要利益相关者包括员工、投资者、客户、供应商、媒体以及政府等（Clarkson，1995）。利益相关者主要通过参与企业的经营活动，或提供重要资源来支持企业，并进一步创造价值。如：（1）投资者可对企业进行股权或债权投资，进而影响企业资本或生产成本，也可通过介入企业的治理机制来创造价值；（2）职员更偏爱为高社会责任的企业工作，并通过忠诚而高效的工作为企业创造更多价值；（3）消费者可能会用更高的支付意愿购买高社会责任企业的产品，并积极宣传企业及其品牌，从而为企业创造价值；（4）媒体愿意正面报道高社会责任的企业（Hippel，1988；Bhattacharya，2003）。

总之，企业社会责任的履行反映了企业与相关各方的互动，是企业与各利益相关者建立社会关系的过程，这个社会关系即可成为企业的社会资本。它是企业一项重要的无形资产，它既反映了企业在生产和经营过程中的具体能力，又体现出企业在履行社会责任过程中的软性实力；此外，它是嵌入每个组织的特定资本，具有极高的资产专用性。它往往难以被转移到其他企业，或当企业解散时，该资本就不再具有生产性。因此，由社会责任履行而产生的社会资本是企业的一种独特生产性资源，不同于传统商品或股权，几乎难以被出售或出租。例如，企业与供应商之间的关系仅适用于它们之间。

如图 4-14 所示，嵌入诚信的社会关系具有忠诚度高、专用性强和持久性长的特点，消费者的忠诚度会提升企业产品或服务的增值力，供应商的忠诚度会提升供应链稳定性和韧性，降低供应链成本，职工忠诚度会提升企业人力资源的价值，增大企业的人力资本（非确认的无形资产）；专用性提升使利益相关方和企业之间的交易成本更低，专用资产的投资更低；持久性也是一种无形资产，增强了企业发展的稳定性和可持续性，这些原因都会提升企业的社会资本。

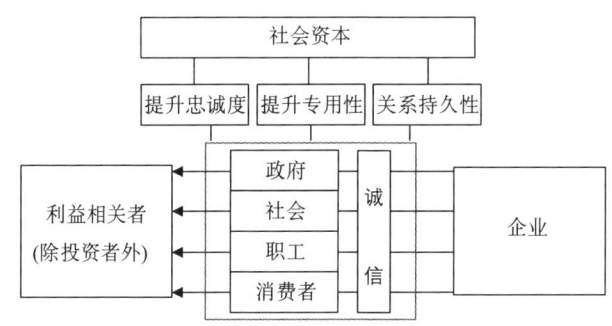

图 4-14 社会资本的形成机制

3. 信任强化机制

从嵌入理论来看，社会网络关系在现代工业社会经济活动中具有重要作用，社会结构的核心是人们生活中的社会网络，经济行动产生于社会网络的内部互动，也就是说，经济行动嵌入社会网络的互动当中，而嵌入社会网络的机制是信任，信任来源于社会关系且嵌入社会网络（Granovetter，1985）。基于嵌入性视角，社会关系会产生信任（袁宝明，2012），信任使社会网络中的合作双方都相信对方不会利用自身的弱点（Sabel，1993），也就是说，信任会降低二者间的心理距离和彼此间的防备心理，促进双方的合作（Granovetter，2005）。

信任是经济交换和社会运行的润滑剂，是控制个体间契约运行的最有效的机制，是一种内在和含蓄的契约履行规则，是不容易买到的独特的商品。在环境变化、规则改变、契约双方权利义务发生不对等变化使契约难以履行时，诚信和信任是维系契约履行的底层和兜底机制。社会学家科尔曼则指出，信任是一种社会资本，可减少监督与惩罚的成本。无论是经济学还是社会学，均认为信任有利于交易的完成，并能够节约交易的成本。

信任是劳动合作的产物，也是多次博弈的产物，同时，它作为一种经济伦理（价值取向）又维持着合作，从而满足当事人的多种需要。信任又导致分工合作秩序的扩展。在利益相关者的关系体系中，信任关系是利益相关方与企业经济关系中所衍生出的社会关系。诚信行为在多次合作中产生信任，而信任又会进一步促进合作。从社会信号理论来看，内嵌于合作网络中的个体有真实表达并传播自己合作意图的动机（何易，2017），而合作行为的发生、合作行为的深度、合作关系的稳定性很大程度上取决于诚信信号的获取和传递。诚信信号传递的越明确、越真实，越利于合作行为的发生和合作关系的维护（Frank，1988），诚信信号的传播与获取成为合作的重要激励。信任的形成及作用机制如图4-15所示。

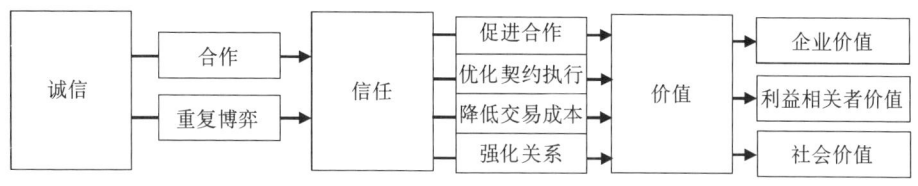

图4-15 信任的形成及作用机制

企业社会责任可以缓解信任问题，通过企业社会责任可以建立社会资本，并最终影响企业绩效（Lins et al., 2017）。福山在《信任》一书中举了两个例子。一个例子是，在20世纪80年代末日本经济泡沫破灭和20世纪90年代经济衰退期，日本企业没有出现大规模裁员，大多数企业依然执行终身雇用制，履行企业社会责任，从而赢得员工的信任，并得到员工积极工作的回报。另一个例子是，1974年发生石油危机，马自达汽车制造商生产的转轮式发动机汽车的销售量剧降，导致公司几乎破产。后经住友集团出资进行技术升级，以及马自达所属的日本经济团体联合会其他成员通过订单照顾和提供信贷等支持，最终马自达起死回生。这说明日本经济团体联合会成员之间高度信任，责任感很强，能为彼此之间的长远利益而做出必要的牺牲。这都是诚信产生信任，信任带来价值的现实例证。

三、基于利益相关者的企业诚信评价：指标设计及权重设定

（一）企业诚信的评价框架

基于以上理论分析，我们认为，评价一家企业诚信程度的高低，应当从企业对利益相关者的保护着手，也就是保证利益相关者的知情权和受益权，从而最终保证其受保护权。这种保护可以有事前与事后两个层面，从事前来看，企业良好的诚信水平可以防止诚信相关者的进入失败，也就是说，可以帮助利益相关者对企业进行辨别和筛选，避免与诚信低下的企业发生关系（如潜在的股东投资、债权人融资、员工应聘、供应商与客户的商业往来等），实现对利益相关者的保护；良好的诚信水平也能够防止逆向选择，提高资源配置效率，防止出现柠檬市场中的旧车效应，也就是说，防止劣质公司大行其道，诚信良好公

司不能获得良好资源而出现劣币排斥良币现象。从事后来看，诚信可以防止背德风险，促进企业科学决策，这里指的是诚信相关者与企业发生关系后（实际成为企业股东、债权人、供应商客户、员工等后），诚信良好的企业，其高管层更能减少损害这些利益相关利益的背德风险，同时具有良好的成长能力、创新能力，具有良好的社会与行业记录，具有受人尊敬的社会意识和环境意识。

具体应当从哪些方面着手进行评价呢？我们认为，应该从一个企业的会计诚信、行为诚信、能力诚信和结果诚信四个方面进行评价。会计诚信即企业的会计信息编报质量和信息披露质量，这是评价一个企业诚信行为、诚信能力和诚信结果的基础，高质量的信息披露可以有效减少利益相关者与企业之间的信息不对称，降低外部利益相关者的进入风险，也能防止逆向选择行为的出现，高质量的信息披露特别是会计信息是企业诚信的基础和最重要的方面，也是其他各项诚信表现的基础。企业诚信与否，除了看其理念与价值观，更重要的是看其行为，也就是是否在其经营、管理与治理活动中实际落实了诚信的原则和理念，有没有把诚信理念付诸行动，我们通过观察其实际行动来进行评价，企业的诚信行为分为外部诚信行为与内部诚信行为，内部诚信行为主要表现在公司的治理与内部控制的运行质量上，外部诚信行为主要表现在企业社会责任的履行情况上，诚信良好的企业，其公司治理与内部控制运行中表现出完善、有序、有效的特征，公司治理和内部控制运行效率较高，同时其社会责任履行具有主动性、实质性和效果性，我们通过评价企业的公司治理、内部控制与社会责任履行状况，以观察其诚信行动状况。要保护利益相关者利益，除了会计诚信和行为诚信之外，还要观察企业是否具有诚信的能力，能力与意愿不同，会计诚信和行为诚信仅仅表明企业具有良好的诚信实施意愿和行为，但不等于企业具有实施诚信行为的能力，例如企业财务恶化、负债累累、循规守旧、"躺平"不前，即使会计诚信和行为诚信都优秀出色，也无法履行对投资者的收益提升、保值增值的权益要求，也无法保证对供应商、消费者、政府和社会应该履行的经济义务，因为需要企业的经济和财力支持，因此，我们在诚信评价体系中，加入了企业财务、成长与创新方面的指标，主要评价企业的决策科学有效性和诚信能力的高低。结果诚信是企业诚信意愿、行为和能力的最终体现，企业运行中除了受到市场约束外，还受到政府、行业与社会的监督，企业的失信行为会表现在政府、行业或社会的负面清单中，如政府的处罚、行业的自律监管、社会的曝光，这些外部监督既能促进企业诚信行为的开展和诚信意识的提升，也能在一定程度上反映出企业当前的诚信水平。

基于此，我们建立了基于利益相关者的企业诚信评价体系框架，见图4-16。

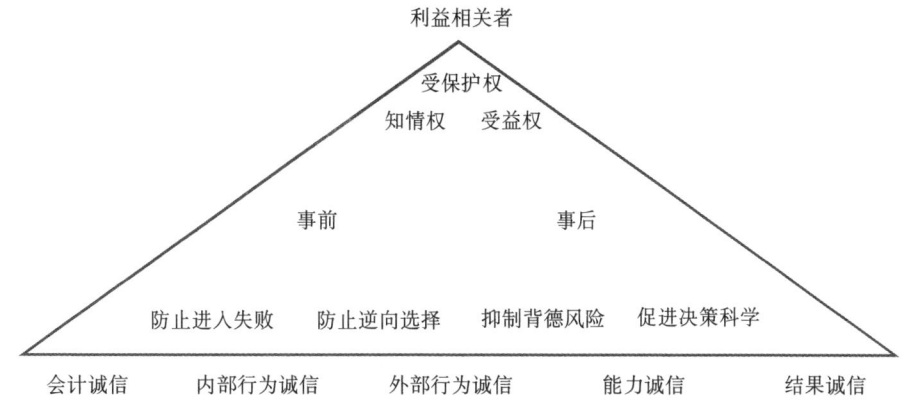

图 4-16 企业诚信评价体系框架

(二) 企业诚信的指标体系

为了从利益相关者保护角度评价企业的诚信水平,需要从企业诚信五个方面的表现出发,具体设立指标体系进行评价,为此,我们建立了五个方面的指标体系,以评价企业诚信能力水平,包括会计信息质量与透明度、治理与内控、企业社会责任、财务能力与创新、行业与社会监督。

1. 指标选择依据

(1) 会计信息质量、透明度与企业诚信。会计信息质量主要指会计信息的确认与计量质量,透明度主要指企业信息披露质量。企业诚信水平高的首要前提即有真实可靠、决策相关的会计信息,不操纵、不舞弊、盈余管理程度较低。同时,要提升企业透明度,降低企业内部与外部信息相关者的信息不对称程度。社会和市场经济更倾向于使用完全开放、透明的会计信息,并且向资本市场披露富含透明度的会计信息有助于改善资源的配置、促进效率的提高、推动经济的增长。缺乏透明度的会计信息都会产生高额的成本。从宏观政策效应来看,由于会计信息缺乏透明度,特定利益集团就会利用信息优势进行内幕交易,获取超额收益,导致产生信息不对称、利益相关者的权益受到侵害、民生系统判断和纠正政府政策的能力降低的现象。从宏观经济来看,会计信息缺乏透明度将会影响投资活动和经济增长,同时作用于利益与风险的分配机制,会带来腐败。综上所述,会计信息质量和透明度不但是企业诚信的基础,也是对市场经济进行有效监督的基础。

全球金融危机爆发以来,大量舞弊事件甚嚣尘上,这一现象引发了社会各界对会计信息透明度如何提高的持续关注。要保护投资者的利益并建立公平有序的资本市场,从而使国民经济得到长远发展,必须着力提高会计信息透明度。就当前情况而言,较之发达国家资本市场的上市公司，我国资本市场效率较低，上市公司的会计信息透明度仍有待提高。原因在于我国市场经济监管法律尚未完善以及相关的市场服务发展状况不佳。从资本市场监管、评级机构和经理动机等方面对会计信息透明度的影响来看，我国会计信息透明度不高的主要原因在于市场经济监管效率低下、评级机构发展落后、信息不对称下经理人的道德风险。因此，要提高我国会计信息透明度，提升市场经济效率，优化资本市场资源配置，亟待解决的问题是建立一套可靠且行之有效的企业诚信评价体系，来衡量、评价企业的诚信水平，并在一定程度上约束管理者的背德行为，从而保护利益相关者，以使我国市场经济持续健康、有序地发展。

（2）治理、内控与企业诚信。公司治理与内部控制是对利益相关者保护中的过程机制。企业良好诚信的表现之一是具有良好的公司内部治理文化，包括合理的股权结构、良好的股东行权机制、有效的董事会及有效的决策机制、高品质的股东与管理层、董事会与监事会的协同运作、有效的高管激励机制。公司治理既是公司有效运营的基础，也是利益相关者保护的基础。内部控制是公司治理的基础，也是维持公司高质量信息和有效抑制风险的基础，内部控制包括对公司风险识别、风险评估、决策流程和业务流程中风险点的控制，把风险控制的机制和方法嵌入公司的管理之中。因此，从企业内部观察，评估公司诚信水平高低，对利益相关者保护程度大小的一个重要方面是公司治理的结构、运行及效率，以及内部控制体系的健康程度。

（3）企业社会责任与企业诚信。我们观察一个企业诚信水平的高低，既要观察其内在的治理结构与运行机制，也要观察和评估其实际行为和实际表现，而企业社会责任的履行程度是一个重要的方面。一个诚信水平高的企业要有对社会的爱心、有经常性和自觉性的公益行动和社会捐赠，有对债权人、客户、供应商、员工、社区的保护行为、保护制度与保护文化，同时要定期披露自身的社会责任履行状况，并为利益相关者所理解。社会责任报告不同于财务报告，它是由企业自愿性披露的报告，披露社会责任报告本身即是企业高诚信水平的表现，而通过社会责任报告，可以进一步理解其社会责任行为。企业社会责任行为的另一方面是积极参加各种认证，取得相应资质，如 ISO9000 系列、ISO14000 系列、ISO18000 系列，因为企业参加认证的过程也是企业社会责任行为、制度与文化建设的过程。

（4）财务能力与创新及企业诚信。企业对利益相关者保护有两个方面，一是约束与监督，二是价值创造。信息质量、治理与内控侧重于通过约束与监督实现对利益相关者保护，而企业的价值创造能力及效果是企业进行利益相关者保护的价值基础。企业通过强化治理、加强管理和有效运营,产生财务价值,财务价值反过来会提升公司治理、公司透明度建设的持续性,也是股东分红、债权人获得本息、政府获得税收、员工获得薪酬福利、社会获得关爱和环境获得保护的物质基础。因此,诚信水平高的企业一定要具有良好的财务能力,包括良好的财务效果、较高的成长能力和强大的创新能力。因此,我们设立财务与创新方面的指标,以反映企业所具有的利益相关者保护的能力。

(5) 行业、社会监督与企业诚信。对于企业来讲,有效的外部监督可以促进企业加强利益相关者保护,外部监督包括行业监督、社会监督与政府部门监督。行业监督主要采用国家企业信用信息公示系统的信息,如果企业有违规或失信行为,会被行业监督部门所记录并予以披露。社会监督主要是媒体监督,包括传统媒体与新媒体(含自媒体),企业的失信行为可能会被这些媒体所记录并报导(公开或非公开)。还有一种监督是政府部门监督,包括证券机构监督、财政部门监督、税务部门监督、交易所监督等,通过查阅这些部门对企业的处罚和通报信息,可以评估其诚信状况。

根据以上分析,我们建立了以下企业诚信水平评价指标体系,见表4-67。

表4-67　　　　　　　　企业诚信水平评价指标体系

一级指标	二级指标	三级指标	四级以下(略)
企业诚信水平	会计信息质量与透明度	会计信息可靠性 信息披露质量	
	治理与内控	治理质量 内控环境及运行 内控缺陷及评价	
	企业社会责任	公益及捐赠 利益相关者保护 社会责任报告及资质	
	财务能力与创新	财务能力 成长能力 创新能力	
	行业与社会监督	行业监督 社会监督 政府部门监督	

2. 企业诚信水平评价指标解释

(1) 会计信息质量与透明度指标。在会计信息质量与透明度方面,我们设置了以下两个方面的指标:会计信息可靠性和信息披露质量。

会计信息可靠性主要通过盈余管理和盈余稳健性来衡量，具体测度方法如下：

①盈余管理。对于盈余管理，我们采用经典的计量模型测试。模型使用应计利润分离法以测试盈余管理，把应计利润总额分解为操控性应计利润和非操控性应计利润，并假定非操控性应计利润随经济环境的变化而变化。分行业估计并且采用线下项目前总应计利润作为因变量估计特征参数的基本 Jones 模型和 KS 模型最能有效揭示出盈余管理，考虑到模型的普遍适用性，我们采用基本的 Jones 模型来测度上市公司的盈余管理程度。盈余管理程度越大，则企业会计信息的可靠性越低。

②盈余稳健性。大量文献认为，稳健的财务报告是高质量的，或者说高质量的财务报告应当是稳健的（Ball，Robin and Wu，2003；Ball and Shivakumar，2005，etal.），稳健性会计质量有助于通过降低信息不对称、提高公司治理水平而发挥投资者保护作用。会计稳健性越高，则会计信息越可靠。

我们采用改进的公司层面的 Basu 模型（Khan and Watts，2009）作为稳健性的基本测度方法。同时，在稳健性测度中，考虑了年报审计意见及年报重述对稳健性的影响。

如表 4－68 所示，对于信息披露质量，我们通过包括非财务信息和报表附注重要项目的详细及有用性程度进行评价。一般来说，披露的信息越多，企业的信息披露质量越高。非财务信息包括：投资者关系、利益相关者保护（公司治理中有员工参与，有职工监事）、对其他利益相关者利益保护机制、股权结构、股东间的关联关系、股东性质、董事背景、董事会下属专业委员会运行情况、董事与 CEO 情况、独立董事履职情况、激励与考评机制、董监高选聘情况、高管薪酬情况、监事背景披露、外部审计运行情况、内部审计运行情况、年报披露及时性等。

表 4－68　　　　　　　　　　企业透明度评价指标体系

类别	指标（是否披露）	评分方法	备注
非财务信息	投资者关系	是 1 否 0	
	公司治理中有员工参与（有职工监事）	是 1 否 0	
	对其他利益相关者利益保护机制	是 1 否 0	
	股权结构年度内变化	是 1 否 0	
	股权质押	是 1 否 0	
	实际控制人信息披露	是 1 否 0	
	股东间的关联关系	是 1 否 0	
	控股股东介绍	是 1 否 0	
	是否披露专业学历	是 1 否 0	

续表

类别	指标（是否披露）	评分方法	备注
非财务信息	原单位及职务	是1 否0	
	兼职情况	是1 否0	
	任期	是1 否0	
	名称、人员	是1 否0	
	职能发挥	是1 否0	
	会议情况	是1 否0	
	接任计划	是1 否0	
	董事变更	是1 否0	
	交叉任职情况	是1 否0	
	意见情况描述	是1 否0	
	激励与考评机制	是1 否0	
	董事	是1 否0	
	监事	是1 否0	
	CEO	是1 否0	
	总体披露	是1 否0	
	单独披露无结构	是1 否0	
	单独披露有结构	是1 否0	
	专业学历	是1 否0	
	工作经历	是1 否0	
	兼职情况	是1 否0	
	任期	是1 否0	
	审计师独立性	是1 否0	
	审计师任命流程	是1 否0	
	审计费用	是1 否0	
	工作范围和职责	是1 否0	
	工作范围和职责及时性	是1 否0	
报表附注重要项目	管理费用项目明细	是1 否0	
	营业外支出项目明细	是1 否0	
	其他综合收益明细	是1 否0	
	支付其他与经营活动有关的现金明细	是1 否0	
	变更原因及影响	是1 否0	
	合并范围及说明	是1 否0	
	募集资金使用状况	是1 否0	
	非募集资金使用状况	是1 否0	
	业务往来	是1 否0	
	定价原则	是1 否0	
	担保	是1 否0	

报表附注重要项目包括管理费用项目明细、营业外支出项目明细、支付其他与经营活动有关的现金明细、合并范围及说明、非募集资金使用状况、业务往来、定价原则等。

（2）治理与内控。治理与内控设置了治理质量、内控环境及运行、内部缺陷及评价三个指标。

①治理质量。主要通过股东在年度股东大会会议的出席率、外部董事或独立董事在董事会中的比例、董事会会议次数、外部或独立监事的比例、监事会会议次数、审计委员会会议次数、经理层在董事会中任职比率、高级管理人员持股比例、董事长与总经理的两职设置状况等来衡量。

②内控环境及运行。本指标进行两个方面的评价：一是内部控制环境，用员工薪酬及员工培训支出来评价；二是企业业务控制的效率，包括有无重大诉讼、仲裁事项以及关联交易金额占销售额的比例。

③内控缺陷及评价。本指标从两个方面进行评价：一是企业内部控制自我评价报告，评估企业披露的内部控制自我评价报告中内部控制缺陷类型、是否出具内控评价报告结论、有无缺陷及认定情况、有无缺陷的整改措施、内部控制缺陷整改情况；二是会计师事务所意见，即出具内部控制审计报告的会计师事务所是否是国内四大或者十大以及出具内部控制审计报告的意见类型。

（3）企业社会责任。企业社会责任从公益及捐赠、利益相关保护者、社会责任报告及资质三个方面来衡量。

①公益及捐赠。用社会捐赠额来衡量，社会捐赠额多的企业诚信度则越高。

②利益相关者保护。企业利益相关者保护做得越好，诚信水平越高，主要通过其社会责任报告披露内容来设立指标，设立的指标包括：是否披露股东权益保护、是否披露债权人权益保护、是否披露职工权益保护、是否披露供应商权益保护、是否披露客户及消费者权益保护、是否披露环境和可持续发展、是否有环境与可持续发展货币化定量披露、是否披露公共关系和社会公益事业、是否披露社会责任制度建设及改善措施、是否披露安全生产内容。

③社会责任报告及资质。本指标主要评价企业社会责任报告披露状况及质量，以及企业所拥有的社会责任资质。包括是否披露社会责任报告、社会责任报告是否经第三方机构审验、是否参照《可持续发展报告指南（GRI）》编制社会责任报告、是否通过 ISO9000 系列认证、是否通过 ISO14000 系列认证、是否通过 ISO18000 系列认证，是否通过 ISO26000 系列认证。

（4）财务能力与创新。本指标都为定量指标，包括财务能力指标、成长能力指标和创新能力指标。

①财务能力指标。财务能力包括6个指标，分别是权益比率、总资产收益率、净利润现金含量、自由现金流、股利率、担保比例。

权益比率＝权益总额/资产总额×100%

总资产收益率＝（净利润/平均资产总额）×100%

净利润现金含量＝经营活动产生的现金流量净额/净利润

每股企业自由现金流量＝（现金及现金等价物净增加额－筹资活动产生的现金流量净额）

股利率＝每股股利/每股股价

担保余额占净额比例＝担保余额/期末净资产额

②成长能力指标。成长能力包括以下4个指标。

总资产增长率＝本年总资产增长额/年初资产总额×100%

净资产增长率＝（期末净资产总额－期初净资产总额）/期初净资产总额×100%

净利润增长率＝净利润增长额/上年净利润×100%

员工增长率＝（本年度员工数－上年度员工数）/上年度员工数×100%

③创新能力指标。创新能力包括以下10个指标。

研发强度＝研发支出/总收入

毛利率＝毛利/营业收入×100%

博士占比、本科以上占比、技术人员占比、专利数量、企业董事长学历、企业总经理学历、企业董事长职称、企业总经理职称。

（5）行业与社会监督。本指标包括行业监督、社会监督和政府部门监督三个方面的评价指标。

①行业监督。主要看国家企业信用信息公示系统有无行政处罚信息、是否列入经营异常名录、是否列入严重违法失信名单。

②社会监督。主要通过搜索企业是否有媒体负面报道以及企业披露的重大诉讼情况来衡量。

③政府部门监督。主要通过企业是否有高管违规或者公司违规受到政府有关部门处罚等情况来评价。

3. 指标体系权重

我们选择使用AHP方法确定评价指标体系的权重。在经济、管理、环境、社会等学科的评价与评估研究中，特别是在对目标对象进行综合评价过程中，常常需要确定指标体系中各指标的权重，AHP方法是常用的权重确定方法之一。

美国运筹学家、匹兹堡大学教授萨迪（T. L. Seaty）提出了著名的层次分析法（The Analytic Hierarchy Process，AHP）。这是一种定性和定量相结合、系统化、层次化的分析方法。AHP 从本质上讲是一种思维方式。它把复杂问题分解成各个组成因素，又将这些因素按支配关系分组形成递进层次结构，通过两两比较的方式确定各个因素的相对重要性，然后综合决策者的判断，确定决策方案相对重要性的总排序（权重）。

在诚信指标评价过程中，所使用的指标是一个多层次的体系。因而，在不经过多轮修正的情况下，对于这种多层次、多指标的评价体系来说，AHP 方法具有独特的优点，能够得到比较理想和科学的指标权重。

为了完成相关专家意见的汇总，需要采用专家调查问卷形式进行调查。调查对象为会计、审计、内部控制及财务方面的专家，既有理论研究学者，也有实务人员。我们选取了来自中国人民大学、北京大学、南开大学等高校的学者及来自上市公司、金融机构、投资机构、政府部门、科研院所的专家。调查发放专家调查问卷 12 份，回收 12 份，有效问卷 12 份，有效率 100%。

对以上 12 位专家的 AHP 问卷进行逐一计算及随机一致性检验（CR），得到每一位专家对以上指标体系的权重赋值。对这些专家的权重进行简单平均，可以得到总体的指标体系权重，见表 4-69。

表 4-69　　　　　　　　企业诚信水平评价指标权重

一级指标（%）	二级指标	权重（%）	三级指标	权重（%）
企业诚信水平	会计信息质量与透明度	27.93	会计信息可靠性	60.14
			信息披露质量	39.86
	治理与内控	22.12	治理质量	41.18
			内控环境及运行	28.57
			内控缺陷及评价	30.25
	企业社会责任	15.35	公益及捐赠	31.29
			利益相关者保护	38.81
			社会责任报告及资质	29.90
	财务能力与创新	16.28	财务能力	32.01
			成长能力	35.76
			创新能力	32.23
	行业与社会监督	18.32	行业监督	36.51
			社会监督	26.04
			政府部门监督	37.45

四、评价体系的运用：基于中国上市公司的试评价

为了验证上述评价指标体系的可行性，我们使用上述指标体系对2017年度中国上市公司的诚信水平进行评价。

（一）评价对象

所评价的样本公司数据来源于截至2018年4月30日的公开信息（巨潮资讯网、中国证监会网站、沪深交易所网站、上市公司网站等），国泰安CSMAR数据库，万德（Wind）、锐思（Resset）数据库以及国家企业信用信息公示系统（http://www.gsxt.gov.cn），部分公司新闻报道通过百度搜索引擎进行了查找。我们对2017年度所有A股上市公司进行了评价，包括主板、中小企业板和创业板上市公司，共3117家。所评价上市公司的构成见表4-70。

表4-70　　　　　　　　所评价上市公司上市类型构成

上市类型	公司数	比例（%）
深市主板	465	14.92
沪市主板	1217	39.04
中小板	833	26.72
创业板	602	19.31
合计	3117	100.00

中国上市公司主板数量为1682家，占53.96%，其中，深市主板465家，沪市主板1076家。

（二）评价结果

从总体上来看，所评价上市公司2017年度诚信指数得分的均值为74.84分，最大值（89.26分）与最小值（54.20分）相差35.06分，其中，行业与社会监督力度最强（97.21分），企业社会责任履行力度较弱（65.00分），详见表4-71。可见，2017年度中国上市公司呈现行业与社会监督质量较高，而企业社会责任履行能力较低的特点。

表 4-71　　　　　　　　所评价上市公司诚信状况描述（2017）

各级指数	平均	中位数	最大值	最小值	标准差
企业诚信指数	74.84	74.83	89.26	54.20	4.43
——会计信息质量与透明度	68.65	68.53	96.20	35.30	11.04
——治理与内控	74.31	74.65	92.17	44.31	6.41
——企业社会责任	65.00	60.00	96.90	60.00	8.79
——财务能力与创新	70.29	70.66	90.70	46.75	7.18
——行业与社会监督	97.21	100.00	100.00	49.43	4.95

从总体上看，中国上市公司的诚信指数得分大部分分布在 70~80 分之间，其分布形式基本上呈正态分布（峰度为 0.57，偏度为 -0.19），中国上市公司诚信指数略呈尖峰且略左偏分布状态，见图 4-17。

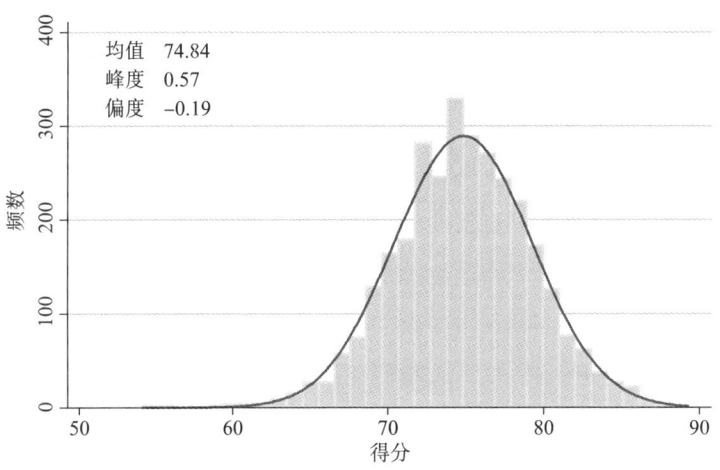

图 4-17　所评价上市公司诚信指数总体分布

从离散程度来看，2017 年企业诚信总体上分散趋势不大，标准差为 4.43，其中会计信息质量与透明度、企业社会责任两个指标的分散趋势较大。我国上市公司诚信水平呈现出一定的"马太效应"现象。

从地域来看，各省份的平均得分均在 70~80 分之间，前三名分别为北京（76.76 分）、西藏（76.74 分）和河北（75.93 分）。后三名分别为新疆（72.91 分）、海南（72.63 分）和青海（71.66 分），见表 4-72。

表 4-72　　　　　　　按地区分类的上市公司诚信指数得分

省份	均值	最大值	最小值	标准差
北京	76.76	87.85	59.76	4.39
西藏	76.74	83.66	70.31	3.87
河北	75.93	85.67	65.34	4.76
贵州	75.90	84.37	70.26	3.86
湖北	75.55	84.68	66.75	4.26
河南	75.52	87.00	65.86	4.39
广东	75.48	89.26	64.18	4.25
福建	75.27	85.37	62.52	4.57
云南	75.22	85.84	59.01	5.99
四川	75.09	85.37	55.05	4.46
江西	74.79	81.62	64.46	3.52
湖南	74.76	86.40	66.83	3.86
浙江	74.74	86.03	59.69	4.22
内蒙古	74.70	84.91	64.52	4.44
重庆	74.65	86.91	63.93	4.54
天津	74.63	83.39	63.52	4.05
安徽	74.42	83.26	63.54	3.89
宁夏	74.34	80.66	66.00	3.68
上海	74.34	85.01	57.88	4.58
江苏	74.17	85.49	56.05	3.99
山东	74.16	85.20	62.25	4.50
吉林	73.75	85.66	60.56	4.67
甘肃	73.60	82.69	59.27	4.50
陕西	73.49	85.32	62.53	4.62
辽宁	73.48	82.90	54.20	5.11
山西	73.44	85.14	61.08	5.26
广西	73.26	80.13	65.33	4.22
黑龙江	73.10	83.10	60.56	4.09
新疆	72.91	84.80	60.30	4.58
海南	72.63	83.40	63.46	4.32
青海	71.66	78.56	66.50	3.76
总计	74.84	89.26	54.20	4.43

在不同最终控制人类型的公司中，国有控股公司的诚信水平最高，为 75.51 分，其次

为无控制人公司，为75.33分，而外资控股和民营控股公司的诚信水平较低（分别为74.82分和74.46分），其他控股公司的诚信水平垫底，见表4-73。

表4-73　　　　　　　按最终控制人分类的上市公司诚信指数得分

最终控制人性质	均值	最大值	最小值	标准差
国有控股	75.51	87.85	59.01	4.64
民营控股	74.46	89.26	54.20	4.25
外资控股	74.82	85.37	63.89	4.47
无控制人	75.33	87.00	56.05	4.72
其他控股	74.31	85.07	65.88	4.39
合计	74.84	89.26	54.20	4.43

（三）指数的信度和效度评估

上述理论分析及评价结果说明诚信指数具有一定的逻辑符合性和可行性，但在实际评价中，指数的信度和效度如何，需要进一步评估。只有具有逻辑符合性、现实符合性与可行性的指标体系及其指数，才是真正科学的评价体系。

1. 信度评估

我们选择北京工商大学投资者保护研究中心发布的中国上市公司投资者保护指数（AIPI）（http：//bhzx.btbu.edu.cn）进行信度评估，与本指数（CII）进行信度校验。

（1）指数相关性。我们首先分析两个指数的相关性，见表4-74。

表4-74　　　企业诚信指数（CII）与投资者保护指数（AIPI）的相关性分析

项目	CII	AIPI
CII	1	
AIPI	0.6677*** (0.0000)	1

注：样本量3117。

可以看到，企业诚信指数（CII）与投资者保护指数（AIPI）的相关系数为0.6677，显著性水平为0.0000，说明二者具有高度的相关性。

（2）回归分析。为了进一步精确分析企业诚信指数（CII）与投资者保护指数（AIPI）之间的关系，我们在控制了企业规模、资产负债率、行业、盈利的情况下，检验两个指数之间的回归关系，如表4-75所示。

表 4-75　　企业诚信指数（CII）与投资者保护指数（AIPI）的回归结果

被解释变量（CII）	样本量	回归系数	T 值	P 值
AIPI	3117	0.6954***	44.71	0.0000
控制	3117	略	略	略
截距	3117	36.7450***	42.97	0.0000

注：回归模型的 F 值为 680.75，调整后的 R^2 为 0.4409。

以企业诚信指数（CII）为因变量，与投资者保护指数（AIPI）进行回归，回归系数为 0.6954，说明上市公司投资者保护指数每增加 1%，则上市公司诚信水平增加 0.7%，投资者保护指数（以及其他控制变量）可以解释企业诚信水平变动的 44%。说明二者具有很强的一致性，企业诚信指数（CII）具有较强的信度。

2. 效度评估

我们用两个指数来检验企业诚信指数（CII）的有效性，一是企业下一年度的财务业绩，以总资产净利润率表示（ROA），二是企业下一年度的股票回报（R）。若企业诚信指数（CII）是有效的，则当年较高的诚信水平会带来下一年度较高的财务业绩以及较高的股东回报，见表 4-76 和表 4-77。

表 4-76　　企业诚信指数（CII）对企业下一年度财务业绩的解释力

总资产净利润率（ROA_t）	样本量	回归系数	T 值	P 值
CCI_{t-1}	2499	10.07***	8.72	0.0000
控制	2499	略	略	略
截距	2499	74.28***	418.38	0.0000

注：回归模型的 F 值为 33.35，调整后的 R^2 为 0.074。

可见，企业诚信指数（CII）对企业下一年度的财务业绩具有很好的解释力，若本年企业诚信指数（CII）增加 1%，则下一年度企业的总资产净利润率将增加近 10%，且在 1% 的水平上显著。

表 4-77　　企业诚信指数（CII）对企业下一年度股东回报的解释力

股票年度涨幅（R_t）	样本量	回归系数	T 值	P 值
CCI_{t-1}	2499	3.32	11.36	0.0000
控制	2499	略	略	略
截距	2499	75.15	426.96	0.0000

注：回归模型的 F 值为 51.16，调整后的 R^2 为 0.086。

同样，企业诚信指数（CII）对企业下一年度的股东回报也具有很好的解释力，若本年企业诚信指数（CII）增加1%，则下一年度股东的股票持有回报率将增加3.3%，且在1%的水平上显著。

这说明，我们所建立的企业诚信水平评价指标体系具有很强的效度。

五、结论

在投资者保护中，因为逆向选择与道德风险而产生的代理成本是影响投资者利益的核心问题，解决代理问题的重要途径是植入诚信基因，倡导企业的诚信体系和诚信文化建设，提升企业的诚信水平。企业的最主要利益相关者是股东，除了股东之外，客户、供应商、职工、社会、社区、政府等也是企业重要的利益相关者，企业除了承担对股东的经济责任之外，还要承担这些股东之外利益相关者的社会责任。企业诚信不但可以保护投资者价值，也能保护利益相关者价值。在企业诚信评价中，不光要看其履行股东责任时是否诚信，也要看其履行社会责任时是否诚信。诚信可以通过降低交易成本、强化信任关系而保护利益相关者利益，而交易成本、代理成本的降低和信任关系的强化也会带来社会资本，促进企业价值最大化，从而正反馈于企业的投资者、消费者、职工、社会和政府等利益相关者，形成一种正反馈循环和正反馈机制。

评价一家企业诚信程度的高低，应当从企业对利益相关者的保护着手，也就是保证利益相关者的知情权和受益权，从而最终保证其受保护权。具体可以设立五个方面的指标体系，以评价企业诚信能力水平，包括会计信息质量与透明度、治理与内控、企业社会责任、财务能力与创新、行业与社会监督。根据所建立的企业诚信评价指标体系，我们对2017年度我国上市公司的诚信水平进行了试评价，发现该指标体系具有较强的可行性，能够全面取得所需指标数据。进一步的信度和效度检验发现，企业诚信指数（CII）具有很强的信度和效度，所有证据都证实本评价体系具有很强的科学性和可行性，可以进一步推广，开展更广范围的企业诚信水平评价，并作为企业诚信能力建设的重要标杆和诚信水平评估的重要依据。

（本专题执笔人：北京工商大学商学院 张宏亮、夏文莉）

专题五 "会计诚信与高质量发展论坛"观点综述与建议

【摘要】北京国家会计学院联合财政部会计司、财政部监督评价局、中国注册会计师协会和中国会计学会,共同举办"会计诚信与高质量发展论坛"(以下简称"论坛")。2021年11月18日和2022年10月29—30日,联合主办单位分别于北京国家会计学举办了第一届和第二届论坛,旨在推动贯彻落实党中央、国务院关于加强诚信体系建设,实现经济社会高质量发展的决策部署,助力全面提升会计行业服务国家建设能力,推进完善产权保护、市场准入、公平竞争、社会信用等市场经济基础制度,优化营商环境,增强文化自信,提高全社会文明程度,弘扬诚信文化,健全诚信建设长效机制。本部分对第一届和第二届论坛的主旨演讲嘉宾的主要观点进行了综述。

【关键词】会计诚信;高质量发展;诚信体系;诚信机制

一、第一届"会计诚信与高质量发展论坛"嘉宾观点分享

2021年11月18日,北京国家会计学院联合财政部会计司、中国注册会计师协会和中国会计学会在北京国家会计学院举办首届"会计诚信与高质量发展论坛"(以下简称"论坛")。1万余人在线上参加了本次论坛。该论坛主题为推动贯彻落实《关于进一步规范财务审计秩序 促进注册会计师行业健康发展的意见》(国办发〔2021〕30号)的要求,助力全面提升注册会计师行业服务国家建设能力。

众所周知,诚信关乎社会经济运行,更关乎民族和国家形象。会计诚信是社会信用体系建设的重要组成部分,在全社会诚信建设中发挥着基础和保障作用。各位受邀嘉宾从不同角度探讨了会计诚信与社会高质量发展的关系、会计诚信体系建设、会计诚信教育以及落实国办发〔2021〕30号文的重要意义与具体实现路径和机制等重要问题。

(一)北京国家会计学院党委书记张凤玲的主要观点

北京国家会计学院党委书记张凤玲在开幕致辞中指出:会计诚信建设是高质量发展的

重要基础。会计是市场经济的基石,会计诚信是社会信用体系建设的重要内容,在社会信用体系建设中发挥着重要的基础和保障作用。

在创新驱动与技术进步背景下,数据成为重要的生产要素,在激发经济增长内生动力,支持经济实现创新驱动、包容性、可持续性增长等方面发挥着重要作用。会计在真实公允地反映气候变化、生物多样性和环境等信息方面,还将发挥新的重要作用。

同时,会计诚信建设是促进经济社会高质量发展的关键一环。国务院办公厅印发《关于进一步规范财务审计秩序 促进注册会计师行业健康发展的意见》(以下简称"国办发30号文件"),提出以全面提升注册会计师行业服务国家建设能力为目标,统筹发展与安全,紧抓质量提升主线,守住诚信操守底线,筑牢法律法规红线。明确提出诚信为本、质量为先、从严监管、从严执法等基本原则,并从依法整治财务审计秩序、强化行业日常管理、优化执业环境和能力等方面提出了具体任务和目标。

诚信是人类社会重要的价值准则,是社会主义核心价值观的重要组成部分,也是会计职业道德的核心。加强会计诚信建设,归根到底是要加强人的建设和社会环境建设。因此,各方面要齐心协力,努力营造会计诚信良好氛围。

近年来,北京国家会计学院高度重视会计诚信建设,特别是在国办发30号文件出台以后,组织发动学院各个部门从多个方面拓宽思路,夯实落实举措。一方面,发挥学院的优势特色,精心培育德才兼备的高端财经会计人才。另一方面,发挥学院智库研究服务中心大局的优势,推动会计诚信建设,深入开展政策研究,为规范财务审计秩序,促进注册会计师行业健康发展提供决策支持。

征途漫漫,唯有奋斗。推进会计诚信建设是我们共同的责任。让我们齐心协力,以咬定青山不放松的劲头,贯彻落实好党中央决策部署和国办发30号文件精神,引导会计行业恪守职业操守,在全社会共同营造诚信环境。

(二)财政部会计司副司长吴祥云的主要观点

吴祥云副司长认为:加强会计诚信建设是维护市场秩序、维护会计审计行业公信力、发挥好会计职能作用、更好参与国际竞争和交流合作的需要。具体从四个方面加强会计诚信建设。

第一,加强会计法治建设,厚植诚信根基,为会计诚信建设提供法律支撑。当前,会计法、注册会计师法正在修法阶段,要进一步明确会计诚信的重要性,支持会计人员依法履责,保护会计人员合法权益。要加大会计失信行为处罚力度,提高会计违法成本。同时，进一步完善会计审计法律责任体系。

第二，加强会计诚信的体系建设，继续完善守信激励、失信惩戒措施，加大财务造假处罚力度，筑牢会计诚信防火墙。要创新事前环节会计信用监管，探索建立会计信用承诺制度，积极拓展会计人员的信用信息应用。要加强事中环节会计信用监管，全面建立会计行业信用记录，加强对会计主体的动态监管。要完善事后环节会计信用监管，健全会计失信联合惩戒对象的认定机制，督促会计失信主体限期整改，深入开展会计失信联合惩戒，坚决依法依规实施会计行业禁入措施，依法追究会计违法失信行为，探索建立会计信用修复机制。要强化会计信用监管的支撑保障，利用全国会计人员管理平台，着力提升会计信用监管信息化建设水平。

第三，深入开展会计诚信教育，培育诚信土壤，使会计人员牢固树立诚信意识。加强会计诚信的课程建设，将会计诚信作为会计人员能力框架的重要组成部分。完善会计人才的评价体系，健全会计人才评价标准。促进会计诚信教育与高等教育、会计人员继续教育、会计资格考试评价相结合，增强广大会计人员诚信执业的自觉性。

第四，加大会计诚信宣传力度，营造风清气正的良好环境。要把会计人员的信用信息作为先进会计工作者评选、会计职称考试、会计职称评审和高端会计人才选拔审查的重要依据。鼓励用人单位依法使用会计人员信用信息，优先聘用、培养、晋升具有良好信用记录的会计人员。注重发挥报纸、广播、电视、网络等媒体的宣传作用，用社会舆论的监督提升整体的会计诚信水平。

（三）中国注册会计师协会秘书长舒惠好的主要观点

舒惠好秘书长认为：诚信建设始终是注册会计师行业的执业之基，是行业的根本价值取向和立身之本。作为行业人士，一定要坚持诚实守信的初心使命，贯彻落实"主题主线"的重要论述，大力推进行业诚信建设。国办发30号文件发布后，展望未来，推动行业诚信建设应当注重发挥三个方面的主体作用。

第一，各级注协要筑牢"主阵地"，使诚信建设"内化于心"。一要加强诚信思想教育，充分认识新形势下加强行业诚信建设的重要性、艰巨性、长期性和紧迫性，把加强诚信思想教育纳入协会工作的重要内容，以认真负责的态度一抓到底，抓出成效。二要做好诚信制度设计，结合注册会计师法修订工作，抓紧研究关于诚信建设的配套制度办法，持续修订完善职业道德等准则规范，加大诚信教育在继续教育、人才培养等工作中的比重，引导从业人员诚实守信。三要抓好诚信情况监督管理，适应新技术、新手段，创新诚信监管的方式方法，建立健全考核评价激励机制，将诚信建设情况纳入事务所综合评价体系。四要加大对诚信建设的正面宣传，拓宽宣传渠道，增强社会公众对注册会计师诚信的认知度及对行业诚信内涵的了解，积极引导社会舆论和市场预期。

第二，会计师事务所要守好"主战场"，使诚信建设"固化于制"。一要建立以诚信为核心的合伙文化，在诚信教育中诠释诚信文化理念，把诚信执业的要求传达给事务所的每一位从业人员，让诚实守信的文化理念深入人心。二要抓好以诚信为导向的风险控制、质量管理机制建设，把诚信文化精髓与事务所的各项制度建设有机融合，健全事务所的质量管理、风险管理、品牌管理等内部管理机制，加强对执业活动各环节的诚信管理，保证执业质量。三要主动向社会传递行业诚信理念，在业务承接和业务执行中注重宣传诚信理念，展示行业形象，主动争取客户的理解和支持，营造事务所诚信执业的良好环境。

第三，行业从业人员要当好"主力军"，使诚信建设"外化于行"。一要坚守诚信信仰，增强诚信自觉，培养诚实守信、勤勉尽责的敬业精神，养成良好的职业习惯。二要遵守诚信要求，熟悉和了解与本职工作相关的职业道德规范，在执业过程中强化诚信意识，自觉践行诚信原则。三要敢于诚信执业，能够抵得住诱惑，经得起考验，以客观、真实、严肃的方式向公众传达信息，守住底线、不越红线。

（四）财政部监督评价局局长杨瑞金的主要观点

杨瑞金局长认为：财会监督是为保障党和国家财经法规政策贯彻落实，促进财会管理规范有效，依法依规对相关经济主体的财政、财务、会计活动实施的监督。财会监督是建立现代财政制度的重要组成部分，是推进国家治理体系和治理能力现代化的重要力量。强化财会监督，将继续围绕中央重大决策部署的贯彻落实，聚焦会计法规准则制度执行巩固，严格履行法定职责，健全完善长效机制，进一步维护和规范市场经济秩序，下一步重点做好以下四方面工作。

一要进一步加强制度建设。推动加快修订会计法等，采取行政强制措施，大幅提高财务造假等违法行为的惩罚力度。制定会计师事务所和注册会计师执业活动投诉举报处理办法和注册会计师行业严重失信主体名单管理办法。建立投诉举报平台，进一步健全完善财会监督体制机制，有效发挥财政部门财会监督职能作用，压实单位内部监督、社会中介机构审计监督责任，维护良好的秩序，强化政治引领，持续开展教育，引导全行业树立良好职业操守。

二要进一步加大监督检查力度。坚持"零容忍"打击财务造假、加大会计信息质量和会计师事务所执业质量检查力度，优化注册会计师行业执业环境。聚焦重点领域，灵活运用监督检查、专项治理等多种手段，保障中央重大财税政策和现代财税体制改革措施有效落实。

三要进一步丰富监管手段。运用"互联网+监管"平台、大数据等现代信息技术手段，提升监管能力和执法水平。采取有效措施，坚决遏制企业向税务、证监、银行等部门和机构报送不同财务报告的行为，结合社会信用体系建设，定期发布会计信息质量检查公告和典型案例，以案释法，强化震慑。

四要进一步强化部门协作。以党内监督为主导，与其他方面监督有机贯通、相互协调，会同"一行两会"等部门建立综合执法监督机制，共同打击资本市场领域排污造假行为。

财会监督和诚信建设相互促进，互为补充。市场经济越发展，会计工作越重要；财政改革越深入，财会监督越有为。监管部门与广大会计人员、注册会计师，不仅是监管与被监管的关系，更是财会监督的统一战线和同盟军。共同维护市场秩序，以诚实守信推动经济实现高质量发展，是我们共同的目标和责任。

（五）北京国家会计学院院长秦荣生教授的主要观点

秦荣生院长认为：在数字经济时代，会计职业道德要求不同于传统的职业道德原则，有该时代的特定要求。同时，概括和反映了会计人员在数字经济时代应具备的基本道德准则。

第一，以人为中心。会计人员要确保以人为中心开展工作，避免人的利益、尊严和价值主体地位受到损害，确保任何数字经济特别是具有自主性意识的智能会计持有与人类相同的基本价值观。数字技术在会计领域中的使用不得侵害基本人权，而是用于提升拓展人的能力，使会计人员减轻压力。

第二，以零信任为前提，既没有默认的信任，也没有永久的信任。会计人员取得的内外部数据和信息，必须以身份为基石，以业务安全访问、持续信任评估、动态内部控制为前提，确保取得的数据和信息是合法的、安全的和可信任的。

第三，个人隐私保护。随着大数据技术的发展，数据的挖掘、整合、交易越来越便利。这也要求会计人员坚守对个人隐私保护的底线。会计人员在工作中获得的个人隐私信息，需要谨慎对待。包括单位对个人隐私数据的使用行为在内，均不得侵犯个人自由、尊严和平等；确保个人隐私数据使用行为的正确性、正当性，使本人能够实质性参与并从中获益;对个人隐私数据必须把握使用和保护之间的平衡。

第四,数据安全保障。数字技术在会计工作中的应用,必须是安全、可控的,要确保国家、组织、个人各类数据的安全。会计人员应用数字技术,应正确把握利益与风险之间的平衡,提高社会、组织和个人的安全性和可持续性;正确评估及降低数字技术风险,推进深度应用和风险管理;重视数据使用的全面性,不依赖少数数据得出结论,以免误导数据使用者;提升会计人员数据科学素养,科学存储、选样、挖掘、利用数据,确保数据的安全性。

第五,公开公平客观。会计人员将数字技术应用于会计工作中,应保持公平、客观,并说明相关责任:一是人不应因人种、性别、国籍、年龄、政治信念、宗教等被不当地差别对待;二是根据对使用数字技术的事实、数据获取及使用方式的情况,确保数字技术正确运行,并符合客观事实;三是根据需要设置沟通对话场所,使人能够理解和判断数字技术应用得出的结果;四是确保数字技术应用及数据的可信赖性。

(六) 国家发展改革委财政金融和信用建设司司长陈洪宛的主要观点

陈洪宛司长认为:会计是支撑保障社会主义市场经济健康有序运行的重要行业,也是诚信建设的重要领域。加强会计领域诚信建设,对推动会计行业高质量发展、维护市场经济秩序、推动社会信用体系建设、推进国家治理体系和治理能力现代化,具有重要意义。下一步建议重点加强以下五方面工作。

一是进一步加大信用信息共享力度。依托全国信用信息共享平台,依法依规将会计行业相关从业机构和人员的守信和失信行为纳入信用记录,构建标准统一、全面覆盖的市场主体信用档案。依法推动相关信用信息在"信用中国"网站公开公示,加强会计行业的舆论监督和公众监督。

二是进一步推广信用承诺制。推动相关从业机构和人员对依法履职尽责进行公开信用承诺,依法加强信用承诺履约监管,严肃查处承诺不实、不履行承诺等行为,让守信践诺成为会计行业所有市场主体的思想自觉和行动自觉。

三是进一步完善信用监管机制。建立相关从业机构和人员信用分级分类监管制度。针对会计师事务所无证经营、注册会计师挂名执业、网络售卖审计报告、超出胜任能力执业、泄露传播涉密敏感信息等违法失信行为,坚决"零容忍"、严监管。对影响恶劣的重大案件从严从重处罚,对违法违规者形成有效震慑。

四是进一步夯实信用法治基础。加快修订会计法、注册会计师法,将记入信用记录并纳入全国信用信息共享平台、公开公示财务造假信息、列入严重失信主体名单并依法实施失信惩戒等行之有效的信用监管措施全面纳入法治轨道，为会计诚信建设提供坚强法治保障。

五是进一步加强诚信宣传教育。加强对注册会计师行业法律法规和监管制度的宣传，厚植诚信理念和契约精神，引导相关机构和人员诚信执业、自觉履行社会责任，坚守"不做假账"的底线、红线，营造崇尚诚信、践行诚信的良好风尚。加大典型案例曝光力度，对全社会、全行业形成警示。

（七）中国证监会首席会计师陈毓圭的主要观点

陈毓圭首席会计师认为：会计信息是市场经济信息体系当中结构化程度最高的信息，发挥着评价经营业绩、落实受托责任、识别金融风险、引导资源配置等重要作用。高质量的会计信息有赖于会计人员的诚信、有赖于注册会计师的诚信，也有赖于会计行业作为一个整体的诚信。证监会支持主管部门推进会计改革发展和会计诚信建设的各项举措，依法履行资本市场会计监管职能，着力发挥会计监管促进会计诚信建设的作用。下一步，在资本市场领域，会计监管要进一步从以下四个方面做好工作。

首先，明确市场主体的信息披露责任，优化会计诚信环境。以上市公司治理专项行动为契机，扎实推动上市公司提高治理水平和内控水平，明确控股股东、实际控制人、董监高职责界限和法律责任，包括真实、准确、完整、及时、公正披露的责任，支持完善国有企业和上市公司选聘会计师事务所的规定，压实审计委员会的责任，落实合理区分财务造假的企业会计责任和会计师事务所审计责任，明确其他单位向注册会计师出具不实证明的法律责任，配合银行函证数字化平台建设，切实解决回函不实的问题。

其次，强化重点领域"精准狠"监管，促进会计行业诚信文化建设。强化监督检查，加大对涉嫌财务造假、欺诈行为、操纵并购、规避退市等风险领域的检查力度，保持监管执法高压态势，狠抓典型案件，加大查处力度，强化科技监管，提高对异常行为、异常指标的监测能力，体现会计监管的系统性、前瞻性和针对性。

再次，落实会计职业道德守则，矫正会计诚信行为。诚信建设应当把重点放在监管职业道德行为上，应当把对职业道德守则执行情况的监管与会计准则监管、审计准则监管放在同等重要的位置。

最后，优化会计师事务所信息披露，强化会计诚信监督。进一步加强会计师事务所从事资本市场审计业务的信息披露，探索差异化分层次的事务所信息披露安排，会同主管部门完善信息披露的监管规则，支持注册会计师行业统一监管信息平台和审计报告数据单一来源制度建设。

（八）财政部条法司副司长马勇的主要观点

马勇副司长认为：诚信建设是会计的灵魂和基础。诚信是中华民族的传统美德、是市场经济的基础，也是各行各业的基本规范和行为准则。严守会计诚信，对更好发挥财政在国家治理中的基础和重要支柱作用、进一步增强宏观调控、保障国家经济安全等方面都具有重要的现实意义。从法治角度看，法治建设是诚信的基石和保障。我国基本形成以会计法、注册会计师法为统领，总会计师条例和企业财务会计报告条例等行政法规、若干会计规章和地方性会计法规为支撑的会计法律体系，涵盖了会计审计管理的各方面、各环节，对规范会计行为、提高会计信息质量起到了保驾护航的重要作用。下一步，要着重从以下四个方面加强会计领域法治建设。

一是坚持党对立法工作的领导。按照党中央、国务院的决策部署，要加快推动会计法、注册会计师法的修订，将党中央、国务院关于加强财会监督、严肃财经纪律的决策部署落实落细，为防范财务造假提供法律保障。

二是坚持问题导向与系统思维相结合，从源头遏制财务造假。下一步，要从企业和中介机构两个主体入手，采取针对性措施予以打击。针对企业本身的造假行为，进一步完善单位负责人对会计资料真实完整予以负责的法律制度，规范开展财务管理和内部控制，从源头上规范企业会计行为。针对中介机构违规行为，着重加大对会计师事务所等中介机构违规出具虚假报告等行为的处罚力度，强化法律责任。

三是坚持优化服务和严格监管并举，全方位健全会计诚信监督体系。要优化营商环境，深入推进"放管服"改革。在会计、注册会计师行业，要紧紧围绕贯彻新发展理念，构建新发展格局，打造公平、透明、可预期的法治营商环境，确保会计、注册会计师行业的行政审批放得下、接得住、管得好、有监督，防止劣币驱逐良币，弘扬诚信正义。要加强监督检查，切实整顿规范会计行为。在相关法律中，应当赋予监管部门相应的监管手段，同时，应规范执法，创新监管机制，推动各监管部门之间协调配合，整合资源提高效率。要发挥行政复议诉讼作用，依法保障会计领域行政相对人合法权益。修订会计法、注册会计师法，进一步完善告知听证制度，保证行政相对人的陈述申诉申辩权利和依法发起行政复议行政诉讼的权利。

四是坚持开展会计法治宣传和诚信教育，推动全社会共立会计诚信意识。按照"谁执法谁普法、谁服务谁普法、谁主管谁普法"的原则，建立和落实会计普法责任制，切实完成普法规划规定的各项任务。通过行之有效、喜闻乐见的形式，广泛宣传会计诚信和法治意识，大力营造造假者受谴责、诚信者受尊重的社会氛围。同时，通过会计法治宣传教育，不断增强社会各界对会计工作的理解和支持，为依法进行核算、实施会计监督、进一步发挥审计鉴证职能并创造良好的社会氛围。

（九）中国石化总会计师张少峰的主要观点

张少峰总会计师认为：国有企业作为中国特色社会主义的物质基础和政治基础，是推动高质量发展的"顶梁柱"和"压舱石"，在维护诚信体系依法合规经营方面责无旁贷。应积极参与诚信建设，发挥会计信息在经济秩序和依法治企中的重要作用，协调社会效益和经济效益两者之间的关系，实现公平与效率的有机统一，优化资源配置，提高经济运行的效率，减少企业运行的成本，弘扬集体主义道德。

国有企业应当也必须守住会计诚信的底线，有责任敢担当，向市场传递积极可信的财务信息，当好高质量发展的"风向标"和"排头兵"。要将会计诚信放在国有企业改革、转型、发展及化解重大风险的整体目标下进行审视，全面考虑政治责任、社会责任、经济行为和阶段性任务使命与目标之间的关系，即充分发挥会计诚信体系防范和化解重大风险、确保经济社会平稳运行的作用，实现通过会计诚信体系营造相互信任的营商环境，激发市场参与者的主动性的目标。

"十四五"期间，中石化将坚定不移地把新发展理念落实到财务管理的全过程，以构建战略型集约化财务管控体系为抓手，将会计诚信落实到行动中，加强财务人员职业道德培养，持续强化财务制度的建设，构建大监督格局下的财务监督体系建设，支撑集团公司发展方略，提升中石化的企业价值，为促进企业高质量发展提供坚实的财务保障。

一是加强诚信文化建设，把诚信理念变成根植于内心的修养，把践行诚信文化变成无需提醒的自觉，引导、监督会计人员坚持职业操守，勤勉尽责，做到诚信为本、操守为重、坚持准则、不做假账。

二是建立健全诚信体制机制，逐步完善诚信文化管理体系和纪律建设机制，强化诚信文化建设在企业经营中的地位，推进会计人员信用档案建设，规范会计人员信用信息采集和应用，稳步推进会计人员信用状况与选聘任职、评选表彰等挂钩，逐步建立会计人员守信联合激励和失信联合惩戒机制。

三是制定科学的监督管理，实践以诚信为基础、以制度为工具、以内容为手段的财务人员行为规范。

四是加强会计诚信教育,将诚信教育贯穿于会计人员学习工作的全过程,使会计诚信成为会计人员职业发展中不可或缺的组成部分,将诚信文化与日常工作相结合,实现精神、制度、文化、行为等有机融合,相互支撑,相互渗透,形成合力。

(十) 中国工商银行副行长张文武的主要观点

张文斌副行长认为:站在中国迈向高质量发展的时代关口,应深入思考,准确把握经济高质量发展对会计诚信提出的新要求。

一是加强诚信建设。要涵养诚实守信的社会生态,强化政府在诚信环境建设中的作用,健全守信激励和失信惩戒机制。要构筑高度安全可靠的信用评价体系,将涉及政府、企业、监管,涵盖银行、工商、税务、法院和交易等信息整合纳入国家征信体系,保证信息的可靠性、穿透性和安全性。要营造平等竞争的商业环境,通过制度建设破除歧视性限制和隐形障碍,为创造公平竞争环境、稳定企业家信心、激发市场活力提供坚强保障。对企业不唯所有制、不唯大小,只唯优劣。

二是完善会计管理和内部控制。要实现会计管理体系标准化。确保会计信息及时准确、会计计量科学、会计信息披露充分。要完善内部控制,建立良好的内部控制制度,加强对大股东和公司管理层的有效监督。要注重信息披露管理。企业应持续健全信息披露制度,全面、充分披露风险,提高信息透明度和披露质量。

三是健全公司治理。要培养企业家精神,公司管理者要不断积累管理、财务、战略方面的知识,取得对其专业能力的认可,同时,构建道德诚信。要健全法人治理架构,通过严格的惩戒机制促使治理层发挥作用。要科学制定公司战略,专注主业,审慎扩张,打造企业的综合能力。

四是强化外部审计监督。在关注会计诚信是否要延伸到公司整体治理诚信大环境的同时,需要关注注册会计师的职责与内在诚信要求。这就需要在守住诚信操守底线的前提下,持续提升执业的质量,强化行业日常管理,优化执业环境和能力,进一步完善行业基础性制度规范,从根本上解决制约行业发展的体制性、机制性问题。

五是注重运用新技术。财务会计活动的边界在不断拓展,会计领域的数字化转型成为新的趋势。一方面,快速发展的新技术和丰富的管理数据为企业风险管理提供了便利条件;另一方面,在强化监督的过程中,通过丰富预警和分析工具,搭建共享平台,不断提升监督的效率和效果,全面推进风险治理的信息化和现代化水平。

（十一）浙江省财政厅二级巡视员江中亮的主要观点

江中亮二级巡视员认为：会计诚信是会计管理工作的根本目的所在。其直接影响到会计行业乃至整个社会经济的发展。"十三五"时期以来，浙江省高度重视会计诚信建设，并按照因地制宜、以点带面的原则推进会计诚信建设工作。浙江省会计诚信建设实践与探索，主要包括单位诚信、会计人员诚信、会计诚信与社会诚信三方面。

在单位诚信方面，紧扣代理记账机构信用管理，加强会计中介机构的诚信建设。主要的做法有四点：一是研究制定代理记账机构的信用评价的指标；二是制定出台《义乌市代理记账机构信用等级管理办法》；三是实施代理记账机构信用等级评价全覆盖，积极发挥市级会计协会的作用，由协会统一开发代理记账机构的会计信用评价系统；四是强化结果应用，营造良好的市场竞争环境。

在会计人员诚信方面，构建"四个机制"，加强会计人员诚信建设，即建立会计人员激励与约束的机制、会计人员诚信与高级会计职称评审相结合的机制、会计人员诚信与高端会计人才培养相结合的机制以及信用评价结果应用机制。

在会计诚信与社会诚信方面，浙江省将根据国务院、财政部有关会计诚信制度规定和数字财政建设的要求，主要从三个方面入手：一是构建"浙江数智会计应用"平台，整合财政部门内部、单位之间的会计信息资源，纳入数字政府建设，实现会计信息共享。二是不断完善浙江省会计诚信的制度与办法。在完善制度的基础上，坚持以点带面、点面结合的原则，不断推进市县会计诚信建设。通过"点"的试点突破来完善相关制度，进而推进"面"的工作。三是继续加强与社会信用部门的衔接，充实浙江省红黑名单信息，对严重违纪违法的会计单位和会计人员做好政策的衔接及信息共享，拓展会计诚信评价结果应用的途径，以取得社会的共识。

（十二）北京国家会计学院副教授王亚星的主要观点

王亚星副教授认为：新时期、新阶段，中国经济高质量发展，中国特色社会主义建设进程统筹推进，会计诚信被赋予更加重要的当代使命和时代价值。在诚信建设领域，会计诚信是市场经济链条的关键一环，承担着维护市场秩序等重要职责。这就要求对会计信息做出合理的职业判断，客观公允地对整个经济活动进行综合全面的反映和监督，不应主观故意产生失真或偏差。在服务公共政策制定领域、服务政府监管、服务社会公平保障制度建设以及对外开放交流合作中，会计也发挥着提供数据、维护标准和规则执行的作用。会计诚信在一定程度上影响着诚信文化的传承，影响着社会主义核心价值观的展现，甚至是国家在履行契约精神方面的形象。

构建会计诚信规范体系。从制度体系看，可以分为法律法规、规章制度、技术规范三个层次。在法律法规层面，已经自上而下形成了一套比较完善的法律法规和政策体系。在规章制度层面，可以考虑在国有企业考核办法、金融机构评级规定等相关规章制度中增加会计诚信的具体内容，使会计诚信规范工作有章可循。在技术规范层面，可以考虑在发行上市规则、上市公司治理准则中增加相关要求；在企业股权激励和薪酬设计中纳入诚信因素，防止个体在利益驱动下做出损害企业和社会的失信行为。

在构建会计诚信规范体系的基础上，构建一套多维的、科学合理的会计诚信评价体系。构建会计诚信评价体系，应该围绕新时期中国特色社会主义建设的基本特征，把握我国社会主要矛盾转变下宏观经济社会的变化，贯彻落实党的十九大提出的加强诚信建设、提升社会道德的总体目标以及把握诚信的本质，综合考虑各方面因素。评价会计诚信至少应该考虑会计行为主体、行为客体、行为环境三方面因素，至少涵盖会计诚信意愿、会计诚信能力、诚信表现、监督与管理以及环境五个维度。

除上述嘉宾主旨演讲外，本论坛还邀请了天健会计师事务所合伙人周重揆、中国人民大学教授王化成、北京协和医院总会计师向炎珍、汇祥律师事务所创始合伙人李刚等开展圆桌研讨，分别从会计诚信教育、职业道德、职业操守和法律基础等维度分享了他们的见解。

二、第二届"会计诚信与高质量发展论坛"嘉宾观点分享

2022年10月29日至30日，北京国家会计学院联合财政部会计司、财政部监督评价局、中国注册会计师协会和中国会计学会在京举办第二届"会计诚信与高质量发展论坛"（以下简称"论坛"）。财政部党组成员、副部长朱忠明出席论坛开幕式并致辞。

以"会计诚信体系建设与高质量发展"为主题，论坛旨在学习贯彻党的二十大精神，特别邀请国家相关政府部门、行业协会、企事业单位、高等院校、中介服务机构和国际相关组织的代表出席，围绕论坛主题开展政策性、学术性和实践应用问题研讨，从完善产权保护、市场准入、公平竞争、社会信用等市场经济基础制度，优化营商环境，增强文化自信，提高全社会文明程度，弘扬诚信文化，健全诚信建设长效机制等重大方面开展交流。论坛采取线上线下相结合方式，两万余人通过线上直播观看。

(一) 财政部会计司司长李先忠的主要观点

李先忠司长在论坛上发表"以诚立身、以信立业,加强会计诚信体系建设 推动会计事业健康发展"的主旨演讲。其主要观点如下:

诚信是中华民族优秀文化的重要内容,也是社会主义核心价值观的重要组成部分。会计诚信既是构建社会诚信体系不可或缺的部分,也是社会诚信的重要基础,更是会计人员的立身之本、会计行业的立业之基。会计诚信体系建设需要从道德、制度、文化层面协同发力。

道德层面,主要是德治、自律,其目标重点是"扬善",主要包括以下三方面工作:一是确定"善"的标准,制定会计人员的道德规范。经认真研究并广泛征求业内专家学者意见,《会计人员职业道德规范(征求意见稿)》已正式印发,并向社会公开征求意见。会计人员职业道德规范反复凝练,聚焦会计行业特点又方便宣传推广,形成了"三坚三守",即"坚持自律、守法奉公,坚持准则、守信敬业,坚持学习、守正创新"。"三坚三守"在层次上是递进的,依次是对会计人员的基本要求、核心要求和发展要求。二是教育践行标准。学历教育方面,推动本科、硕士、博士培养方案设置会计职业道德相关课程。继续教育方面,印发《财政部高层次财会人才素质提升工程实施方案》《会计人员继续教育专业科目指南(试行)》(征求意见稿)等,将会计职业道德、会计法治列为会计人员重点学习内容。职称评价方面,修订全国会计专业技术资格考试大纲,增加会计职业道德、会计法治、会计信息化等内容,发挥会计职称评价的导向作用。三是选树表彰典型。主要是评选先进、宣传先进、激励先进。

制度层面,主要是法治、他律,其目标重点是"惩恶",主要包括以下六方面工作:一是明确违法情形。在会计法、注册会计师法、公司法和证券法等法律法规中规定会计人员、单位会计财务违法违规情形和注册会计师、会计师事务所违法违规行为。二是加强监督检查。完善监管制度,近年来,财政部相继制定了《会计师事务所监督检查办法》《会计师事务所一体化管理办法》等制度;加强日常监管,包括要持续完善注册会计师行业统一监管平台,全面升级全国代理记账机构管理系统,加快建设全国会计人员管理服务平台等,通过信息化手段提升监管效率;开展专项整治,包括扎实开展注册会计师行业违法违规行为专项整治,逐步推进代理记账行业专项整治等。三是加大处理处罚。修订会计法、注册会计师法,加大违法违规行为处罚力度。会同有关部门建立联席机制,推进跨部门监管。加强行政处罚和刑事处罚相衔接。四是信用信息管理。研究制定《会计人员信用信息管理办法》，积极推动会计领域信用信息进入《全国公共信用信息基础目录》公共信用信息归集领域，充实完善《全国失信惩戒措施基础清单》有关会计方面的惩戒措施。五是明确惩戒对象。抓紧制定《注册会计师行业严重失信主体名单管理办法》，适时推动制定关于代理记账机构、会计人员方面的严重失信主体名单管理办法。六是实施联合惩戒。将研究采取限制市场准入等直接惩戒措施以及推送公告失信行为信息等间接惩戒措施，对失信主体进行更为有效的震慑。

文化层面，在会计诚信文化建设过程中要把握好个体诚信和集体诚信、主体诚信和客体诚信、公民诚信和社会诚信三对关系，实现德法共治、以文化人，最终形成全行业的一种行动自觉。

（二）财政部监督评价局局长、内控办主任杨瑞金的主要观点

杨瑞金局长在论坛上发表"发挥财会监督机制作用 推进会计诚信体系建设"的主旨演讲，其主要观点如下：

加强财会监督是构建现代化经济体系的内在要求，是维护国家经济安全运行的重要保障，是坚定不移全面从严治党的必然要求，是建设会计诚信体系的重要手段。加强财会监督，严厉打击、严惩重罚财务造假、违规审计等失信行为，既可以发挥震慑作用，督促企业、中介机构和从业人员恪守诚信原则，也能够引导会计领域相关主体崇尚诚信文化，增强诚信自觉，逐步实现从"要我诚信"到"我要诚信"的重大转变。

随着我国迈入全面建设社会主义现代化国家新征程，建设现代化经济体系对会计诚信体系建设提出了新要求新任务。未来，将以党的二十大精神为指导，按照"突出重点、严肃追责、完善机制、加强协作、促进开放"的工作思路，严格履职尽责，强化财会监督，打击会计造假，规范审计秩序，树立监管权威。

一是加快建立健全财会监督制度体系。推动尽快出台《关于进一步加强财会监督工作的意见》，夯实财会监督法规基础。推动修订会计法、注册会计师法、《财政违法行为处罚处分条例》，大幅提高违法失信行为处罚上限，细化违法违规行为处罚方式。制定《会计师事务所和注册会计师执业投诉举报处理办法》《注册会计师行业严重失信主体名单管理办法》，对严重违反有关财会法规以及屡查屡犯的单位和个人列入违法违规失信当事人名单，规定期限内明确限制性措施，强化会计诚信体系建设。

二是持续加大会计监督检查力度。落实国办发30号文件精神和《会计师事务所监督检查办法》要求，坚持日常监督和专项检查相结合、随机抽查与重点检查相结合、交叉检

查与就地检查相结合,聚焦重大领域、重要行业、重点机构,进一步加大企业会计信息质量和会计师事务所执业质量检查力度,提高监督检查数量和频次,持续释放"严监管"信号。严惩重罚,公开曝光,严肃追究违法违规机构和个人责任,针对上市公司会计造假和会计师事务所审计失败频发的严峻形势,加大会计审计责任追究力度,在定期发布会计信息质量检查公告的基础上,建立典型案例曝光制度,有效增强行业的风险意识和责任意识。坚持惩防结合、综合治理,完善会计监督长效工作机制,对检查发现的问题进行系统的梳理和分析,从制度层面提出改进管理、完善政策的对策建议,达到"发现一类问题,完善一项制度;检查一户企业,规范一个行业"的效果。

三是不断夯实财会监督基础。坚持"打基础、利长远",加大财会监督检查人才培养力度,实施财会监督检查人才素质提升工程,建立财会监督人才库,推动提升监督检查业务骨干的政治素质和业务水平,培养具有专业思维、职业道德和国际视野的高水平队伍。加大信息化建设力度,持续推进"互联网+监管"工作,推动财会监督综合执法平台建设,整合改造会计监督检查管理系统和会计执法检查系统。强化数字监督、智慧监督,充分利用大数据、移动互联网、云计算和人工智能等先进信息技术,开展会计信息监测预警分析、财务造假挖掘识别和舞弊追踪溯源等大数据分析,不断提升财会监督的前瞻性、时效性和精准度。

(三) 北京国家会计学院党委书记张凤玲的主要观点

张凤玲书记在论坛上发表"新时代会计诚信教育探究"的主旨演讲,其主要观点如下:

人才是会计诚信体系建设的重要支撑和根本要素。习近平总书记在党的二十大报告中明确指出:教育、科技、人才是全面建设社会主义现代化国家的基础性、战略性支撑,要深入实施人才强国战略。教育是国之大计、党之大计,育人的根本在于立德树人,要用社会主义核心价值观铸魂育人,弘扬诚信文化,健全诚信建设长效机制。贯彻落实党的二十大精神,强化会计诚信教育既是各类财经会计类人才培养高质量发展的应有之义,更是教育部门胸怀"国之大者"为国家培养德才兼备的高素质财经人才的必要举措。

教育在会计诚信体系建设中处于重要的基础性地位,推动会计诚信建设需要多主体共同发力。高校等教育机构作为财经会计人才培养的"第一站",承担着立德树人的重要使命,加强会计诚信教育能够从源头提升会计从业人员素质,扣好"第一粒"扣子,为社会供给更高素质的会计人才。

现阶段，会计诚信教育的主要问题在于：一是对人才培养目标中的"价值塑造"重视度不够；二是课程内容与课程体系建设仍待完善；三是会计专业"课程思政"尚需深入推进，与专业课程有机融合不够。

纵向来看，会计诚信教育缺乏从宏观到微观的价值塑造。目前，教育更多聚焦个人层面的具体落实。然而，教育并不能仅孤立地从个人维度向学生传递价值观念，需要从宏观的层面传递教育内容的重要意义，完善价值传递逻辑，提升学生对会计诚信重要性的认识。

横向来看，会计诚信教育相关内容与其他专业课程的有机结合不够。部分专业课机械地通过"课程"和"政治理论"两个模块拼接完成思政任务，难以实现知识传授和价值引领的协同。

党的二十大报告为新时代人才培养和教育工作提供了根本遵循。在财经会计类人才的诚信教育方面要进一步加强理念创新和路径优化。

理念创新方面，一是做到全员育人。院系领导、专业课程教师、导师等多元主体共同参与到会计诚信教育的建设中。二是做到全面育人。做到显性教育与隐性教育结合。将会计诚信设为必修课属于显性教育方式。除此之外，还应将社会主义核心价值观、诚信文化融入综合素养课程，包括研究生的通识、专业课程教育以及继续教育课程，实现不同知识传授中价值观的同频共振。三是做到全程育人。会计诚信教育应当同会计专业知识一样，贯穿会计人员终身的学习过程中。

具体优化路径方面，一是将"德才兼备、以德为先的会计人才"作为教育培养目标，财经类高校等会计人才培养机构要进一步转变理念，强化价值塑造在"三位一体"人才培养目标中的引领地位。会计诚信教育内容应当更加注重体系化，做到理论与实践贯通、历史与现实贯通、中国与世界贯通。二是教师应强化主体意识，提高自身的政治站位，胸怀"国之大者"，自觉从政治角度认识诚信教育的重要性和必要性；深化育人理念，做到教书与育人的有机统一；提升教学艺术，将社会主义核心价值观内容自然地融入教师话语体系，春风化雨，增强课程的亲和力；要以身作则，将诚信原则贯穿教学科研全过程。三是在课程设计上要多学科、多主体共同谋划。包括建立集体备课制度、课程设计集思广益，在学生新生教育、专题讲座、入党培训等人才教育重点阶段，加入诚信教育内容。同时，重点把握教材"编"、"用"两个关键环节。在教材的编写过程中，要系统梳理中国诚信文化的传承和支撑，多开发中国情景下的正面案例。教育者使用教材时，也要注重教材与讲授内容的有机结合，在教材的理论框架基础上融入现实情境。四是创新教学方式，打破过去以教师为主的传授方式,更多关注受教育者在学习中的思考和反馈,提升其洞见问题和解决问题的能力。如考虑采用"案例行动学习法"等方式。五是在教育评价机制上要明确评价主体与客体、评价内容以及做好评价结果的运用。首先,明确评价机制涉及的主体与客体。组织负责人需要对教师的会计诚信教育实施情况进行综合评估,教师需要对学生的会计诚信知识学习情况进行综合评估。其次,确定的评价标准应当注重科学性和全面性。对教育主体的评估应当包括教育者自身综合素质、教育过程的合理性以及最终教育效果三个维度。最后,做好评估结果的充分利用。就教师而言,在示范性课程评选时,加入会计诚信教育相关评价因素。就学生而言,强化诚信在各类奖学金、荣誉评选标准中的位置,实行诚信问题一票否决制。

会计诚信教育是一个动态的过程,要保持会计诚信教育"因时而进,因时而新"。

(四) 中国注册会计师协会秘书长舒惠好的主要观点

舒惠好秘书长在论坛上发表"诚信始终是行业的根本价值取向和立足之本"的主旨演讲,其主要观点如下:

诚信是注册会计师行业的本质属性和核心价值,是行业的立业之本和发展之要。

中国注册会计师制度恢复重建暨行业改革发展 40 多年以来,注册会计师行业始终坚持以诚信建设为主线,推进行业改革发展,基本形成了符合我国市场经济特点的、以法律法规和职业道德守则等为依据,以诚信信息披露为基础,以信息共享为核心,以教育宣传为支撑的诚信建设体系,有力地保障了行业的健康发展。具体包括五条工作主线:

一是将诚信顶层设计作为推动行业诚信建设的总抓手。于 2002 年制定实施了《注册会计师注册资产评估师行业诚信建设纲要》,以诚信建设统领行业发展。

二是把标准建设作为行业诚信建设的制度基础。持续完善执业准则规则,目前已形成与国际准则趋同,包括基本准则、具体准则、应用指南和问题解答等在内的执业准则体系。持续修订完善职业道德标准,为解决职业道德问题提供方法指导,引导诚信执业。

三是把诚信教育和培育诚信文化作为行业诚信建设的有效手段。制定中国注册会计师胜任能力指南,将诚信教育纳入继续教育培训,加大对职业道德培训考核。目前,强制性职业道德培训的学时已由两年内不少于 4 学时调整为每年不少于 8 学时。

四是把诚信约束和激励机制作为行业诚信建设的重要机制。大力推进以诚信为基础的管理体系,采取差异化监管措施。2022 年财政部正式上线注册会计师行业统一监管平台,建立起诚信信息归集、共享、公开和使用的行业数字化诚信信息监控体系,并通过互联网向社会公众公开，接受社会监督，让市场选择，以市场力量推进诚信建设。

五是把行业监管作为推动行业诚信建设的有效途径。严把注册审查和任职资格检查，有效保障行业队伍诚信水平。发挥执业质量检查指向标的纠偏作用，建立起以周期性检查为基础、防范系统风险为核心的执业质量监管体系。发挥年报审计监管指向标的指引作用，每年年报审计期间对相关事务所开展年报审计监管约谈提示风险。完善守法诚信褒奖机制和违法失信惩戒机制，建立诚信信息披露机制。

下一步，要深入贯彻落实国办发30号文件精神，以制定实施《注册会计师行业诚信建设纲要》为契机，全面推动行业诚信建设取得新成效。

一是持续加强诚信标准建设。以持续修订完善《注册会计师职业道德守则》和执业准则规则为重点，为注册会计师和会计师事务所诚信执业提供指引。

二是加强诚信教育与诚信文化建设。健全诚信教育与诚信文化建设机制，以贯穿注册会计师全生命周期的诚信教育为重点，加大职业道德年度培训要求，持续开展诚信宣誓，建立健全以案说德、以案说规、以案说法、以案说则机制，坚持诚信文化建设主题年常态化。

三是持续完善行业诚信信息采集与监控体系。以修订完善诚信信息采集和披露管理制度为基础，以注册会计师行业统一监管平台为依托，全面采集和监控行业诚信信息，优化全面记录、实时监控、有效披露功能，实时更新诚信信息，做到可查、可核、可溯，以信息化数字化手段，推进行业诚信建设公开透明，实现行业和社会的共同监督。

四是健全诚信监管和评级评价制度。坚持零容忍，严肃查处违背诚信原则的行为，加强与相关部门的协调配合，依法依规整合各类行业诚信信息，探索对会计师事务所开展全覆盖、标准化、公益性的定期诚信评级评价。

五是完善以奖惩制度为重点的诚信管理体系。以诚信等管理制度建设为基础，以诚信激励和失信惩戒为手段，有力提升行业诚信的约束机制。

（五）国家发展改革委财政金融和信用建设司副司长张春的主要观点

张春副司长在论坛上发表"构建以信用为基础的新型监管机制 促进经济高质量发展"的主旨演讲，其主要观点如下：

作为社会信用体系建设的牵头部门之一，近年来，国家发展改革委会同各地区、各部门积极推进社会信用体系建设各领域的创新实践。信用信息共享水平大幅提升，以信用为基础的新型监管机制落地见效，信用促进中小微企业融资步入机制化轨道，信用奖惩在社会民生中广泛应用，信用体系法治化基础不断完善，社会诚信意识持续增强。

会计不仅是支撑保障社会主义市场经济健康有序运行的重要行业，也是诚信建设的重要领域。加强会计领域诚信建设，对推动会计行业高质量发展、维护市场经济秩序、推进国家治理体系和治理能力现代化具有重要意义。

下一步，我们将重点加强以下五个方面的工作。

一是强化制度建设，实现信用监管机制全覆盖。更大力度推进以信用为基础的新型监管机制建设，推动行业监管（主管）部门建立健全本领域信用监管制度。推动包括会计领域在内的相关从业机构和人员对依法履职尽责进行公开信用承诺。大力支持财政部加快出台《注册会计师严重失信主体名单管理办法》，进一步强化注册会计师信用管理，依法依规实施联合惩戒。

二是加快立法进程，夯实信用监管法治基础。加快推动出台社会信用方面的综合性、基础性法律，明确信用监管法律地位，推动各领域专项法修订，在法律条款当中明确写入信用监管的内容、对象、实施主体及其具体措施。

三是加强信用信息共享，形成共享共用共治治理格局。依托全国信用信息共享平台构建形成覆盖全部信用主体、所有信用信息类别、全国所有区域的信用信息网络，为政府治理提供支撑。依法依规推动会计行业相关从业机构和人员信用信息，尤其是注册会计师严重失信主体名单信息在信用中国网站公示，加强会计行业的舆论监督和公众监督。

四是健全评价体系，维护公平有序的市场环境。进一步推动有关行业主管监管部门建立行业信用评价制度，完善各领域信用评价标准体系，为精准实施分级分类监管提供依据。鼓励有条件的地方建立符合本地实际的信用评价标准体系。

五是加强宣传教育，营造诚实守信社会风尚。加强诚信宣传教育，厚植诚信理念和契约精神，引导相关机构和人员诚信执业、自觉履行社会责任，营造崇尚诚信、践行诚信的良好风尚。加大失信案例的曝光力度，对全社会、全行业形成警示。

（六）中国财经报社党委书记、社长万平的主要观点

万平社长在论坛上发表"积极发挥财经专业媒体作用 推动会计诚信体系建设"的主旨演讲，其主要观点如下：

在会计诚信体系建设中，媒体发挥着资讯传播、外部监督以及涵养文化等不可替代的重要作用。作为会计诚信建设外部治理方面的重要力量，新闻媒体要配合各方监管力量，共同提升会计行业诚信氛围，合力建设会计诚信体系。

作为财政部主管的财经主流媒体,中国财经报社积极参与中国经济社会的高质量发展,高度重视推动会计诚信体系建设。《中国会计报》作为财会领域最专业、最权威的报纸之一,着力讲好会计诚信故事,传播会计诚信声音,"为会计人说话、让会计人说话、说会计人的话",为会计诚信建设发挥了积极作用。

在传播格局深刻变革的时代,要更好地发挥财经专业媒体在会计诚信体系建设中的作用,重点要做好以下三个方面工作。

一是坚持真实性原则,提高媒体的公信力和权威性。真实是媒体形成公信力、权威性和影响力的根基。媒体只有恪守诚信,最大努力还原事实真相,才能彰显权威性、提高公信力,才能扮演好社会发展的瞭望岗这一重要角色。作为主流媒体,要坚持新闻的党性、人民性和真实性的统一,必须坚持人民立场,坚守新闻真实,在众媒喧嚣、真假难辨的舆论场中,旗帜鲜明唱响主旋律,弘扬社会主义核心价值观。

对于财经专业媒体来说,真实和诚信尤其重要。财经专业媒体要通过坚持新闻的真实性、注重报道的完整性、加强新闻职业道德建设等,将诚信贯穿新闻工作的每一环节。同时,在保证自身权威性的基础上,要把真实的政策导向、经济状况、趋势变化等精准记录、深入分析,为财会行业的健康发展提供智力和舆论支持。

二是充分发挥财经媒体的专业优势,推动会计诚信体系建设高质量发展。财经媒体不仅要褒扬诚信者、批评失信者,更要通过会计诚信专业内容的打磨夯实诚信根基,做精做细新闻传播产品,推动会计诚信体系建设。

加强对会计诚信建设的深度报道,进一步提升财会领域新闻传播的权威性、专业性。近年来,会计诚信体系建设取得了积极进展,进一步把各地区各部门的先进做法宣传报道好,搭建相互交流学习的平台,是专业媒体应尽之责。中国财经报社将进一步依靠内容制作的优势,及时准确全面地宣传报道好会计诚信体系建设中的新进展,深度挖掘会计诚信建设中的来龙去脉、发展趋势等,弘扬正能量、唱响主旋律,以新鲜及时的新闻报道、生动丰富的优秀作品,讲好会计人和会计行业的故事,形成会计诚信的良好舆论氛围。

加强对会计领域政策制度的深入解读,为提高会计人员专业能力提供支持。会计领域政策制度的深度解读与全面分析是更好地推动会计诚信的基础和前提。财经主流媒体要搭建沟通桥梁,把专业的财会知识和政策用通俗易懂的方式传播给社会公众,进一步做好财会知识的普及传播。加强财经媒体智库建设,围绕会计诚信建设中的难点热点问题开展调查研究和理论研讨,为会计诚信体系建设建言献策。

加强财会领域跟踪监督,发挥舆论监督的独特作用。舆论监督是媒体守护正义底线的重要方式。财会专业媒体要秉持人民至上的理念，以事实为准绳，敢于揭示财会领域的失信行为，敢于同财务造假、会计舞弊等各种不诚信的行为作斗争。同时，在热点事件出现时保持冷静、客观，不唯流量、只唯真实，挖掘专业细节、寻找背后根源、追踪失信全貌、探索专业提升空间，开展精细化建设性报道。

三是推动媒体融合向纵深发展，涵养会计诚信的文化氛围。在全媒体时代，要提升专业媒体站位，坚守自律的精神、撒下信任的火种，构建全媒体传播格局，通过讲好会计诚信故事，筑牢全媒体时代的诚信堤坝，营造会计诚信文化良好氛围。加快媒体深度融合，充分运用新形式新技术，做优做亮会计诚信新闻传播，让新媒体做好专业媒体优质内容的大众"翻译"，推动财会专业内容传播走出专业圈、走进社会各界，争取越来越多的人理解会计、信任会计。

党的二十大报告对"建设具有强大凝聚力和引领力的社会主义意识形态"提出了明确要求。中国财经报社将认真学习宣传贯彻党的二十大精神，恪尽职守，锐意进取，进一步推动会计诚信新闻宣传工作，更好引领会计诚信风尚、彰显会计诚信文化，为会计诚信体系建设贡献力量。

（七）中国证监会会计部主任吴萌的主要观点

吴萌主任在论坛上发表"加强会计诚信建设 夯实资本市场高质量发展基石"的主旨演讲，其主要观点如下：

资本市场是建立在信息、信心和信用基础上的市场。各类市场主体公开透明的信息披露，尤其是高质量的会计信息披露，是增强市场信用、稳定市场预期、提升市场信心、降低交易成本的重要途径。

随着注册制改革不断推进，高质量会计信息披露的重要性日益凸显。加强资本市场会计诚信建设，构建崇法守信、规范透明、开放包容的市场生态，是打造规范、透明、开放、有活力、有韧性资本市场的基础工程，是维护资本市场高质量发展的重要保障。

近年来，中国证监会通过完善制度建设、强化监管协作、培育市场约束机制等方式，基本形成了符合我国资本市场特点的诚信建设体系。会计诚信作为资本市场诚信体系的重要组成部分，也取得了明显进展。

一是强化制度约束，建立长效机制。联合相关部门推动资本市场诚信建设体制机制落地生效，加快形成"行政处罚＋民事赔偿＋刑事惩戒"的法治链条。二是强化监管约束，形成有效震慑。依法从严查处证券违法违规案件，严肃追究"关键少数"违法失信责任，持续加大审计监管力度,强化对涉嫌欺诈发行、操纵业绩、大股东资金占用和违规担保等行为的查处力度。三是强化市场约束,培育声誉机制。不断探索提高证券审计市场透明度的举措,优化审计机构执业信息披露方式,健全社会公众监督体系。

资本市场是一个机理复杂的生态系统。要想创造资本市场监管良好生态,让大家对这个市场有信任、有信心,一方面,要继续强化"零容忍"的震慑,让不诚信、做坏事的人付出代价。证监会将继续贯彻"零容忍"要求,多措并举,持续提高全链条造假发现能力,加大立体系统查处力度。一是强化科技赋能。与有关各方共同努力,拓展多元化全链条监管,丰富科技工具箱,提升反财务舞弊分析能力。二是统筹监管资源。进一步加强跨部门、跨条线、跨领域的信息共享和协同联动,使主体监管与行为监管更好结合,推动违法市场主体和审计机构同步并联查处,提升发现和查处财务舞弊行为的综合效能。三是持续完善立体化、系统化追责体系。充分发挥日常监管发现线索、及时纠偏的功能,对符合立案标准的问题坚决移送稽查调查,对涉嫌犯罪的线索坚决移送公安机关,同时,进一步强化证券违法民事赔偿的重要作用。另一方面,要持续做好引导和服务工作,让诚实守信的老实人有获得感。证监会将持续坚持分类施策、协同发力,打好监管"组合拳"。一是在资本市场进一步厚植诚信理念,督促并引导各类市场主体诚信经营、守正创新,提升会计专业水平和内部治理机制,真实、准确、完整地披露信息。二是健全中介机构执业声誉管理机制,弘扬诚信行业文化,引导中介机构独立客观公正执业。三是加强跨部门跨领域合作,促进证券监管、行业监管、自律管理等方面加强沟通配合,凝聚监管共识,为会计审计行业健康稳定发展提供有力支持。

(八)国家市场监管总局信用监管司一级巡视员张世煜的主要观点

张世煜一级巡视员在论坛上发表"完善信用监管和信用服务体系 提升社会诚信水平"的主旨演讲,其主要观点如下:

国家市场监管总局成立以后,组建信用监管司,围绕对市场主体的信用监管开展了一系列工作,加快构建以信用为基础的新型市场监管机制,关键是加快推进、健全完善以协同共治为理念,以法律法规为依据,以信息技术为支撑,以信息归集共享为基础,以信息公示为核心,以失信联合惩戒为主要手段,以信用信息深度开发利用为补充的市场主体信用监管长效机制。

(九)中国人民银行征信管理局副局长吴岷钢的主要观点

吴岷钢副局长在论坛上发表"加强征信建设 推进社会信用体系高质量发展"的主旨

演讲,其主要观点如下:

市场经济是信用经济,信用是市场经济运行的基石。构建高质量的社会信用体系对于降低交易风险、提高经济效率有着不可忽视的重要作用。在社会信用体系建设过程中,会计诚信是重要基础和前提,征信是重要内容和手段,彼此相互联系,相互促进,共同推进社会信用体系建设的高质量发展。

作为社会信用体系建设的牵头部门之一,中国人民银行坚决贯彻落实党中央、国务院关于征信体系建设的重大决策部署,着力构建征信事业发展长效机制,健全覆盖全社会的征信体系,提高征信服务质量,保障信息主体权益,推动征信赋能,以高标准、有力度的征信建设推进社会信用体系高质量发展。

在建立健全完善的征信体系道路上,中国人民银行始终坚持党的领导,着力制度先行,强化制度引领,酝酿出台了一系列规章制度,有力地推动了征信建设事业稳步向前发展。与此同时,坚决扛起监管部门的职责使命,遵循规范与发展并重、机构监管与业务监管兼顾的原则,形成常态化执法检查工作机制,提升征信业合规水平,切实保护信息主体合法权益,守住征信信息安全合规底线。

此外,作为征信事业发展的重要推动者,中国人民银行始终坚持"征信为民"的理念,牢记为民初心,坚持"政府+市场""全国+地方"双轮双层驱动的征信发展模式,逐步建成央行征信系统和市场化征信机构协同发展、互相补充的发展格局,为广大人民群众和小微企业融资提供了有力的征信保障。下一步,中国人民银行将重点做到以下三个"坚持"。

一是坚持党对征信事业的全面领导。认真学习落实党的二十大精神,将党的思想理论作为征信事业建设的行动指南,坚定落实习近平总书记对征信发展的重要指示,推动不同领域、不同平台的个人和企业信用信息共享应用,实现不同征信系统的互联互通,为每一个经济主体建立"信用档案"。

二是坚持"征信为民"理念,保护信息主体合法权益。牢记征信使命,恪守为民初心,加强行业监管,进一步完善相关法律法规,平衡好信用信息合规使用和有效保护的关系,提高征信服务质量。进一步完善"守信激励、失信惩戒"机制,弘扬诚信立身、信誉立业的诚信精神,培育市场主体诚实守信的经济文化,形成信用有价的经济价值观。

三是坚持服务小微,展现征信担当。充分利用"政府+市场""全国+地方"双轮双层驱动的征信发展模式,支持征信机构利用替代数据和人工智能等新技术创新征信产品,增加征信产品的有效供给,满足小微企业多样化的征信服务需求,赋能小微企业融资。

(十) 中国资产评估协会秘书长张更华的主要观点

张更华秘书长在论坛上发表"质量筑基 诚信铸魂 稳步推进资产评估行业高质量发展"的主旨演讲,其主要观点如下:

会计与资产评估相互依存,需要互相支持、协同发展。会计资料是资产评估的前提和基础。会计资料的真实可靠决定了资产评估的准确性。在开展资产评估时,会计资料是否真实可靠,决定了资产评估报告的编制质量。

长期以来,中国资产评估协会带领资产评估行业服务经济社会发展,服务财政中心工作,从"建机制""提意识""优环境""强监管""培人才"等多方面入手,大力推进行业诚信建设。

建机制,强化执业质量控制和会员信用管理。2017年印发《资产评估职业道德准则》,规范资产评估机构和资产评估师职业道德行为,提高职业素质,维护职业形象;印发《资产评估机构业务质量控制指南》,规范资产评估执业行为,保证资产评估执业质量,保护资产评估当事人合法权益和公共利益。2019年印发《中国资产评估协会会员信用档案管理办法》,推动实施会员信用档案管理,为评价、判断会员诚信执业情况提供依据。同时,研发升级会员信用档案管理系统,上线管理模块,明确信息分类,改进申报方式,准确掌握会员遵守法律、行政法规和评估准则情况。

提意识,持续营造诚信文化氛围。每年组织编写《资产评估执业质量检查案例集》,对执业质量检查中发现的典型问题、新兴业务和先进案例进行梳理总结汇编成册,在全行业推广学习。通过教育培训、交流座谈等方式,邀请具有先进管理经验、内部质量控制体系健全、执业规范的资产评估机构分享经验,展现行业诚信执业良好风貌。加大行业诚信宣传教育力度,指导地方协会开展"诚信建设年""诚信宣誓"等活动,持续营造诚信文化氛围。

优环境,持续推动行业平稳健康发展。针对行业内存在恶性竞争、低价竞争等突出问题,研究起草反不正当竞争实施意见,遏制行业内不正当竞争现象,营造公平竞争的执业环境。积极指导和推动资产评估机构建立健全职业风险防范机制,依法承接和办理评估业务,根据业务需要建立职业风险基金或自愿办理职业责任保险,不断推动资产评估机构健康有序发展。

强监管,行业发展稳中向好。以执业质量检查为抓手,与财政部监督评价局建立行政监管和自律监管相结合的联合监管机制。明确了"六个统一""三个并重""一查双罚"

等基本原则,统筹监管资源,形成监管合力,提高监管效率。会同财政部资产管理司开展资产评估行业专项整治工作,对挂靠执业、胜任能力不足、售卖报告、内部治理等情况进行专项整治,进一步规范评估市场秩序。

培人才,提升资产评估师的执业能力和水平。高度重视行业人才队伍建设,坚持人才引领发展的战略地位,构建多层次全方位的人才培养体系。完成资产评估师考试改革转型,建立适合行业发展和行业特点的资产评估师考试制度,为选拔高素质人才提供坚实基础。全力做好资产评估师继续教育培训,为推动资产评估行业高质量发展提供可持续的人才支撑。积极推动高校资产评估专业教育发展,充分利用高校资源优势,建立"高校—协会—企业"协同培养机制,促进资产评估专业人才培养与评估行业需求相结合,提升教育教学质量,为资产评估行业培养更多优秀的后备人才。

《"十四五"时期资产评估行业发展规划》将加强行业诚信建设作为行业发展的一项重要任务。下一步,中评协将继续推动行业诚信建设。

一是加大宣传牢固树立诚信执业的理念,增强资产评估机构和资产评估师诚信守法、"底线""红线"意识,推动诚信文化"进机构、入人心"。

二是健全相关配套制度,出台《中国资产评估协会反不正当竞争行为实施意见》,遏制行业内不正当竞争现象,持续营造和维护行业良好执业环境。

三是加强继续教育培训,提高资产评估师执业能力,引导行业勤勉尽责,防范执业风险,提高执业质量,提升行业凝聚力、公信力,赢得市场更广泛认可。

(十一)广东省财政厅厅长戴运龙的主要观点

戴运龙厅长在论坛上发表"聚焦会计诚信建设 推动行业高质量发展"的主旨演讲,分享了广东省会计诚信建设的经验,其交流的主要做法如下:

一是聚焦诚信机制建设。在行业管理方面,将推进会计诚信建设列为"十四五"期间的主要任务。建立14个部门组成的注册会计师行业省级跨部门联席会议机制,将建立行业诚信体系纳入重点工作内容。依托广东信用监管机制,将注册会计师行业信用建设内容纳入全社会信用建设统筹推进。

在行业自律方面,制定实施行业提升审计质量促进健康发展16条、52项细化措施,推动实现审计秩序"一年一小变,三年一大变"。出台加强诚信建设15条;制订行业诚信档案建设实施方案,以标签化注册会计师"画像"信息为基础,围绕"正面引导、守信激励、失信惩戒"实施信用管理,强化诚信约束。

二是聚焦诚信文化教育。在注册会计师继续教育、会计高端人才培养、财会类专业学历教育等过程中融入会计人才诚信与职业道德教育课程,开展"以案说法"诚信与风险教育专题法律讲座,举办案例教育会和编印案例集,促进提升依法执业意识。每年举办诚信自律宣誓签约活动,特别加强对新批注册会计师、新任事务所合伙人的诚信教育。以诚信建设为先导,开展"品牌建设年"主题活动,引导全省事务所积极承诺践诺和接受自律约束。

三是聚焦诚信监管治理。"零容忍"开展执业质量检查,坚持"随机监管"和"重点监管"并重,精准定位重点对象,严肃查处挂名执业、冒名签章等行业诚信方面的典型问题。创新行业自律监管机制,加强与财政部广东监管局、证监会广东监管局合作,推进行政监管与自律监管相协同的联合监管机制,实施日常动态监测预警与专项检查相配合的检查机制,开展事前引导和事中事后监管相衔接的闭环自律指导机制。全面开展行业专项整治,并将普法宣传融入专项整治工作全过程。

四是聚焦粤港澳三地合作。推动体制机制"软联通",签署《粤港澳会计师行业发展战略协议》,建立创新型议事和沟通机制,共享业务和专业研究资源。推动高端人才"湾区通",组织粤港澳三地行业骨干进行为期一年半的培训。推动三地行业发展"互融通",举办粤港澳会计师行业高质量发展峰会暨青年高端人才培养开班仪式活动,邀请知名专家和业界代表围绕行业热点问题进行深入探讨。

下一步,广东省财政厅将深入学习贯彻落实党的二十大精神,主动适应国家经济高质量发展要求,持续加强会计管理,不断深化会计诚信建设。

一是持续推动行业体系化建设。贯彻落实财政部即将出台的《会计人员职业道德规范》《会计人员信用信息管理办法》,探索建立全省会计行业全生命周期诚信管理体系,构建以信用为基础,事前、事中、事后全过程监管的广东特色新型监督机制。

二是创新推动会计数字化发展。用信息化手段提升诚信管理的效率和效果。发挥数字财政的创新优势,推动财务会计数字化、管理会计智能化发展,充分运用大数据、智能技术,推动会计管理水平不断提升。

三是深入推动人才系统化培养。以建设粤港澳大湾区会计人才高地为抓手,紧扣会计人才"选、用、管、育、留"各环节,加强与北京国家会计学院等深入合作,打造会计人才培养平台和集聚发展平台,继续加强粤港澳三地青年会计师交流和人才培养,吸引更多青年注册会计师到粤港澳大湾区踏浪逐梦。

（十二）北京国家会计学院秦荣生教授的主要观点

秦荣生教授在论坛上分享了"数字化与数据处理的诚信原则"的主要观点，具体如下：

数字化时代，遵循数据处理的诚信原则是新的职业道德规范，需要数据处理者、数据提供者和其他相关方达成共识。

数据处理包括数据的收集、存储、加工、使用、提供、共享、公开、删除等一系列活动，贯穿数据全生命周期。遵循数据处理的诚信原则需要贯彻落实到数据生命周期全流程和各环节。

一是数据收集应该遵循"告知—同意"原则。

数据处理者收集数据应在事先充分告知的前提下取得数据所有者同意，并且数据所有者有权撤回同意；重要事项发生变更的应当重新取得数据所有者同意；不得以数据所有者不同意为由拒绝提供产品或者服务。

数据处理者在处理数据所有者数据前，应当以显著方式、清晰易懂的语言将数据处理的目的、处理方式、后果等事项向数据所有者告知。

处理数据所有者敏感数据时，数据处理者应遵循"特别告知"要求。在"特别告知"中，应明确指明收集的数据可能给数据所有者带来的危害或者潜在的威胁。

二是数据使用应该遵循"必要—最小"原则。

所谓"必要—最小"原则，是指数据处理者收集、存储、使用数据所有者数据的类型应与实现产品或服务的业务功能有直接关联。

"必要—最小"原则要求数据处理者收集、存储、使用数据，应当具有明确合理的控制，不得从事超出数据所有者同意范围或者与服务场景无关的数据使用活动。所有涉及收集、存储、使用数据所有者数据的领域，都应该恪守"必要—最小"原则。

三是数据加工应该遵循"原始—完整"原则。

数据处理者在数据加工时，应当保证数据的原始性和完整性，应当加工取得原始记录和实验或调查记录的相关数据，且不得删除、添加或涂改数据，以遵循数据的"原始—完整"原则。

在数据加工时，如果对整个数据进行重新分类、调整，且不会模糊、消除或歪曲原始数据所展示的客观事实，通常可以被接受。但是，数据处理者不应为了强调或掩盖数据的某些特性而对其进行欺骗性的或不当的加工。

四是数据提供应该遵循"隐私—保护"原则。

数据处理者在提供给其他第三方的隐私数据时,需要谨慎对待:首先,对隐私数据的提供行为,不得侵犯个人自由、尊严和平等;其次,确保个人隐私数据提供行为的正确性、正当性,使本人能够实质性参与并从中获益;最后,提供隐私数据必须符合相关法律法规。

五是数据公开应该遵循"透明—公平"原则。

在数据处理活动中,数据处理者掌握数据所有者不具备的技术优势,数据所有者难以知晓其何种数据将以何种方式被公开,更难以预测数据公开可能产生的效果与影响。为强化数据所有者在数据处理活动中的主体地位,数据处理者应当遵循透明原则,公开数据公开规则,明示公开的目的、方式和范围,使数据所有者和其他第三方公平地有权知悉数据公开的情况。

数据处理应遵循的"透明—公平"原则要求:首先,在数据公开中,数据所有者不应因人种、性别、国籍、年龄、政治信念、宗教等被不当地差别对待;其次,根据情况选择数据公开的方式,确保数据所有者能获取公开的数据;最后,根据需要设置沟通对话场所,使数据所有者能理解数据公开得出的结果。

六是数据共享应该遵循"知情—安全"原则。

数据处理者向第三方共享数据,不得篡改其收集、存储的数据所有者的数据;数据处理者向第三方共享数据,数据所有者应该知情,未经数据所有者同意,不得向他人共享其数据(经过加工无法识别特定数据所有者且不能复原的除外)。

数据处理者应当采取相关技术措施,确保其共享数据的安全,防止数据篡改、丢失;发生或者可能发生数据所有者数据篡改、丢失的,应当及时采取补救措施,按照规定告知数据所有者并向有关主管部门报告。

共享数据相关各方应积极推进数据共享基础设施建设,确保数据共享在实践上可操作,同时保证共享数据的安全性。

(十三)行业嘉宾的观点分享

南京大学会计与财务研究院杨雄胜教授从会计基本理论研究的角度分享了对会计诚信问题的思考。他透过会计诚信现实表象观察其背后原因,从实务与职业、会计管理以及制度建设层面深入剖析,提出专业型会计管理、顶层设计整体式推进制度建设、探索"国家会计长"制度等建议。

立信会计师事务所首席合伙人朱建弟表示，注册会计师行业只有坚决把好上市公司客户入口关，始终保持职业怀疑，恪守职业道德守则，提高专业胜任能力，提供高质量的审计服务，将审计失败的风险降到最低，才能在当前的监管环境和司法环境中生存下去，才能真正实现长远健康发展。

首都医科大学附属北京安贞医院总会计师王成认为，对公立医院而言，对外要打造与政府部门财政性经费保障诚信链，为百姓提供更多优质医疗服务；对内要与患者携手打造和谐医患关系诚信链条，调节社会转型期的医患利益，化解现实中的医患冲突，合理重构医患之间诚信、友好、和谐关系，内外兼修助力医院高质量发展。

金杜法律研究院院长欧阳振远从比较法的角度对会计诚信制度建设提出建议：强化公司对会计造假责任的承担，加大"追首恶"的力度；搭建会计诚信交流平台，加强对重大案例的分析与反馈；充分发挥注册会计师协会、代理记账行业协会等社会组织自我服务、自律管理作用。

（十四）国际人士的观点分享

本次论坛得到社会各界的广泛关注和支持。国际会计师职业道德准则理事会（IESBA）主席 Gabriela Figueiredo Dias 女士通过视频录播的方式进行主旨演讲。她认为，对注册会计师而言，在执业过程中避免错误行为至关重要，必须培养他们的道德能力，并特别注意和警惕激励、压力、机会等引导他们放弃诚信行事的因素。当前，可持续发展是 IESBA 的战略优先事项，新成立的国际可持续发展准则理事会正在制定可持续信息披露的标准。她相信，注册会计师在报告可持续性信息和提供鉴证方面将发挥重要作用。

亚洲基础设施投资银行主计长/财务局局长 李惠芳（Hui Fong Lee，Controller，AIIB）女士，应邀发表"会计诚信与 ESG 构建对国际组织运营的重要性及挑战"的主旨演讲。她从治理架构、利益相关方和内部管理三位一体角度，介绍了亚投行的诚信文化建设和诚信机制建设的做法。

在诚信文化建设方面，主要规制包括：《董事会道德行为准则》（Code of Conduct for Board Official）、《员工道德行为准则》（Code of Conduct for Bank Personnel）和《关于禁止行为的政策》（Policy on Prohibited Practices），并设立董事会审计和风险委员会、道德委员会、首席道德官、合规局、人力资源局、监察员办公室和内部审计办公室等组织架构，定期对全行员工或关键部门人员进行培训等。

在诚信机制建设方面，搭建了有效的风险管理"三道线"模型：第一道线的业务部门、第二道线的风险管理、合规、法务、道德官和第三道线的内部审计部门。财务局行使内部控制职能，为"三道线"提供落实保障。

（根据《中国会计报》提供的资料整理）

（十五）分论坛研讨观点

本次论坛特别安排了分论坛，嘉宾主要从会计诚信基础理论与应用、会计诚信与组织治理、会计诚信与职业道德三方面展开会计诚信相关问题的探索与交流。

1. 关于会计诚信基础理论与应用的探讨

在理论核心层面，专家学者认为，会计诚信行为是一个复杂的问题，其理论研究涉及基础经济学、管理学、会计学、社会学、法学以及认知神经学等，具有显著的交叉学科特性（重庆工商大学会计学院，王杏芬、魏静静）。而会计诚信最为深刻也是最难的研究在于人的本性问题。因此，会计诚信建设最重要的是要构造一个关于基本人格的诚信文化，这一构造过程要靠制度体系，包括监督机制和制衡机制来保证（北京工商大学，谢志华）。信任理论对推进会计诚信体系建设具有理论方向引领和学术基础支撑的作用，是学科交叉的桥梁和纽带（中央财经大学，任国征）。

在理论应用层面，应建立一套理论科学、实践可行的评价体系，可考虑站在利益相关者角度，从会计信息与透明度、治理与内控、企业社会责任、财务与创新、行业与社会监督五个角度建立指标体系以评价企业诚信能力水平，构建基于利益相关者保护的企业诚信体系理论框架（北京工商大学商学院，张宏亮）。关于会计诚信实现路径，从三个角度考虑：一是基于会计人员的视角，增强会计人员诚信意识、加强会计人员信用档案建设、健全会计人员守信联合激励和失信联合惩戒机制；二是基于企业整体的视角，需要建立针对企业整体诚信的各种定量、定性指标；三是基于会计信息质量的视角，需要做到会计信息的真实、充分、适时（中国人民大学，徐经长）。

2. 关于会计诚信与组织治理的探讨

在组织治理层面，专家学者认为，良好的组织治理是会计诚信的基本环境和保障。在会计环境不确定的情况下，会计职业面临诸多挑战，会计人员职业道德也具有多元性与两难性，他们不仅承担多重责任，而且会面临个人内在意愿与外部压力的矛盾；会计承担了很多不应该承担的东西，问题的产生并不是会计本身。因此，在微观会计上，会计背后的组织是治理层、管理层和运营层，组织治理对于实现会计诚信更重要，治理会计诚信不能只关注会计，更要关注会计背后的组织，这样才能标本兼治（北京大学，王立彦）。

在治理路径层面，专家学者建议，会计诚信问题治理之道可考虑从职场、监管、市场等角度出发，综合治理。一是要建立会计从业人员的保护性机制，包括设立专门的组织仲裁、维权等，探索高端会计人员职业化发展之路，避免由管理层直接约束高端会计人员。二是可通过改革审计委托制度、探索第三方委托、系统智能匹配等创新机制，切断注册会计师与被审计单位的直接或间接利益；遵循过罚相当，降低民事赔偿责任的严重负面影响等方式，改善注册会计师执业环境（大华会计师事务所，季丰）。三是要及时顺应时代的新形势、新业务，提前洞察市场变化，不断调整和完善财经法规，真正让财务人员有法可依、有章可循。四是对于注册会计师群体，可考虑建立行政执法当事人承诺制度，既可以解决行业监管工作量日益上升和监管资源相对有限的矛盾，平衡严格问责与促进行业健康发展的关系，也有利于有效处理疑难复杂的审计质量调查事件，及时恢复审计市场秩序和稳定运行（德勤华永会计师事务所，陈波）。对注册会计师行业诚信的五项具体建议是：第一，要优化职业环境。第二，强化行业失信惩戒机制，引入信用评价机制。第三，加强诚信宣传，提高诚信意识。第四，加强事务所的内部治理。第五，规范职业人员行为（毕马威会计师事务所，程海良）。

3. 关于会计诚信与职业道德的探讨

从会计诚信整体情况看，北京国家会计学院针对"2021年我国会计诚信建设发展情况"进行了全国性的问卷调查。调查结果表明：通过教育和培训以及相关的监管手段，社会主体相关人员对会计诚信有了更深的认知，会计诚信建设工作取得了一定的成效。然而，总体而言，会计诚信的建设还有待提高和加强，尤其是对于会计诚信政策的深入宣传、会计准则和制度的深入培训、会计人员职业道德的深入培养、会计信息的真实有效等特征的界定等方面需要进一步加强。

从会计诚信教育来看，专家学者认为，会计诚信相关的课程思政教学是值得高度重视的教育方式，课程思政是学科建设和学位教育的核心和灵魂。然而，在会计学科建设和专业学位教育实践中，会计诚信课程教育的重要性认识、课程体系的统一性以及教学制度环境等方面仍存在诸多问题；解决这些问题，需通过构建以会计诚信为核心的课程思政体系，培育会计学科精神文化、完善学科制度环境、健全学科评价体系（北京国家会计学院，张海晴）。具体建议有：第一，就当前情况看，关于会计诚信与职业道德教育的构建思路，是以西方伦理和价值观为基础的，我国传统文化的作用体现很少。因此应将我国优秀的传统文化元素融入课程思政中，作为思政课的构成要素。第二，在案例教学中，增加一些正确的、合规的和善良的正面案例。第三，加强实践教学的同时，广泛聘请一些实务部门或者政策制定部门中有实战经验的专家参与到会计专硕的教育中。第四，会计诚信的教育对象可以适当扩大一些，也可以把必修课作为更大范围的选修课（北京邮电大学，邹轶君）。

（执笔人：敖小波）

三、关于会计诚信建设发展的建议

综合两届论坛嘉宾和学者的观点，结合会计行业和会计职业发展，对未来会计诚信建设发展提出如下建议：

（一）加快会计诚信立规建制工作

会计诚信立规建制工作建议从以下三个层面考虑：

第一，在立法层面，加快《会计法》和《注册会计师法》等的修订与出台，从法律逻辑上为会计行为主体（包括法人与自然人）提供依法诚信、法治诚信和失信惩戒的基础，为会计诚信提供硬约束。

第二，在准则制度建设层面，要充分考虑国际趋同前提下，具体执行时与我国国情、企情的适用性。首先，需要确定准则制度建立和执行是"为什么"和"为了谁"的根本性问题；其次，在此基础上，需要系统地梳理我国准则制度执行中的问题，对会计政策效果进行评估；最后，进一步以问题为导向，重新审视准则制度体系中我国应该坚持什么立场、激励和约束什么会计行为的政策选择。

第三，在具体操作层面上，以《会计法》《注册会计师法》和社会信用体系法律法规为上位法，考虑在会计诚信规制上的具体化和细则化，将会计诚信落实到具体会计行为主体上。

（二）加强由会计管理部门引导下的理论研究

会计诚信理论建设是相关政策制定和职业实践的重要基础。为了使理论成果真正具有服务政策与实践的能力和价值，需要会计管理部门加大理论研究引导。比如，通过部省共建课题、面向社会进行攻关课题招标以及与科研机构共建研究基地等方式，解决会计诚信建设和会计诚信教育亟需的理论基础问题。

(三) 加快会计诚信信息基础平台建设

在目前已经推进的全国性会计人员信息平台建设的基础上,专门开发建设会计诚信模块,实现全国范围内会计信用信息联网,为跟踪管理、信用积累和信息利用提供专门通道,为会计诚信氛围的形成和维护提供基础设施保障。

(四) 加强会计管理部门与其他管理部门的联通与共享

会计诚信建设虽然以会计行业和会计人员为专门对象,但是会计诚信建设是整个社会诚信体系建设的重要部分和基础性信息的来源,因此,会计诚信建设需要与其他管理部门(如国家发展改革委、中国人民银行、证监会等)共享信息,建立互通机制,在整个社会信用体系中增强会计诚信信息的关注度和利用程度,进而提升会计诚信的威慑力。

(五) 加强企事业单位法人的诚信治理和非会计高管人员职业诚信道德教育

在维护诚信、联合惩戒为基础的治理思路下,需要看到会计诚信问题在很多情况下并非会计人员的意愿。学者的调查结果显示,会计人员出现诚信问题或失信失德行为,很大一部分原因是来自单位高管层的压力。因此,从标本兼治的角度,会计职业道德教育需要突破就会计说会计的约束,加强单位法人会计诚信治理和非会计高管人员职业诚信道德教育,才能优化会计诚信的组织治理环境,降低会计人员诚信成本及其所承受的压力,形成诚信向善的职业环境。

(六) 加强会计人员生命周期全链条职业诚信与道德教育和培训

会计诚信文化的形成,归根到底还需要依靠会计人员生命周期全链条教育与培训来保障和营造。这里的"会计人员生命周期全链条"是指从学生阶段、就业从业阶段直至职业生涯结束所涵盖的全过程。在这个过程中,呈现不同阶段教育对象的不同特征,比如学生、一般会计从业者、单位会计负责人、总会计师、各类高端人才等,不同对象有不同的需求和不同职业特性,因此对会计人员会计诚信与职业道德教育,也需要针对不同阶段、不同对象的差异,建立不同的教育目标、教学体系、教学内容,采用不同的教育培训方式。会计人员生命周期全链条教育培训,需要会计管理部门积极推动产学研政联动,守正创新,建立健全会计人员终身教育机制。

(执笔人:贺颖奇)

Ⅴ 总结与展望

北京国家会计学院课题组紧紧围绕服务高质量发展这一主题和会计诚信发展这一主线，在理论探索、实践调研、专家研讨和公开信息的基础上，结合我国会计工作实际，编写本报告，旨在打造一份综合、立体，具有理论价值、实践指导意义和一定前瞻性的会计诚信发展报告。报告包括理论篇、政策篇、实践篇、专题篇和结论与展望五个部分，分别对会计诚信的理论体系发展、研究进展与相关研究成果进行了系统梳理，对"十三五"时期会计诚信相关政策进行回溯，重点对2021年以来党和国家、有关部门以及各级政府围绕诚信建设出台的相关政策进行分析。在理论研究和政策分析基础上，报告对会计信息生产、使用、评价、决策以及对信息质量有直接和间接影响的各利益相关方的会计诚信实践开展情况，进行了多方位的研究。

学术界、实务界和监管部门对会计诚信都给予高度重视和关注，围绕会计诚信建设积极开展理论研究和实践探索，形成了良好的诚信文化和践行诚信的氛围。政策体系和政策制定不断完善，连续性和实践性不断提升，2021年是"十四五"开局之年，各方面的共同努力为会计诚信建设奠定了良好基础。2022年以来，各项政策陆续出台、稳健执行，行业诚信氛围日益浓厚。各方对市场上存在的诚信缺失行为的监督管理积极建言献策，共同推进诚信缺失治理，维护市场健康有序持续稳定运行，服务经济社会高质量发展。

随着党的二十大胜利召开，中国特色社会主义现代化建设有了更加清晰明确的指引。未来，北京国家会计学院将继续致力于会计诚信文化宣传与会计诚信建设，以更丰富的研究成果、与时俱进的教学培训内容推进会计诚信建设，发挥在行业中的影响力，与各界一道，笃守诚信，服务高质量发展。

附录一　　诚信缺失与失信惩戒案例

一、上市公司财务舞弊监管典型案例

上市公司财务造假是证券市场的"毒瘤",严重破坏市场运行基础,侵害投资者利益,始终是证监会监管执法重点。近年来,证监会持续加大对财务造假、操纵市场等恶性违法案件的查处力度,坚决落实新《证券法》各项要求,切实提升资本市场违法违规成本,强化监管执法震慑。2021年首批适用新《证券法》惩处财务造假恶性案件进入事先告知阶段或作出行政处罚决定,最高拟处以近4000万元罚款。

2021年7月23日,证监会通报首批适用新《证券法》财务造假案件处罚情况,对宜华生活、广东榕泰、中潜股份3宗典型案例的处理情况进行了通报。宜华生活多年连续实施重大财务造假,2016年至2019年4年虚增利润分别占当期披露利润总额的88.24%、98.67%、192.78%和99.37%(按利润总额绝对值计算)。该案进入告知程序,系目前拟对上市公司信息披露违法罚款额最高的案件。告知书认定在2016年至2019年4年间,公司通过虚构销售业务、虚增销售额等方式虚增利润27亿余元;通过伪造银行单据、不记账或虚假记账等方式虚增银行资金86亿余元;未按规定披露与关联方资金往来320亿余元。证监会拟对该案违法主体合计罚款3980万元,对宜华生活处以600万元罚款,对实际控制人兼董事长罚款930万元并采取终身市场禁入,对主要责任人员处以250万元至450万元不等的罚款并采取最高10年证券市场禁入。广东榕泰2018年至2019年期间,通过虚构销售回款、虚构保理业务方式虚增利润5500万余元,相关报告未按规定披露关联关系、日常经营性关联交易等。鉴于广东榕泰的信息披露存在虚假记载和重大遗漏,证监会依法对广东榕泰及相关人员作出行政处罚决定,对违法主体罚款合计1450万元,其中,对广东榕泰处以300万元罚款,对实际控制人罚款330万元,对其他责任人员处以20万元至 160 万元不等的罚款。中潜股份 2019 年虚增营业收入 3720 万余元，虚增营业成本 1150 万余元，导致虚增营业利润 2570 万余元，占当期利润总额的 62.08%。同时，中潜股份存在 2019 年年度报告未按规定披露关联交易，2020 年披露的相关公告存在误导性陈述情况。证监会拟对违法主体罚款合计 1540 万元，其中，对中潜股份处以 350 万元罚款，对两名主要责任人员各处以 200 万元罚款。

2021 年 10 月 20 日，上交所发布对华仪电气股份有限公司纪律处分决定书。华仪电气存在关联方非经营性资金占用问题且未进行临时公告，也未在 2017 年年度报告、2018 年半年度报告、2018 年年度报告和 2019 年半年度报告中如实披露，同时，公司存在关联担保问题且公司因实际承担大额担保责任而遭受损失，但公司均未按规定对上述关联担保事项履行董事会、股东大会决策程序，也未进行临时公告，也未在 2017 年年度报告、2018 年半年度报告、2018 年年度报告和 2019 年半年度报告中如实披露。

2021 年 10 月 22 日，中国证券投资基金业协会发布了《关于注销吉林省安托投资管理有限公司等 7 家不能持续符合管理人登记要求的私募基金管理人登记的公告》，基金业协会根据 2018 年发布的《关于私募基金管理人在异常经营情形下提交专项法律意见书的公告》，认定现有吉林省安托投资管理有限公司等 7 家管理人不能持续符合管理人登记要求，拟注销该 7 家机构的私募基金管理人登记，并将上述情形录入资本市场诚信档案数据库。

2021 年 12 月 1 日，洛娃科技实业集团有限公司因涉嫌债券欺诈发行及信息披露违法于 2021 年 1 月被证监会立案调查，立案调查中仍未对相关事项进行信息披露，违反了《上市规则》和《债券持续信息披露指引》的有关规则被证监会予以警示。

财务舞弊监管的典型案例主要分为以下五类：

（一）财务负责人未忠实尽责，过失严重：獐子岛、康得新、红太阳

1. 獐子岛：獐子岛 2017 年 10 月披露的《关于 2017 年秋季底播虾夷扇贝抽测结果的公告》、2018 年 2 月披露的《关于底播虾夷扇贝 2017 年年终盘点情况的公告》以及 2018 年 4 月披露的《关于核销资产及计提存货跌价准备的公告》均被证实存在虚假记载，而时任财务总监的勾荣未能恪尽职守、履行诚信勤勉义务，对獐子岛上述违规行为负有重要责任，因此被深交所给予公开谴责处分，并公开认定五年不适合担任上市公司董事、监事、高级管理人员。

2. 康得新：康得新 2015 年至 2018 年年度报告披露的利润总额、银行存款余额存在虚假记载，未及时披露及未在年度报告中披露为控股股东提供关联担保的情况，未在年度报

告中如实披露募集资金使用情况，针对这些问题，康得新时任董事兼财务总监王瑜未能恪尽职守、履行诚信勤勉义务，被给予公开谴责的处分，并公开认定其终身不适合担任上市公司董事、监事和高级管理人员。

3. 红太阳：南京红太阳存在控股股东及其关联方非经营性资金占用、违规对外提供担保以及业绩预告修正不及时的问题，市场影响恶劣，公司时任财务总监詹燚作为公司财务管理的具体负责人，未能对公司内部财务资金流出保持重点关注，任期内出现上述情形，未能勤勉尽责；公司财务总监赵勇作为公司财务管理的具体负责人，未能对公司内部财务资金流出保持重点关注，任期内出现上市公司资金被占用情形，未能督促公司按规定及时修正业绩预告。鉴于上述情形，深交所给予财务总监公开谴责的处分。

（二）信息披露违规：苏州中来股份

2021年6月，中来股份通过微信公众号发布《中来与华为联合打造整县分布式光伏全场景解决方案》未如实、完整地披露与华为合作的实际情况，存在误导性陈述，并且关于24小时绿电系统的信息披露也不准确、不完整，因此被深交所给予通报批评的处分。

（三）关联方资金占用：南方黑芝麻

2017年，南方黑芝麻集团向南方农业划转资金构成资金占用，占黑芝麻2017年经审计净资产的3.88%，还通过预付广告款向关联方划转资金构成资金占用，占黑芝麻2017年经审计净资产的1.83%。

（四）多种违规行为并存：延安必康制药、腾邦国际、天泽信息

1. 延安必康制药：首先，延安必康制药在2015年至2021年1季度存在非经营性资金占用；其次，2021年4月延安必康制药披露《关于2020年度期初数调整的专项说明》，公司对2015年至2019年年度报告中多个会计科目进行了会计差错更正，又于2021年7月披露《关于2020年年度报告及2021年第一季度报告的更正公告》，对2020年年报及2021年第一季度报告中多个会计科目进行了会计差错更正，变动幅度较大；另外，延安必康制药还存在违规使用募集资金以及业绩预告违规的问题。

2. 腾邦国际：腾邦国际2019年存在闲置募集资金暂时补充流动资金后未按期归还、未及时履行信息披露义务、2019年度财务会计报告被出具无法表示意见的审计报告、控股股东及其控制企业非经营性占用资金、违规对外提供担保以及2020年度财务会计报告

被出具无法表示意见的审计报告的问题,因而被深交所给予公开谴责的处分。

3. 天泽信息:天泽信息 2020 年存在非经营性资金占用、违规对外提供财务资助和违反业绩补偿承诺的问题,被深交所给予通报批评处分。

(五)中介机构失职:北京兴华会计师事务所(特殊普通合伙)

北京兴华会计师事务所(特殊普通合伙)及审计报告签字注册会计师肖丽娟、李杰出具的审计报告存在虚假记载,在审计林州重机 2017 年财务报告时未勤勉尽责,审计程序执行不到位,未获取充分适当的审计证据,未能发现林州重机合并资产负债表虚增在建工程 20691.88 万元,合并利润表虚减财务费用 1124.41 万元的有关事实,因此被深交所给予通报批评的处分。

二、2021 年证监稽查 20 起典型违法案例

(一)宜华生活信息披露违法违规案

本案是一起实际控制人指使上市公司实施财务造假的典型案件。2016 年至 2019 年,宜华生活科技股份有限公司(简称宜华生活)实际控制人利用其控制地位,指使上市公司通过虚构销售业务等方式,累计虚增收入 71 亿元,累计虚增利润 28 亿元。本案表明,监管部门持续严厉打击资本市场财务造假等信息披露违法行为,依法严肃追究大股东、实际控制人和上市公司及其董事、监事、高级管理人员的违法责任。

(二)广州浪奇信息披露违法违规案

本案是一起系统性财务造假的典型案件。2018 年 1 月至 2019 年 12 月,广州市浪奇实业股份有限公司(简称广州浪奇)通过虚构大宗商品贸易、虚增存货等方式,累计虚增收入 129 亿元,虚增资产 20 亿元。本案警示,上市公司应当依法诚信经营,向投资者如实披露经营成果和财务状况,弄虚作假必将付出沉重代价。

(三)年富供应链、宁波东力信息披露违法违规案

本案是一起虚构供应链业务实施财务造假的典型案件。2017 年,宁波东力股份有限公司(简称宁波东力)完成对深圳市年富供应链有限公司(简称年富供应链)的收购。

2014 年 7 月至 2018 年 3 月，年富供应链通过虚增出口代理服务费、虚构境外代理采购等方式，累计虚增收入 35 亿元，虚增利润 4 亿元。本案表明，对于利用新业务、新模式实施财务造假，违反重大资产重组规则和上市公司信息披露制度的行为，始终是监管部门打击的重点。

（四）龙力生物信息披露违法违规案

本案是一起上市公司直接删改会计资料实施财务造假的典型案件。2015 年至 2017 年，山东龙力生物科技股份有限公司（简称龙力生物）通过删改财务数据、伪造会计凭证等方式，导致 2015 年度虚增资产近 5 亿元，虚减负债 17 亿余元，虚增利润近 1.4 亿元；2016 年度虚增资产近 1.3 亿元，虚减负债 28 亿余元，虚增利润近 2.5 亿元；2017 年半年度虚减负债 29 亿余元，虚增利润近 2 亿元。本案提示，上市公司应严格按照企业会计制度及准则、《证券法》要求，依法依规进行会计核算并履行信息披露义务。

（五）亚太药业信息披露违法违规案

本案是一起上市公司子公司财务造假的典型案件。2016 年至 2018 年，浙江亚太药业股份有限公司（简称亚太药业）收购的全资子公司上海新高峰生物医药有限公司虚构业务往来，累计虚增收入 4 亿余元，虚增利润近 2 亿元。本案提示，子公司财务信息的真实、准确、完整是上市公司整体信息披露质量的重要基础，上市公司应当加强对子公司的规范管理，督促其守法合规经营。

（六）蓝山科技欺诈发行及相关中介机构未勤勉尽责案

本案是一起新三板公司欺诈发行的典型案件。2017 年至 2019 年，北京蓝山科技股份有限公司（简称蓝山科技）通过虚构购销业务、研发业务等方式，累计虚增收入 8 亿余元，虚增研发支出 2 亿余元，虚增利润 8000 余万元，导致公开发行文件存在虚假记载。华龙证券股份有限公司、中兴财光华会计师事务所、北京市天元律师事务所、开元资产评估有限公司为蓝山科技提供相关证券服务，未按业务规则审慎核查，出具的报告存在虚假记载。本案警示，新三板公司应敬畏市场规则，切勿"带病闯关"，相关中介机构应勤勉履职，共同维护新三板市场健康发展。

（七）科迪乳业信息披露违法违规案

本案是一起上市公司控股股东侵占公司利益的典型案件。2016 年至 2019 年，河南科迪乳业股份有限公司（简称科迪乳业）控股股东及关联方在未经上市公司内部决策程序的情况下，违规占用上市公司资金分别为 8 亿元、25 亿元、34 亿元、68 亿元，控制上市公司为其违规提供担保累计 5 亿元。本案表明，上市公司控股股东、实际控制人实施资金占用、违规担保等违法行为，严重侵害上市公司和投资者利益，监管部门必将予以严肃查处。

（八）正中珠江未勤勉尽责案

本案是一起审计机构未充分执行审计程序的典型案件。广东正中珠江会计师事务所（简称正中珠江）在为康美药业股份有限公司提供年报审计服务中，风险识别与评估阶段部分认定结论错误，未严格执行舞弊风险应对措施等审计计划，并存在其他未勤勉尽责行为，甚至出现内部人员配合上市公司拦截询证函、将伪造的走访记录作为审计证据的行为，出具的审计报告存在虚假记载。本案警示，审计机构应当保持职业怀疑，严格按照审计准则的要求执行审计程序，不得进行"走过场"式的审计。

（九）瑞华所未勤勉尽责案

本案是中介机构屡查屡犯的典型案件。2021 年，瑞华会计师事务所（简称瑞华所）在湖南千山制药机械股份有限公司、深圳市索菱实业股份有限公司、延安必康制药股份有限公司等年报审计项目中，因存在风险评估程序、内部控制测试程序、实质性审计程序执行不到位等问题先后多次被行政处罚，合计罚没 1600 余万元。本案表明，监管部门始终紧盯履职尽责不到位、屡次涉案违法的中介机构，依法从严追究其法律责任。

（十）海通证券未勤勉尽责案

本案是一起财务顾问未有效履行持续督导义务的典型案件。海通证券股份有限公司（简称海通证券）在奥瑞德光电股份有限公司 2017 年度持续督导工作中，未对上市公司对外担保、民间借贷等事项保持充分关注，未对相关事项进行充分核查和验证，出具的报告存在虚假记载。本案提示，财务顾问应当切实履行持续督导责任，督促上市公司规范运作。

（十一）华晨集团债券信息披露违法违规案

本案是一起债券市场欺诈发行的典型案件。2017 年至 2018 年，华晨汽车集团控股有限公司（简称华晨集团）通过提前确认股权转让收益等方式虚增归属于母公司所有者的净利润近 26 亿元，并在公开发行公司债券的申报材料中记载了上述虚假财务数据。本案表明，债券发行人通过编造虚假财务数据骗取债券发行资格，严重破坏债券市场信用基础，必须严肃查处。

（十二）永煤控股债券信息披露违法违规案

本案是一起债券发行人虚假陈述的典型案件。永城煤电控股集团有限公司（简称永煤控股）未如实披露资金归集控股股东情况，累计虚增货币资金 861 亿元。本案提示，债券发行人应当如实披露重要信息，不得掩饰实际偿债能力，损害债券持有人利益。

（十三）胜通集团债券信息披露违法违规案

本案是一起债券发行人财务造假的典型案件。2013 年至 2017 年，山东胜通集团股份有限公司（简称胜通集团）通过虚构购销业务、编制虚假财务账套等方式，累计虚增收入 615 亿元，虚增利润 119 亿元。本案表明，监管部门依托债券市场统一执法工作机制，坚决维护债券市场公平和秩序，对于实施系统性财务造假、披露虚假信息等违法行为，将依法彻查严惩。

（十四）陈某等人操纵"中昌数据"股票价格案

本案是一起上市公司实际控制人内外勾结操纵公司股价的典型案件。2018 年 2 月至 2019 年 1 月，中昌大数据股份有限公司（简称中昌数据）实际控制人陈某指使总经理谢某、市场操盘手胡某控制使用 101 个证券账户，通过连续交易、对倒等手法操纵中昌数据股价，非法获利 1147 万元。本案警示，上市公司及实际控制人应当依法合规提升企业价值，坚守不从事内幕交易、不披露虚假信息、不操纵股票价格、不损害上市公司利益的"四条底线"。

（十五）李某等人操纵"金逸影视"股票价格案

本案是一起证券监管部门与公安机关联合查办的操纵市场违法犯罪典型案件。2019 年，李某等人动用约 9 亿元资金操纵"金逸影视"股价，非法获利 1 亿余元。2021 年，操盘手、配资中介等 35 名涉案人员被追究刑事责任。本案表明，证券监管部门与公安机关始终坚持"零容忍"方针，切实加强执法协作，持续保持对操纵市场全链条、全方位、立体式追责力度。

（十六）黄某等人操纵"纤维板 1910 合约"价格案

本案是一起利用信息优势操纵期货合约价格的典型案件。2019 年 9 月至 10 月，某期货交易所纤维板指定交割仓库期货专员黄某利用提前获悉"纤维板 1910 合约"可交割仓单的关键信息，伙同他人共同操纵"纤维板 1910 合约"价格，非法获利 231 万元。本案警示，期货市场从业人员应当坚持职业操守，切勿利用信息优势非法谋取不当利益。

（十七）中程租赁内幕交易 *ST 新海股票案

本案是一起利用内幕信息规避投资损失的典型案件。2019 年 4 月，中程租赁有限公司（简称中程租赁）时任董事长在获悉上市公司新海宜科技集团股份有限公司（简称 *ST 新海）2018 年度将大幅亏损的内幕信息后，将中程租赁持有的 1536 万股 *ST 新海股票卖出，规避损失 6797 万元。本案表明，内幕交易严重破坏资本市场公平交易秩序，损害投资者信心，监管部门坚决依法从严查处。

（十八）杨某等人内幕交易鲁商置业股票案

本案是一起上市公司并购重组环节的内幕交易窝案。2018 年 9 月至 12 月，鲁商置业股份有限公司（简称鲁商置业）策划收购山东福瑞达医药集团有限公司股权。在内幕信息公开前，并购重组参与方的内幕信息知情人及其同事、客户、亲友、邻居等内幕交易鲁商置业股票，导致 10 人被行政处罚。本案提示，上市公司应当加强并购重组环节的内幕信息管理，内幕信息知情人要增强自律意识，防范和杜绝内幕交易。

（十九）广州基岩违法违规案

本案是一起私募基金管理人严重违反信义义务的典型案件。2017 年至 2020 年，广州基岩资产管理有限公司（简称广州基岩）违规实施虚增基金资产、挪用基金财产、承诺最低收益等多项违法行为。本案警示，私募基金管理人应当秉持"受人之托、忠人之事"理念，依法合规运作，不得实施欺诈客户等违法行为。

（二十）朱某拒绝、阻碍调查案

本案是一起当事人对抗证券执法的典型案件。2020 年 6 月，时任杭州中恒电气股份有限公司董事长朱某采取多次拒绝接听电话、拒不接收法律文书等方式对抗证监会执法人员调查，最终被罚款20万元。本案表明，依法对证券违法违规行为进行调查是监管部门的法定职权，被调查的单位和个人应当依法配合，不得拒绝、阻碍和隐瞒。

三、2021年注册会计师行业惩戒案例

根据财政部发布的《中华人民共和国财政部会计信息质量检查公告》（第四十一号），2021年，财政部组织各地财政厅（局）对1705家会计师事务所开展检查。如图1所示，截至2022年2月28日，各地财政厅（局）已对85家会计师事务所作出行政处罚。其中，10家会计师事务所被吊销执业许可，20家会计师事务所被暂停执业，27家会计师事务所被警告，28家会计师事务所被没收违法所得及罚款。另有352家会计师事务所受到行政处理。

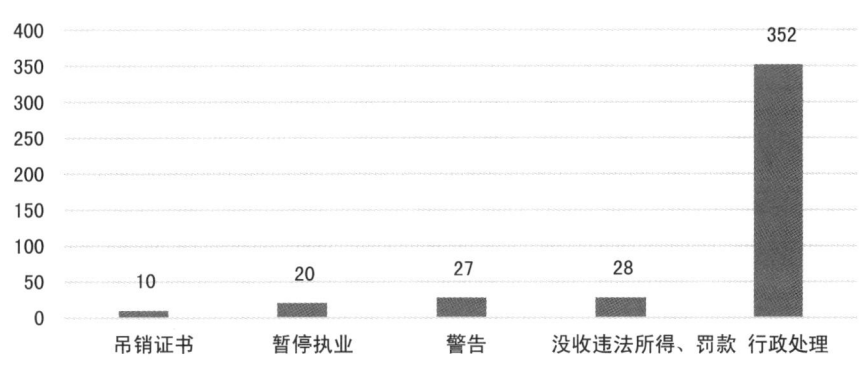

图1　会计师事务所受处罚情况

如图2所示，119名注册会计师受到行政处罚，其中1名注册会计师被吊销证书，45名注册会计师被暂停执业，73名注册会计师被警告，另有148名注册会计师受到行政处理。

1. 北京润鹏冀能会计师事务所有限责任公司未对验资过程及结果进行记录，未编制验资工作底稿，在未履行必要审计程序、未获取充分适当审计证据的情况下出具验资报告19258份。北京市财政局对该所作出吊销执业许可的行政处罚，对签字注册会计师焦春河作出暂停执业1年的行政处罚。

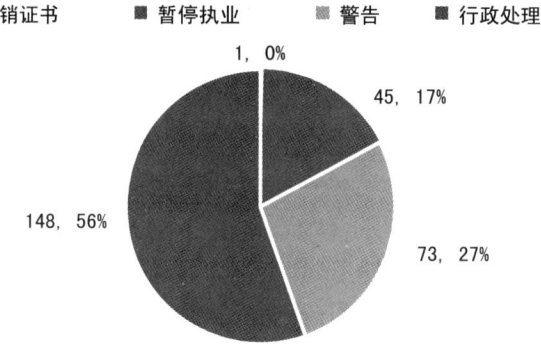

图 2 注册会计师受处罚类型

2. 北京浩清会计师事务所（普通合伙）出具的 2632 份审计（验资）报告中，1532 份报告仅有被审计单位提供的资产负债表、利润表、所有者权益变动表和营业执照，1100 份报告无任何形式的工作底稿，该所在未履行必要审计程序、未获取充分适当审计证据的情况下出具审计报告。北京市财政局对该所作出吊销执业许可的行政处罚。

3. 岳西华岳会计师事务所出具的 1485 份审计报告中，有 1052 份审计报告在审计时未履行必要审计程序、未获取充分适当审计证据。安徽省财政厅对该所作出警告并暂停执业 1 年的行政处罚，对签字注册会计师方元文做出暂停执业 1 年的行政处罚，对签字注册会计师王佑宏、杨贤伟作出暂停执业 6 个月的行政处罚，对签字注册会计师徐义来作出暂停执业 3 个月的行政处罚，对签字注册会计师吴辉作出警告的行政处罚。

4. 东阳衡升会计师事务所有限公司为 4 家单位出具供融资使用的审计报告，在审计报告意见类型和后附财务报表方面，与该所留存的审计报告存在明显差异。浙江省财政厅对该所作出暂停执业 6 个月并没收违法所得 38.7 万元的行政处罚，对签字注册会计师陆哲明、王海能作出暂停执业 9 个月的行政处罚。

5. 湖南瑞诺会计师事务所有限责任公司通过湖南润来会计服务有限公司的网络店铺承接业务，在无业务约定书、未履行必要审计程序、未获取充分适当审计证据的情况下出具审计报告，售卖出 10 份审计报告。湖南省财政厅对该所作出暂停执业 6 个月、没收违法所得 0.68 万元并罚款 3.4 万元的行政处罚。

附录二 "2021年会计诚信建设与发展情况"调查问卷

尊敬的先生/女士：您好！

《会计改革与发展"十四五"规划纲要》明确提出，要持续推动会计诚信建设工作，完善会计法治建设。为全面了解我国当前会计诚信建设的发展现状，北京国家会计学院拟对"2021年会计诚信建设与发展情况"开展调查研究。希望您能抽出宝贵时间填写本问卷，调查问题答案没有对错之分，望您如实填写，所有调查数据资料只用于研究。如果您希望得到我们最终的研究报告，请您留下联系方式。感谢您的大力支持！

邮政编码：_____ 通讯地址：_____（可不填）

联系人_____ 电话_____ 电子邮箱_____（可不填）

北京国家会计学院

一、单位和问卷填写者基本信息

1. 贵单位所在地区：_____省（直辖市、自治区）_____市

2. 贵单位是：

   A. 国有企业　　　　　B. 中外合资企业　　　　C. 外商独资企业

   D. 集体企业　　　　　E. 民营企业　　　　　　F. 事业单位

   E. 其他

3. 贵单位是否属于上市公司：（如第2题选了事业单位，则设置不显示此题）

   A. 是　　　　　　　　B. 否

4. 贵单位所属行业（按国标行业门类分）：

A. 农林牧渔业　　　　　B. 采掘业　　　　　　C. 制造业（再细一级行业）

D. 电力、热力、燃气及水的生产和供应业　　　E. 建筑业

F. 批发和零售　　　G. 交通运输、仓储和邮政　　H. 住宿和餐饮业

I. 信息技术　　　　　J. 金融业　　　　　　K. 房地产业

L. 租赁和商务服务　　M. 科学研究和技术服务　　N. 水利、环境和公共设施管理

O. 教科文体　　　　　P. 卫生和医疗　　　　Q. 其他

5. 贵单位的员工总数为：

A. 不满 100 人　　　　B. 100—499 人　　　C. 500—999 人

D. 1000—1 万人　　　E. 1 万人以上

6. 2021 年贵单位营业收入规模（单位：元）为：

A. 500 万以下　　　　B. 500 万—1000 万　　C. 1000 万—5000 万

D. 5000 万–1 亿　　　E. 1 亿—3 亿　　　　F. 3 亿—10 亿

G. 10 亿以上

7. 2021 年贵单位财务人员数量为_____人（限大于等于 0 的整数）

8. 您的职位是？

A. 总会计师/财务总监　　　B. 财务部门经理　　　C. 普通会计人员

D. 内部审计类人员（包括一般审计人员与审计管理人员）

E. 非财务类中层管理人员　　F. 非财务类高管　　　G. 其他

二、会计诚信调查内容

9. 您 2021 年是否接受过会计诚信相关的专题教育与培训？

A. 是

B. 否

10. 您对当前有关会计诚信的相关法规和制度了解吗？

A. 非常了解

B. 基本了解

C. 了解一点

D. 不太了解

E. 不了解

11. 您认为产生会计诚信问题的主要原因是什么？（按可能性由大到小排序）

A. 会计制度不完善

B. 会计职业道德观念淡薄

C. 单位治理制度和内控机制不完善

D. 会计人员职业环境差、会计监督弱化

E. 屈从领导压力,职业道德失范

F. 为私利违背职业道德、弄虚作假

G. 监督处罚力度不到位

12. 您认为通过统一的会计管理信息平台加强会计诚信监管的重要性如何?

A. 非常重要

B. 很重要

C. 一般

D. 不重要

E. 没必要

13. 您对建立严重失信会计人员"黑名单",纳入会计行业信用记录系统的态度?

A. 完全赞成

B. 比较赞成

C. 无所谓

D. 不太赞成

E. 不赞成

14. 您认为对会计诚信的监督,会对单位守信产生多大的作用?

A. 作用非常大

B. 作用比较大

C. 作用一般

D. 没多大作用

E. 完全没作用

15. 您认为当前会计行业诚信和职业道德水平如何?

A. 非常好

B. 较好

C. 一般

D. 较差

E. 非常差

16. 贵单位在2021年是否对员工进行过诚信价值观方面的培训？

A. 是

B. 否

17. 贵单位在2021年是否开展过诚信建设及宣传相关活动？

A. 是

B. 否

18. 您对贵单位会计人员当前的诚信和职业道德是否满意？

A. 非常满意，普遍很好

B. 基本满意，存在个别诚信失德现象

C. 一般

D. 不满意

E. 非常不满意，普遍较差

19. 您对当前贵单位有关会计诚信的制度及相关机制是否满意？

A. 非常满意

B. 比较满意

C. 一般

D. 不满意

E. 非常不满意

20. 2021年，贵单位是否在会计诚信建设方面开展过专项工作？

A. 是

B. 否

21. 您认为如何加强当前会计诚信建设？（按重要程度由高到低排序）

A. 开展诚信教育，增强自律，提高职业道德水平

B. 加强舆论监督

C. 加强单位内部诚信制度建设和内控机制建设

D. 建立健全法律约束机制

E. 加大惩处力度

F. 其他，请注明：_____

22. 在贵单位，发生不诚信行为是否会受到处罚？

A. 一定会

B. 多数情况下会

C. 偶尔会

D. 几乎不会

E. 完全不会

23. 贵单位 2021 年是否发生过会计信息失真的相关问题？

A. 是

B. 否

如有，主要原因是：_____

24. 您认为一般情况下，单位会计诚信建设工作难以落实的原因主要有？（按难度由大到小排序）

A. 单位法人代表及高管不够重视

B. 内部监督与奖惩机制流于形式

C. 守信激励难以实现

D. 诚信标准难以量化，是否诚信难以评判

E. 其他，请注明：_____

参考文献与信息来源

财政部会计司、保监会财产保险监管部有关负责人就《会计师事务所职业责任保险暂行办法》答记者问[J].财务与会计,2015(16):6-8.

曾琦,傅绍正,胡国强.会计诚信影响审计定价吗?——基于管理层业绩预告准确性视角[J].审计研究,2018(06):105-112.

柴振国.企业会计信息质量责任追究的新机制——评马立民著《企业会计信息质量责任法律制度体系研究》[J].河北法学,2017,35(06):199-200.

陈冠凝,庞晓萍.证监会处罚决定对会计师事务所质量管理的启示[J].中国注册会计师,2021(10):78-80.

傅林碧云.企业财务人员诚信体系建设对策研究[J].企业改革与管理,2021(03):191-194.

高建敏.论企业会计诚信评价指标体系之建立[J].时代金融,2013(24):12+14.

高绍福,陶海映.企业会计诚信评价指标体系构建研究[J].会计之友(上旬刊),2009.

耿艳丽,鲁桂华.企业诚信影响审计收费吗?——基于纳税诚信的经验研究[J].审计研究,2018(01):68-77.

郭安宁.大学生诚信问题研究[D].辽宁大学,2017.

哈耶克著,邓正来译.《个人主义与经济秩序》[M].生活·读书·新知三联书店,2003.

袁宝明.社会关系网络产生信任——一种嵌入性视角[J].陇东学院学报,2012,23(04):118-119.

何欣哲.北京国家会计学院党委书记张凤玲:传承诚信价值观 打造财会人"精神家园"[N].中国会计报,2022-02-25.

何易. 突破社会困境：合作机制与惩罚规则的演化过程［J］. 法律和社会科学，2017，16（02）：72-96.

胡明霞，崔华清，窦浩铖. 新时代背景下审计的固有局限性探析［J］. 新理财，2022（Z1）：59-64.

胡明霞，窦浩铖. 我国会计师事务所审计失败成因及治理［J］. 财会月刊，2021（15）：101-106.

胡明霞. 注册会计师的责任与风险——从康美判决谈注册会计师应承担的法律责任［J］. 新理财，2021（12）：38-41.

胡明霞. 注册会计师法律责任认定如何适用新《证券法》第56条的思考［J］. 中国注册会计师，2021（03）：101-103.

季周，李扣庆，张涛. 会计诚信教育——课程思政新实践［J］. 新会计，2021（10）：17-19.

姜付秀等."诚信"的企业诚信吗？——基于盈余管理的经验证据［J］. 会计研究，2015（08）：24-31.

姜锡明，汤琦瑾. 会计职业道德与会计诚信的监管研究［J］. 新疆财经，2004（03）：58-61.

靳静琛. 会计诚信缺失及治理对策分析［J］. 中国管理信息化，2021（04）：39-40.

雷波. 新常态下会计诚信体系的构建［J］. 中国管理信息化，2021（02）：12-15.

李莫愁，任婧. 不痛不痒的行政处罚？——行政处罚与审计意见、审计收费的关系研究［J］. 会计与经济研究，2017，31（01）：84-101.

李莫愁. 审计准则与审计失败——基于中国证监会历年行政处罚公告的分析［J］. 审计与经济研究，2017，32（02）：56-65.

李润文. 注册会计师执业环境与审计风险规避［J］. 财会学习，2021（18）：127-128.

李涛，徐国君. 会计诚信既是一种品质，更是一种能力［J］. 齐鲁珠坛，2007（05）：6-8.

刘晶百. 我国会计诚信体系构建研究［D］. 延边大学，2015.

刘小华. 新证券法实施对注册会计师行业的影响及对策研究［J］. 财会学习，2022（05）：82-84.

刘志雄. 企业社会责任、社会资本与信用风险传染研究——基于利益相关者理论的分析［J］. 江苏社会科学，2019（06）：66-72.

刘忠庆. 会计诚信缺失问题的治理对策研究——基于康美药业、康得新财务造假案引发的思考 [J]. 财政监督, 2022 (11): 61-66.

柳延峥. 传统文化转型下对会计诚信教育的思考 [J]. 产业与科技论坛, 2020 (19): 193-195.

潘琰, 毛丽娟. 论资本市场诚信/信任的互动关系. 审计理论与实践, 2003 (11): 15-17.

邱玉莲, 刘婉. 基于灰色综合评价法的会计诚信体系构建研究 [J]. 生产力研究, 2022 (03): 155-160.

孙鹏阁, 张楚琳. 数智时代会计诚信文化建设的思考 [J]. 会计师, 2021 (08): 1-2.

王亚星. 会计诚信的本质与当代价值 [N]. 中国会计报, 2021-11-19.

王亚星. 会计诚信规范与评价体系构建 [N]. 中国会计报, 2021-12-10.

许秀卿. 会计诚信体系建设研究 [J]. 商讯, 2021 (01): 59-60.

薛文艳. 我国注册会计师行业健康可持续发展路径研究——基于注册会计师职业压力与执业困境的思考 [J]. 财会通讯, 2021 (01): 114-119.

杨琼. 基于数智云区背景的会计诚信实现机制构建 [J]. 财务与金融, 2021 (03): 35-41.

杨雄胜. 会计诚信问题的理性思考 [J]. 会计研究, 2002 (03): 6-12+65.

张春霖. 存在道德风险的委托代理关系: 理论分析及其应用中的问题 [J]. 经济研究, 1995 (08): 3-8.

张洪. 国有企业会计诚信建设 [J]. 财会月刊, 2019 (10): 116-119.

张文荣, 张景瑜. 审计何以失败——对2001至2020年度处罚会计师事务所及注册会计师的分析 [J]. 中国注册会计师, 2021 (02): 119-123.

赵丹杨. 会计诚信档案设计与管理研究 [J]. 时代商家, 2022 (21): 61-63.

中国会计报. 非凡十年: 注册会计师行业发展向高质量稳步迈进 [N]. 中国会计报, 2022-10-14.

中国注册会计师协会. 诚信之光照亮执业之路——中注协2022年高层次人才中青班"行业诚信与高质量发展"研讨纪要 [C]. 2022. https://mp.weixin.qq.com/s/9JN_b_ED616lLLpnuNVX6A.

中注协有关负责人就修订印发《中国注册会计师协会会员执业违规行为惩戒办法》等

5项行业监管制度答记者问[J]. 中国注册会计师, 2022 (01): 15-16.

周佳凝. 我国会计诚信体系建设研究[J]. 现代商业, 2021 (14): 175-177.

周萍. 会计诚信、资产误定价与审计收费[J]. 财会通讯, 2020 (19): 61-65.

朱卫品. 浙江省会计诚信体系建设的实践与探索[J]. 财务与会计, 2019 (13): 10-12.

Baron, D. P., 1989, Design of Regulatory Mechanisms and Institutions, Handbook of Industrial Organization, Vol. 2, Elsevier Science Publishers, B. V.

Bhattacharya C. B., Sen S., 2003, Consumer-Company Identification: A Framework for Understanding Consumers' Relationships with Companies, Journal of Marketing, 67 (2): 76-88.

Clarkson M E., 1995, A Stakeholder Framework for Analyzing and Evaluating Corporate Social Performance, Academy of Management Review, 20 (1): 92-117.

Frank P. 1988, Co-operative practices among small and medium-sized establishments, Work Employment and Society, 2 (3): 352-365.

Freeman R E., 1984, Strategic Management: A Stakeholder Approach, Boston: Pitman Press, 1984, p. 31.

Granovetter M. 1985, Economic action and social structure: the problem of embeddedness, American Journal of Sociology, 91 (3): 481-510.

Granovetter M. 2005, The impact of social structure on economic outcomes, Journal of Economic Perspectives, 19 (1): 33-50.

Hippel V E, 1988, The Sources of Innovation. New York: Oxford University Press: 121-129.

Lins, Karl, Servaess, Henri, Tamayo, Ane, 2017, Social Capital, Trust, and Firm Performance during The Financial Crisis", The Journal of Finance, 72 (4): 1785-1823.

Williamson O. E, 1975, Market and Hierarchies Some Elementary Considerations, The American Economic Review, 63 (2): 316-325.

财政部官网 (http://www.mof.gov.cn/).

国家发展和改革委员会官网 (https://www.ndrc.gov.cn/).

信用中国 (https://www.creditchina.gov.cn/).

中国人民银行官网 (http://www.pbc.gov.cn/).

中国政府网 (http://www.gov.cn/).